Königs Erläuterungen und Materialien
Band 226/227

# Erläuterungen zu Johann Wolfgang Goethes Wilhelm Meisters Lehrjahre und Wilhelm Meisters Wanderjahre

Von Dr. Karl Brink



Neubearbeitet
von Gerd Eversberg

C. Bange Verlag – Hollfeld/Obfr.

Herausgegeben von Peter Beyersdorf, Gerd Eversberg
und Reiner Poppe.

6. Auflage 1985
ISBN 3-8044-0218-6

Druck: Beyer-Druck, 8607 Hollfeld

# INHALTSÜBERSICHT

# I. Wilhelm Meisters Lehrjahre

## 1. ENTSTEHUNG UND AUFNAHME

Die Entstehungsgeschichte von „Wilhelm Meisters Lehrjahre" umfaßt nahezu 20 Jahre, und diese Zeit bringt wesentliche Entwicklungen in Goethes dichterischem Weltbild, die sich auch in dem Roman spiegeln. Die letzte Fassung wurde etwas grundlegend anders, als der ursprüngliche Plan wollte. Drei Jahre waren seit dem Erscheinen der „Leiden des jungen Werthers" vergangen, als Goethe den Gedanken faßte, einen Roman zu schreiben, der einen jungen Kaufmannssohn den Weg zum Theater und zur persönlichen Bildung über das Theater führen und gleichzeitig auch Goethes Hoffnung für das deutsche Nationaltheater gestalten sollte. Es ging also nicht mehr nur um die schwärmerische Liebe eines empfindsamen Herzens, sondern um die Frage der Bildung eines empfänglichen Geistes und großen Talentes durch die Kunst. Zwischen dem „Werther" und den Anfängen des neuen Romans lagen die für Goethe so entscheidenden Ereignisse der Übersiedlung nach Weimar und die Bekanntschaft mit Charlotte von Stein.

Im Februar 1777 diktierte Goethe bereits einiges zu dem Roman „Wilhelm Meisters theatralische Sendung", wie der Roman zunächst heißen sollte. Im Sommer arbeitete er weiter daran, und als er im September den Freund Johann Heinrich Merck (1741–1791) in Eisenach traf, zeigte er ihm diese Anfänge. Aber es ging nur langsam weiter mit dem Werk, die übernommenen Pflichten im weimarischen Staatsdienst und andere literarische Pläne ließen nur wenig Zeit dafür. Erst im Januar 1778 war das erste Buch, das etwa die ersten zehn Kapitel des späteren Romans umfaßt, beendet. Es muß Goethe aber Ernst gewesen sein mit der Absicht, das Werk als Ganzes bald abzuschließen, denn am 5. August bat er Merck, ihm „nicht mittelbar oder unmittelbar ins theatralische Gehege zu kommen", da er selbst einen Roman über das Theaterwesen zu schreiben begonnen habe, wie Merck wisse. Goethe befürchtete wohl, daß der Freund, der eben seine „Geschichte des Herrn Oheims" veröffentlicht hatte, in der er die wirtschaftliche Rückständigkeit des Gutswesens behandelte, nun auch das Theater vornehmen würde, über das er sich ihm gegenüber öfters mißfällig geäußert hatte.

Obwohl Frau von Stein auf die Vollendung des Romans drängte, kam Goethe in den folgenden vier Jahren nicht dazu, das zweite Buch abzuschließen. In dieser Zeit entstanden die Prosafassung der „Iphigenie" und die beiden ersten Akte des „Tasso". In sie fällt auch die Bekanntschaft mit dem

Grafen Jakob Friedemann von Werthern-Neuheiligen und seiner Gemahlin Jeanette Louise, der Schwester des preußischen Staatsmannes Karl vom und zum Stein. Sie besuchten 1779 Weimar, 1781 weilte Goethe mit dem Herzog Karl August auf ihrem Schloß Neunheiligen bei Erfurt. Der Herzog hatte sich schon 1779 in die schöne Gräfin, die viel jünger war als ihr Gemahl, verliebt. Wie Goethe in einem Brief an Frau von Stein gesteht, ist ihm im Umgang mit dem gräflichen Paar und vor allem der Gräfin klar geworden, was „Welt haben" bedeutet. Viele Züge der beiden sind zweifellos auf das gräfliche Paar in den „Lehrjahren" übertragen worden. Goethes sozialen Vorstellungen haben durch Einfluß der Gräfin eine Wandlung erfahren. Seine Einstellung zum Adel und zu einer ständischen Ordnung, die bis dahin noch vielfach vom Vorurteil des reichsstädtischen Patriziers, aber auch von Ideen des revolutionären „Sturm und Drang" geprägt war, wurde konservativer, ohne dabei die humanitären Gedanken aufzugeben. Auch seine naturwissenschaftlichen Studien führten ihn einen ähnlichen Weg von jeder Revolution zu einer langsamen Entwicklung. So kam die „theatralische Sendung" vorerst nicht weiter, erst 1782 lag das zweite Buch vollendet vor, bis zum Ende des Jahres war auch das dritte abgeschlossen und das vierte begonnen. Am 18. Mai 1783 schickte Goethe die drei ersten Bücher an Karl Ludwig von Knebel (1744–1834), der ihn 1774 als Erzieher des Prinzen Konstantin von Weimar, des Bruders des Herzogs, auf der Reise nach Paris in Frankfurt besucht und die Bekanntschaft mit Karl August vermittelt hatte, und der seitdem in steter Freundschaft mit ihm verbunden blieb. Knebel sollte die drei Bücher an Goethes Mutter weiterleiten. Dabei stellte Goethe die baldige Vollendung des vierten Buches in Aussicht, aber es dauerte noch fast ein Jahr, bis es abgeschlossen war. In den beiden nächsten Jahren wurden dann die nach dem ursprünglichen Plan zwei letzten Kapitel von „Wilhelm Meisters theatralischer Sendung" beendet. Wichtig dafür wurde der Besuch des Prinzen Heinrich von Preußen, der Goethe bereits 1778, als er mit dem Herzog in Berlin weilte, zur Tafel zugezogen hatte, und der sich am 5. Juli 1784 zu einem kurzen Besuch in Eisenach aufhielt, wo er sich Goethe, wie dieser an Frau von Stein schrieb, „sehr gnädig" zeigte. Der Besuch des Prinzen Heinrich gab Goethe die Idee des Besuches des Prinzen auf dem gräflichen Schloß im Roman ein, er hatte in Eisenach nach seinen eigenen Worten „einige Beiträge zum fünften Teil im Fluge geschossen". In Ilmenau beendete dann Goethe im Sommer 1785 vorläufig sein Werk.
Die ursprüngliche Fassung, die sechs Bücher der „theatralischen Sendung", galten lange als verloren. Man wußte nur, daß sie den ersten vier Büchern des endgültigen Romans, der Lehrjahre" entsprachen. Erst im Jahre 1910 fand man im Nachlaß der Barbara (Bäbe) Schultheß, geb. Wolf (1745–1818), mit der Goethe seit 1774 durch Lavaters Vermittlung befreundet war, in

Zürich eine Abschrift dieser Urfassung des Romans. Sie läßt erkennen, daß Goethes ursprünglicher Plan war, Wilhelm Meister den Traum der Zeit, die deutsche Nationalbühne, vollenden zu lassen. Als Goethe später diese sechs Bücher zu den ersten vier Büchern der „Lehrjahre" umarbeitete, nahm er erhebliche Kürzungen vor, ungefähr ein Drittel fiel fort. Die Idee des Nationaltheaters wird nur gesprächsweise zwischen Wilhelm und Serlo erwähnt. Auch die Gestalt der Mignon, die in der „theatralischen Sendung" noch mehr als Zwitter, als Hermaphrodit, als mythisch gegensatzloses Wesen auftritt, wird gewandelt und nun mit dem Harfner, zu dem sie vorher keinerlei Beziehung hatte, verbunden.
Goethe plante zunächst, den Roman noch fortzusetzen. Seine intensive Beschäftigung mit Shakespeares „Hamlet" förderte diese Absicht. Er begann ein siebtes Buch, das aber unvollendet blieb. Im September 1786 reiste Goethe heimlich von Karlsbad nach Italien, in Rom brachte er die „Iphigenie" in die heute gültige Gestalt, er beendete den „Egmont" und begann auch den „Tasso". Wichtig für ihn und seinen Roman wurde die Bekanntschaft mit Karl Philipp Moritz (1757–1793). Dieser hatte sich aus einfachsten Verhältnissen unter schweren Entbehrungen zum Professor der Altertumskunde in Berlin emporgearbeitet, war zeitweise Schauspieler unter Ekhof gewesen und hatte 1785 den ersten Band des Bildungsromans „Anton Reiser" veröffentlicht, der bis 1790 abgeschlossen vorlag und Goethe lebhaft beschäftigte. Moritz vereinigt in seinem Werk autobiographische Motive mit aufklärerischen, pietistischen und irrational humanitären Zügen. Er weist über eine rein ästhetische oder rationale Weltdeutung weit hinaus auf eine Bildung an religiösen, allgemein kulturellen und sozialen Problemen. Wenn auch keine direkte Einwirkung auf Goethe angesetzt werden kann, so bleibt doch der starke Eindruck, den dieses Werk auf Goethe auch über die 1788 nach Goethes Heimkehr in Weimar erneuerte Bekanntschaft mit Moritz hinaus machte. Goethe, der sich von fast allen Amtspflichten entbinden ließ, faßte nun den Plan, seinen „Wilhelm Meister" über das Theatralische hinaus zu erweitern, den Helden einem tätigen Leben zuzuführen und dabei alles, was er an Neuem aufgenommen hatte, zusammenzufassen. Vorerst freilich verdrängten andere Werke, der „Tasso" und der „Faust", dazu auch naturwissenschaftliche Arbeiten und eine erneute Italienreise, die er unternehmen mußte, um die Herzogin-Mutter Anna Amalia aus Venedig abzuholen, den Roman. Erst 1791 sah er sich durch die Bitten der Herzogin und Herders veranlaßt, erneut den „Wilhelm Meister" aufzugreifen. Wieder aber ließen andere Aufgaben, nicht zuletzt die in diesem Jahre übernommene Leitung des Hoftheaters, seinen Plan nicht zur Ausführung kommen. Um sich selbst zum Abschluß zu nötigen, sagte Goethe schließlich dem Berliner Verlagsbuchhändler Johann Friedrich Unger (1753–1804) das Werk für die Fort-

setzung einer Reihe „Neue Schriften", in der bereits der „Großkophta" und „Reineke Fuchs" erschienen waren, zu. Je zwei fertige Bücher sollten ohne Rücksicht auf das Ganze sofort zum Druck geliefert werden.
Es ging nun darum, die bereits fertigen Bücher zu bearbeiten und zu kürzen. Dann ging es um die Vollendung des Werkes nach dem neuen Plan. Auch jetzt noch gab es manche Störung. 1792 weilte Goethe mit dem Herzog im Feldlager in Frankreich, 1793 beschäftigte er sich mit der „Farbenlehre" schrieb nach Eindrücken von der Französischen Revolution den „Bürgergeneral". Erst 1794 schloß er die ersten beiden Bücher der „Lehrjahre" ab und schickte sie nach Berlin zum Druck. Der Vertrag mit dem Verleger Unger, nach dem der Roman in Teilen gedruckt wurde, machte es Goethe unmöglich, das gesamte Werk vor der Drucklegung noch einmal durchzusehen und etwa auftretende Widersprüche oder Ungleichheiten zu beseitigen. Herder, dem er am 13. Juni das erste Buch schickte, war wenig zufrieden damit. Er meinte, daß Wilhelms Jugend zuwenig behandelt sei, daß durch die Umarbeitung der Held zu plötzlich vor den Leser trete. Damit begann die Verstimmung zwischen Goethe und Herder. Dafür begann aber bald darauf die Bekanntschaft und Freundschaft mit Schiller, der lebhaften Anteil an der Vollendung des Werkes nahm. Während Herder sich auch nach dem Vorliegen des zweiten Bandes im Druck verstimmt darüber äußerte, sein moralisches Empfinden dadurch verletzt fühlte, fand Schiller, daß nichts darin zu finden sei, „was nicht mit dem Ganzen in der schönsten Harmonie stände". Von jetzt ab gab Goethe nichts mehr vom Roman zum Druck, das nicht vorher mit Schiller besprochen war und seine Zustimmung gefunden hatte. So entstanden das fünfte und das sechste Buch, die im Oktober 1795 nach Berlin abgeschickt wurden. Gerade das sechste Buch, die „Bekenntnisse einer schönen Seele", an das Goethe nicht ohne Bedenken ging, wurde von Schiller ermutigt. Das siebte Buch war, als die beiden vorhergehenden zum Druck gingen, im Konzept schon zum großen Teil fertig, er ließ es im Februar 1796 ins reine schreiben und überließ es Schiller, der dazu anmerkte, daß er nun begreife, wie Goethe im achten Buch fertig werden könne. Im Juni 1786 begann Goethe dann das achte und letzte Buch, das in wenigen Wochen vollendet war und mit Schiller gemeinsam durchgegangen wurde. Nach fast 20 Jahren war so der Roman, der mit Goethes eigener Ausbildung und seinen im Leben gewonnenen Erfahrungen begonnen hatte und dem nach der Italienreise der Dichter aus weiterer Weltschau und Einsicht in reinster künstlerischer Umgestaltung und Durcharbeitung unter Schillers treu ratender Hilfe die gültige vollendete Gestalt gab, 1797 endlich als Ganzes der Öffentlichkeit zugänglich.

Die Aufnahme des Romans war zunächst uneinheitlich. Christian Gottfried Körner (1756–1831), der Vater des Dichters Theodor Körner, setzte sich mit

seinem Freund Schiller ausführlich über das Werk auseinander, und Goethe war so erfreut über diese verständnisvolle Stellungnahme, daß er sie gern in Schillers Zeitschrift „Horen" abgedruckt gesehen hätte. Er war überzeugt, daß sich diesem Brief gegenüber „die Kontorsionen, welche sich von anderen Beurteilern erwarten ließen, desto wunderlicher ausnehmen würden". Es geht dabei besonders um die Wendung Körners: „Das Persönliche entwickelt sich aus einem selbständigen unerklärlichen Keime, und die Entwicklung wird durch die äußeren Umstände bloß begünstigt. Das Ganze nähert sich dadurch der wirklichen Natur, wo der Mensch, dem es nicht an eigener Lebenskraft fehlt, nie bloß durch die umgebende Welt bestimmt wird, aber auch nie alles aus sich selbst entwickelt."
Es gab jedoch auch Stimmen gegen das Werk. Die Zeitgenossen hielten sich zunächst an den Stoff, und sie kamen zu mehr oder weniger bitteren Klagen über die Sittenlosigkeit und Schwäche des Romans. Herder hatte sofort die Unmoral getadelt. Selbst der Freund Goethes Friedrich Heinrich Jacobi (1743–1819) fand, daß ein „gewisser unsauberer Geist" darin herrschte. Nur das sechste Buch fand ungeteilte Zustimmung. Es fehlt aber auch nicht der damals sehr ernst genommene Vorwurf der Religionslosigkeit, ja der Spötterei über religiöse Empfindungen. Wenn Goethe Serlo feststellen ließ: „Wenig Deutsche, und vielleicht nur wenig Menschen aller neueren Nationen, haben Gefühl für ein ästhetisches Ganze; sie loben und tadeln nur stellenweise; sie entzücken sich nur stellenweise" (V, 4), so konnte er an der Kritik seines Romans die ganze Wahrheit dieses Ausspruches feststellen. Zu den wenigen, die sofort das Wesen des Werkes verstanden, gehörte auch Wilhelm von Humboldt (1767–1835).
Am stärksten wurden die Romantiker von dem Roman ergriffen. Sie faßten ihn als romantisches Werk auf und zählten seitdem Goethe zu den Ihrigen. Friedrich Schlegel nannte den „Wilhelm Meister" neben Johann Gottlieb Fichtes (1762–1814) „Wissenschaftslehre" und der Französischen Revolution eine der bedeutendsten Tendenzen des Jahrhunderts. Eine Fülle von Nachahmungen, von Bildungs- und Künstlerromanen, erschien. Novalis (1772–1801) wollte mit dem „Heinrich von Ofterdingen" (1798–1801) Goethes Roman, den er sonderbarerweise als gegen die Dichtkunst und als einseitiges Lob eines bürgerlich tätigen Lebens ansah, ein Gegenstück schaffen, in dem der Held im ersten Teil zum Dichtertum reift und im zweiten Teil verklärt und erhöht wird. Aber die Wirkung der „Lehrjahre" war auf die Dauer stärker als die der romantischen Dichtung, Ihr Einfluß ist auch bis in spätere Zeit zu verfolgen und blieb stetig. Gottfried Kellers „Der grüne Heinrich" (1854, umgearbeitet 1879) und Adalbert Stifters „Nachsommer" (1857) stehen in der Nachfolge des „Wilhelm Meister", und bis in die Gegenwart hat das Werk die unmittelbare Kraft als grundlegende Gestaltung deutscher Humanität erhalten.

## 2. SACHLICHE UND SPRACHLICHE ERLÄUTERUNGEN

### a. Im Roman genannte Dichter und Dichtungen

**1. Buch, 6. Kapitel** (S. 18): „Die deutsche Schaubühne", Johann Christoph Gottsched (1700–1766) gab zwischen 1740 und 1745 unter diesem Titel sechs Bände mit ausgewählten Bühnenstücken, die seinen eigenen Vorstellungen vom vorbildlichen Theater entsprachen, heraus. Darin standen „Darius", ein Trauerspiel von Friedrich Lebegott Pitschel, der „Cato", genauer „Der sterbende Cato" von Gottsched selbst, 1732 entstanden, 1743 in die „Schaubühne" aufgenommen, und „Die asiatische Banise" von Melchior Grimm, in der Chaumegrem ein aufgedonnerter Wüterich ist.

**7. Kapitel** (S. 21): Koppens Übersetzung „Das befreite Jerusalem", das Epos des Torquato Tasso (1544–1595) um den ersten Kreuzzug mit Gottfried von Bouillon (1575), übersetzt von Johann Friedrich Koppe (1742). Chlorinde ist darin eine mitkämpfende Heidenfürstin, Armide eine schöne Zauberin, Tancred und Rinaldo (Reinold) sind die männlichen Hauptpersonen.

**16. Kapitel** (S. 57): „einen Streit mit der Kanzel", Anspielung auf die Kontroverse zwischen Lessing und dem Hamburger Hauptpastor Johann Melchior Goeze (1717–1786) um die Bühne als moralische Anstalt und ihr Verhältnis zur Religion.

**17. Kapitel** (S. 60): „Der kranke Königssohn"; gemeint ist ein Gemälde des niederländischen Malers und Kunsthistorikers Gérard de Lairesse (1641–1711), des führenden Künstlers des niederländischen Klassizismus; es stellt Antiochus I. Sotes von Makedonien (324–261 v. Chr.) dar, der nach der Sage aus Liebe zu seiner Stiefmutter Stratonike krank wurde, bis ihm der Vater Seleukos I. die Frau abtrat.

**2. Buch, 8. Kapitel:** „Pastor Fido", Schäferspiel (1585) von Battista Guarini (1538–1612), nach Tasso Hofdichter der Este. Mit diesem Stück schuf er die Gattung der Tragikomödie.

**3. Buch, 7. Kapitel** (S. 150): Montfaucon – Bernard de M. (1655–1741), französischer klassischer Philologe. Zwischen 1719 und 1724 veröffentlichte er eine 15bändige, bebilderte Kulturgeschichte der Antike.

**8. Kapitel** (S. 157): Racine, Jean R. (1639–1699), Tragiker des französischen Klassizismus. Er fiel gegen Ende seines Lebens, wahrscheinlich wegen seines Jansenismus, beim König in Ungnade.

**5. Buch, 5. Kapitel** (II. S. 20): Wielands Übersetzung des „Hamlet"; Christoph

Martin Wielands (1733–1813) Prosaübersetzung des „Hamlet" erschien 1766.

**7. Kapitel** (S. 28): Grandison, Clarissa, Pamela: Gestalten aus den Romanen „Pamela" (1740), „Clarissa Harlowe" (1747) und „Sir Richard Grandison" (1753/54) von Samuel Richardson (1689–1761), Vorbilder des sentimentalen psychologischen Romans. „Der Landpastor von Wakefield": Oliver Goldsmiths (1728–1774) Roman „The Vicar of Wakefield" (1749); „Tom Jones", Roman von Henry Fielding (1707–1754) eine Art Bildungsroman.

**6. Buch** (S. 75): „Der Christliche deutsche Herkules", genau „Des christlichen deutschen Großfürsten Herkules und des böhmischen königlichen Fräulein Valiska Wundergeschichten" vom Hofprediger H. A. Buchholtz (1969, zuletzt 1744). „Die römische Octavia": Roman von Herzog Anton Ulrich von Braunschweig (1633–1714), 1677 erschienen.

(S. 105): „Agathon", Anspielung auf Wielands Roman „Agathon" (1766/67); der erste große Erziehungs- und Bildungsroman in Deutschland.

(S. 109): Der Graf: Nikolaus Ludwig Graf von Zinzendorf (1700–1760), der Begründer der Herrnhuter Brüdergemeinde.

Ebersdorfer Gesangbuch: Ebersdorf ist eine Siedlung der Herrnhuter in der Nähe von Koburg, im früheren Fürstentum Reuß, ältere Linie.

**8. Buch, 6. Kapitel** (S. 256): Gottfrieds Chronik: Johann Philipp Abelins (1600–1634) Chronik aus dem 17. Jahrhundert; sie war Goethe seit seiner Knabenzeit vertraut. „Theatrum Europaeum": eine zwischen 1618 und 1718 in Frankfurt a. M. herausgegebene Sammlung zur Zeitgeschichte, zeitweilig war Abelin deren Bearbeiter; das Werk wurde volkstümlich durch die Kupferstiche des Matthäus Merian d. Ä. (1593–1650). Acerra philologica: Name mehrerer im 17. Jahrhundert zusammengestellter Sammlungen aus Schriftstellern des Altertums, Acerra: Weihrauchkästlein. Andreas Gryphius (1616–1664), der bedeutendste deutsche Dramatiker des Jahrhunderts.

## b) Sachliche Erläuterungen

### 1. Buch

**2. Kapitel** (S. 8): „Die Impertinenz des schwerlötigen Kriegers": die Unverschämtheit des schwergewichtigen Kriegers.

**3. Kapitel** (S. 10): „alle Lindors und Leanders": beliebte Namen der italienischen und französischen Komödie jener Zeit, aber auch der in Deutschland beliebten Schäferspiele.

(S. 11): Brustschildchen: ein Brustschild war das Abzeichen des Hohenpriesters.

(S. 11): Louisdor: Goldmünze mit dem Bilde Louis XIII. von Frankreich; meist Louisd'or geschrieben.

(S. 11): Kollation: leichte Mahlzeit.

**5. Kapitel** (S. 15): Spezereien: Gewürzwaren, allgemeiner auch alles, was man heute Kolonialwaren nennt.

(S. 16): Proszenium: der vordere Teil der Bühne zwischen Vorhang und Orchester.

**6. Kapitel** (S. 17): Aktion: Handlung, Schauspiel.

(S. 17): perorieren: laut und mit Nachdruck sprechen.

(S. 18): Bilder illuminieren: Bilder bunt ausmalen.

**7. Kapitel** (S. 20): Gespanschaft: mayarisch Grafschaft, Amtsbereich eines Gespans; Goethe gebraucht (S. 22) das Wort Gespan aber auch in der Bedeutung: Gefährte.

**8. Kapitel** (S. 25): qui pro quo: Verwechslung.

(S. 26): Epoche: hier in der Bedeutung: Wendepunkt.

(W. 26): „den Rocken am Gürtel": Spinnrocken ohne Fuß, mit dem man also überall spinnen konnte; sprichwörtlich für ungewöhnlichen Fleiß

**9. Kapitel** (S. 28): Nationaltheater: In Deutschland verband sich im 18. Jahrhundert die Idee des Nationaltheaters, einer führenden und vorbildlichen Bühne, mit der um die Bemühungen um das nationale Drama. Das Hamburgische Nationaltheater (1767–69) war ein privates Unternehmen, das bald zusammenbrach. Es wurde durch Lessings Hamburgische Dramaturgie bekannt. Gleichzeitig unternahm Kaiser Joseph II. den Versuch, in Wien ein Nationaltheater zu gründen, das entstand und tatsächlich von 1776–1807 den Namen Nationaltheater führte, ohne irgend etwas Wesentliches für das deutsche Drama zu leisten. In Berlin gab es von 1786–1815 ein Deutsches Nationaltheater, das zeitweise von Iffland geleitet wurde, aber auch nichts Entscheidendes für die deutsche Kultur leistete. Das ursprünglich vom Pfälzer Kurfürsten gestiftete, bald städtisch gewordene Mannheimer Theater und die Weimarer Bühne führen noch heute die Bezeichnung Nationaltheater, ohne es im eigentlichen Sinne noch zu sein. Das Weimarer Theater heißt, seitdem 1919 die Nationalversammlung dort tagte, Deutsches Nationaltheater.

**10. Kapitel** (S. 30): „wie ehemals die Venetianer": diese zogen große Gewinne aus den Kreuzzügen, indem sie die Überfahrt und den Nachschub der Kreuzfahrer ins Heilige Land natürlich gegen hohe und mit der Kreuzzugskonjunktur steigende Preise besorgten.

(S. 33): Apostrophen: Ansprachen, Ausführungen.

**11. Kapitel** (S. 35): Spekulation: gewagtes Geschäft.

**12. Kapitel** (S. 38): Prätension: Prätention, Anspruch, Anmaßung.

**13. Kapitel** (S. 20): Landmiliz: Truppe mit kurzer militärischer Ausbildung, die nur im Inlande eingesetzt wird; auch Bürgerwehr.

(S. 40): Aktuarius: Gerichtsschreiber.

**15. Kapitel** (S. 49): Lichtwagen: Bühnengerät in früherer Zeit, mit dem die Beleuchtungsgeräte transportiert wurden.

(S. 49): Zindel: feines Leinengewebe, später auch Flittertaft.

**16. Kapitel** (S. 54): Equipage: Ausrüstung, Ausstattung.

S. 56): „im Ritterschaftlichen" = im Gebiet eines mit Gerichtsbarkeit belehnten Adligen. Die bunte Vielfalt der territorialen Rechtsverhältnisse im alten Deutschen Reich machte heimliche und doch gültige Eheschließungen leicht. Gerade zu der Zeit, als Goethe den Roman begann, 1777, war in Weimar eine solche Ehe öffentlicher Skandal. Ein Student Christoph Gottlieb Zschock aus Augsburg hatte im Ritterschaftlichen zu Marisfelde mit der Bürgerstochter Johanna Louise Krauß aus Jena heimlich die Ehe geschlossen. Die Anfechtung dieser Trauung bei den weimarischen Gerichten mußte ergebnislos bleiben, obwohl man der Meinung war, daß der Gerichtshalter, der das Paar getraut hatte, daraus ein ungebührliches Geschäft gemacht hatte.

**17. Kapitel** (S. 59): instruktive Suite: lehrreiche Serie.

(S. 60): Kabinett: Kunstsammlung.

(S. 61): determinieren: bestimmen.

(S. 62): Magnetuhren: nachgeschaltete Apparate mit gleichgerichteten Magnetnadeln, die durch einen hindurchgeleiteten elektrischen Strom gleichmäßig ausschlagen.

(S. 64): Hexe von Endor: Totenbeschwörerin, die nach Samuel I, 28, 7 ff. dem König Saul vor seiner letzten Schlacht Samuels Geist beschworen haben soll.

(S. 64): Iris: Götterbotin der griechischen Mythologie, die Verkörperung des Regenbogens.

## 2. Buch

**3. Kapitel** (S. 77): „ein Opfer als Nachspiel": eine feierliche Ehrung, Huldigung.

**4. Kapitel** (S. 78): Öffentliche Erscheinung: öffentliches Auftreten, hier eine theatralische Vorstellung.

(S. 78): Pagliaß = italienisch Pagliasso, der Spaßmacher, Hanswurst; daraus das rheinische Peiaß.

(S. 82): Bauer . . . Bergmann: Goethe dachte hier an ein thüringisches Bergmannsspiel, ein Streitgespräch zwischen Bauer und Bergmann über den Nutzen der bergmännischen Arbeit auch für den Bauern. Dabei sprach der Bauer Niederdeutsch, der Bergmann Hochdeutsch.

(S. 90): Entrepreneur = Unternehmer.

**8. Kapitel** (S. 101): Fandango = feuriger Werbetanz aus Kastilien und Andalusien. Er wird mit Kastagnetten, hölzernen Handklappern, begleitet.

**9. Kapitel** (S. 102): Etablissement: Einrichtung.

(S. 102): extemporieren = aus dem Stegreif spielen. Solche extemporierte Stücke waren eine Lieblingsunterhaltung der Weimarer Hofgesellschaft.

(S. 103): Tirolerin: die hausierende Tirolerin war eine stehende Figur der extemporierten Komödie, die auf möglichst amüsante Weise möglichst viel von ihrer fingierten Ware zu verkaufen suchte. Das männliche Gegenstück dazu war der Tiroler Vogelhändler.

**10. Kapitel** (S. 109): „das heimliche Gericht": Das Femgericht, ursprünglich ein nur in Westfalen zuständiges Standesgericht der Freibauern, das durch mehrere Privilegien im Spätmittelalter zu einer Art Berufungsgericht für das gesamte Gebiet des Reiches wurde. Heimliches Gericht hieß es eigentlich nur, weil es zur Zeit seiner Blüte Geschworene, die zum Schweigen verpflichtet waren, auch außerhalb Westfalens hatte. Die Romantik umkleidete es mit mysteriösen Bräuchen, nach romantischer Auffassung sollte es nachts und unter strengem Geheimnis tagen. In Wirklichkeit fanden die Verhandlungen vor den etwa 20 Freistühlen stets öffentlich unter freiem Himmel und unter Zuziehung von mindestens sieben Freischöffen und möglichst vielen Zuhörern statt.

**11. Kapitel** (S. 113): Der Text des Liedes „Was hör ich draußen" weist einige Abweichungen von der Fassung, in der er unter die „Gedichte" 1800 aufgenommen wurde, auf.

(S. 113): „Der Schäfer putzt sich zum Tanz": dieses Lied wird im „Faust" von den Bauern beim Tanz unter der Linde am Ostertage gesungen.

**13. Kapitel** (S. 119): schlechtes Wirtshaus = einfaches, schlichtes Wirtshaus.

(S. 119): „Versammlung frommer Menschen": gemeint sind Versammlungen der Herrnhuter; „Liturg": der vorsingende Geistliche.

(S. 124): „der dann ein Märchen erzählte": dieses Märchen wird trotz der hier gegebenen Zusage nie bekanntgegeben.

## 3. Buch

**2. Kapitel** (S. 136): „in Fächer einteilen": in Rollenfächer, wie es der Graf verlangt hatte. Goethe selbst war ein Gegner solcher scharfen Abgrenzung der Rollenfächer, er verlangte, daß der Schauspieler sich jederzeit seiner Individualität entäußern müsse, um sich in die Gestalt zu wandeln, die er spielen sollte. Bei den Wanderbühnen und auch bei den großen Bühnen jener Zeit war das Rollenfach recht weitherzig gefaßt, auch hier werden die wenigen Schauspieler nach Bedarf recht willkürlich einfach einem Rollenfach zugeordnet.

**4. Kapitel** (S. 142): distinguiert: ausgezeichnet, vorgezogen.

**7. Kapitel** (S. 149): Versifikation: den Text in Verse bringen.

(S. 150): Minerva oder Pallas: Die Göttin Athene tritt in doppelter Deutung auf. Seit homerischer Zeit ist sie Promachos die Vorkämpferin mit dem Schild Agis und der Lanze, die gegen Titanen und Dämonen siegt und auch auf die Kämpfe der Sterblichen Einfluß nimmt Sie ist aber auch Minerva, griechische Ergana die Werkkundige, die die Menschen die Kultur lehrte, also Kriegsgöttin und Göttin der Weisheit.

(S. 151): Konditor: im 18. Jahrhundert stellte der Konditor nicht nur Zuckerwerk her, er führte auch die Arbeiten aus, die heute vom Dekorateur ausgeführt werden.

(S. 153): Sukkurs: Beistand, Hilfe, eigentlich militärisch.

**8. Kapitel** (S. 155): „zwei feindliche Vorposten": solche Szenen hatte Goethe während der Kampagne in Frankreich 1792 erlebt

**9. Kapitel** (S. 160): Kapitel: Dom- oder Stiftskapitel, Kollegium von Priestern hier also ironisch gebraucht. Parnaß ist der Sitz der Musen.

(S. 162): Pasquillant: Verfasser von Pasquillen, Spottschriften.

(S. 162): Inquisition: Untersuchung durch Verhöre.

(S. 162): Exekution: Strafvollzug, insbesondere bei Körperstrafen.

**10. Kapitel** (S. 166): Argandsche Lampe: eine um 1780 von Argand erfundene Lampe, bei der der bereits von Leyer erfundene Flachdocht zum Ring entwickelt ist. Der Zufluß des Öles zum Docht wird durch Höherlegen des Ölbehälters erleichtert, die Flamme wird durch einen Glaszylinder gegen Luftzug geschützt.

**12. Kapitel** (S. 175): die Nativität: astrologisch: die Bestimmung des Standes der Gestirne zur Geburtsstunde, aus dem die Zukunft vorausgesagt werden kann.

(S. 175): Aufsatz: hier Zierde, Aufputz, der Schmuck.

## 4. Buch

**1. Kapitel** (S. 181): Delikatesse: Zartgefühl, Feingefühl.

(S. 188): „seinen Charakter souteniert": Goethe hat, wie seine „Schauspieler-regeln" ausweisen, in etwa den Standpunkt des Grafen geteilt, wonach ein Schauspieler auch im Leben den Charakter, den er auf der Bühne darstellt, fortsetzen soll. Wer edle und vornehme Herren spielt, muß auch edel und vornehm sein.

**Kapitel** (S. 186): Prinz Heinz, der Thronfolger in Shakespeares „Heinrich V", der spätere Heinrich V. Er führt mit Falstaff und seinen Gefährten ein lustiges Leben.

**4. Kapitel** (S. 194): Freikorps: kleiner Verband von Freiwilligen, der vor allem im Hinterland der kämpfenden Truppe gegen den Nachschub und kleinere Stützpunkte operiert.

(S. 195): Route: vorgeschriebener Reiseweg.

(S. 195): Marodeurs: plündernde Nachzügler einer Truppe.

(S. 196): Terzerol: kleine Pistole.

**10. Kapitel** (S. 208): heldische Chlorinde: Gestalt aus Tassos „Das befreite Jerusalem"

**12. Kapitel** (S. 214): hypochondrisch: trübselig, melancholisch.

(S. 215): Aufspannung: Modewort der Sentimentalität, Zustand hoher Empfindsamkeit; die nächste Stufe ist Überspanntheit

**15. Kapitel** (S. 225): „kanonisches Ansehen": eigentlich kirchenrechtlich: den Regeln der Kirche entsprechend; übertragen: vorbildlich, mustergültig.

**16. Kapitel** (S 231): „unter den Fahnen der Vereinigten Staaten": im amerikanischen Unabhängigkeitskrieg 1775–1781. Im Jahre 1777 kam Friedrich von Steuben nach Amerika.

(S. 232): Kampagne = Feldzug.

**17. Kapitel** (S. 236): Journal Reisetagebuch; merkantilistisch = hier den Handel betreffend; rhapsodisch: von Rhapsodie, freie Zusammensetzung von Volksdichtungen oder musikalisch Volksmelodien also formlos zusammengestückelt.

(S. 238); Relation: Bericht; Räsonnements: Überlegungen.

**18. Kapitel** (S. 239): „Harlekin aus dem Ei": beliebtes Ballettmotiv, wobei ein Harlekin, Essenkehrer oder sonstwie kostümierter Tänzer aus einem Ei stieg.

(S. 239): „obligeanter Gruß": verbindlicher Gruß.

(S. 240): „das tausendjährige Reich": nach der Apokalypse des Johannes 20, 2–4 der Glaube, daß am Ende dieser Weltzeit Christus wiederkehren und mit den auferweckten Gerechten ein irdisches Reich des Friedens und der Freude aufrichten wird. Der Satan, der gefesselt wird, befreit sich dann aber wieder, um nach einer gewissen Zeit endgültig überwunden zu werden, womit der Weltuntergang, die Auferstehung aller Toten und das Weltgericht beginnt. Ein Weltentag umfaßt 1000 Jahre. Hier wird der biblische Begriff sprichwörtlich und scherzhaft angewendet: ehe die so übel Mitgenommenen ihn erwischten.

(S. 241): „der gebildete, aber auch bildlose Teil von Deutschland": gemeint ist der protestantische Norden, wo es keinen Karneval und keine Prozessionen mit Heiligenbildern usw. gibt.

(S. 241): Alexandriner: 12silbiger, bei klingendem Ausgang 13silbiger und 6hebiger jambischer Vers mit einem Einschnitt nach der 6. Silbe. Den Namen hat er nach einer altfranzösischen Fassung des „Alexanderliedes" (1180). Er war der Vers des französischen klassischen Dramas.

(S. 243): „den Sophisten": eigentlich Philosophenschule; hier im Sinne des geistreichen Denkers, der alle Erkenntnis relativiert, des scharfsinnigen Zweiflers und Spötters.

**19. Kapitel** (S. 244): „flämische Gesichter": früher sprichwörtlich für lange, enttäuschte Gesichter.

(S. 244): Intercessionen: Eintreten für Angelegenheiten anderer, Vermittlung.

(S. 245): Naturalisten: damals in der Bedeutung Künstler von Natur aus ohne fachliche Ausbildung.

## 5. Buch

**1. Kapitel** (S. 6): Lektion: hier Strafpredigt.

**2. Kapitel** (S. 11): „in Sequestration": unter Zwangsbewirtschaftung.

(S. 11): ruralisch = die Landwirtschaft betreffend.

**5. Kapitel** (S. 22): Philomele: Nachtigall; Rondeau: Rondo, heiteres Musikstück mit wiederkehrendem Motiv,

**6. Kapitel** (S. 27): die Imagination: Vorstellung, Phantasie; ein „Quiproquo": ein Ungefähr, eine Zwischenlösung; „der uns homogen ist": die unseren Vorstellungen entspricht.

**7. Kapitel** (S. 29): „die Rollen kollationiert": die Texte verglichen.

**8. Kapitel** (S. 33): „nur eine Hauptschwierigkeit": zur Zeit Goethes behalf man sich gewöhnlich nach dem Vorbilde Schröders in Hamburg damit, Hamlet und seine Mutter eine Miniatur des Königs an einer Kette tragen zu lassen. Goethe aber will lebensgroße Gemälde an der Wand angebracht wissen.

(S. 34): „das Publikum wünscht ihn lebendig": Schröder in Hamburg und verschiedene andere Hamlet-Bearbeiter der Zeit ließen den Prinzen überleben, weil sie ihrem Publikum nicht das allzuweit von der klassischen Gerechtigkeit entfernte Ende des Helden durch Hinterlist und Zufall zumuten zu können glaubten.

**10. Kapitel** (S. 38): „mein feiner Paradiesvogel": alte Sage über die Paradiesvögel, die angeblich darauf zurückgeht, daß die Indianer ihnen die Füße abschnitten, bevor sie die Bälge präparierten und als Federschmuck verkauften.

**11. Kapitel** (S. 41): die Symphonie = hier das Vorspiel, die Ouvertüre.

**12. Kapitel** (S. 42): „zum Ankündigen": nach altem Theaterbrauch trat am Ende der Vorstellung ein Schauspieler vor und kündigte die nächste Vorstellung an.

(S. 245): Pulcinellpuppen: Pulcinella ist die Lieblingsfigur des neapolitanischen Volks- und Marionettentheaters.

(S. 245): Mänaden = Bacchantinnen, Begleiterinnen des Bacus (Dionysos), trunken ekstatische Weiber.

**16. Kapitel** (S. 70): Portechaise = Sänfte, ein von zwei Männern getragener, verdeckter Stuhl.

## 6. Buch

(S. 78): Phyllis: beliebter Name der Schäferspiele, nach griechischer Sage eine thrakische Königstochter, die sich aus Sehnsucht nach ihrem Geliebten, Demophon, dem Sohne des Theseus, tötete und in einen Mandelbaum verwandelt wurde.

(S. 79): Damon: Name zweier Pythagoreer aus Syrakus zur Zeit des jüngeren Dionys (367–337 v. Chr.). Sie gaben der Sage nach ein Beispiel höchster Freundestreue. Dazu Schillers „Die Bürgschaft", wo die Namen indessen verändert sind. Auch beliebter Name im Schäferspiel.

(S. 79): Mentor: in der Odyssee der Erzieher des Telemach, des Sohnes des Odysseus; übertragen: Lehrer, Berater.

(S. 80): Narciß: in der griechischen Sage ein schöner Jüngling der sein Spiegelbild im Wasser sah und sich darin verliebte.

(S. 84): alteriert und affiziert: heftig erregt und angegriffen.

(S. 91): Negoziationen: Verhandlungen.

(S. 100): „mit den beloved ones": englische Wendungen zu gebrauchen, war wohl unter Einfluß englischer Erbauungsliteratur in gebildeten frommen Kreisen üblich.

(S. 101): Hallisches Bekehrungssystem: das von Philipp Jakob Speners (1635–1705) Schülern gelehrte System, das starke Betonung der Bußfertigkeit und des religiös sittlichen Lebens, sowie sorgfältige Schulung durch Bibelstudium und gefühlsmäßiges religiöses Erlebnis forderte. Erbauung vor Bildung setzte und strenge und pünktliche Befolgung der kirchlichen Vorschriften voraussetzte. Die Bekehrung begann mit dem großen Erschrecken über die Sündhaftigkeit der Welt.

(S. 105): ein Girard = ein Jesuit, der den Beichtstuhl zu Verführungen mißbraucht hatte; Cartouche = der Anführer einer Pariser Verbrecherorganisation, Damiens = ein Revolutionär, der ein Attentat auf Ludwig XV. versucht hatte. Die Prozesse dieser drei waren Gesprächsstoff der ganzen damaligen Welt

(S. 106): Bathseba: in der Vulgata: Bethsabe, die Frau des Hethiter Uria, die David verführte und später, nach dem von ihm herbeigeführten Tode des Mannes, heiratete, die Mutter Salomos (2. Samuel, 11.)

(S. 111): Approbation: Anerkennung; brouilliert: entzweit, überworfen.

(S. 119): Der Advokat des bösen Geistes: Advocatus diaboli: er hat im Heiligsprechungsprozeß alles zu sammeln, was dagegen spricht, während der Advocatus dei die positiven Unterlagen dafür zusammenträgt.

(S. 128): ein deutsches Schloß: das 1515 in Nürnberg erfundene Radschloß.

## 7. Buch

**4. Kapitel** (S. 149): Hermaphroditen: Zwitter: Geschöpfe, die zugleich männlich und weiblich sind.

(S. 150): Gerichtshalter: der Richter eines herrschaftlichen Bezirkes, meist ein Advokat in einer nahe gelegenen Stadt, der das Richteramt nebenberuflich ausübte.

**6. Kapitel** (S. 154): Weste: ursprünglich eine Art Jacke mit langem Schoß, Ärmeln und breiten Ärmelaufschlägen. Der Uniformrock wurde oft so genannt.

(S. 169): Exekution: hier Zwangsvollstreckung.

**9. Kapitel** (S. 196): Kalkuls und Anschläge: Berechnungen und Kostenanschläge.

(S. 197): Der Saal: ihm liegt die Vorstellung des Tempels der Freimaurer zugrunde, die aber stark abgewandelt ist.

## 8. Buch

**1. Kapitel** (S. 202): „ein arbeitsamer Hypochondrist": Hypochondrie: krankhaft übersteigerte Beschäftigung mit dem Wohlbefinden des eigenen Körpers.

(S. 203): Lombre: L'hombre, ein aus Spanien stammendes, heute fast vergessenes Kartenspiel.

(S. 205): „als Juden": nach der Frankfurter und mancher anderen Kleiderordnung war den Juden verboten, Perücken zu tragen. Beim Grenzübertritt mußte der Jude das „Geleit" bezahlen, eine Gebühr für den Rechtsschutz im Lande.

**4. Kapitel** (S. 234): Sagazität: Scharfsinn.

**6. Kapitel** (S. 254): Vikariatsgraf: Stellvertreter eines Grafen; scherzhaft: angeblicher Graf.

(S. 255): Mauscolus: König von Karien und persischer Satrap, gest 353 v. Chr,; seine Gemahlin Artemisia erbaute ihm in Halikarnassos ein Grabmal, das im Altertum zu den sieben Weltwundern gezählt wurde. Davon der Name Mausoleum.

(S. 255): „Phileo . . . mit den Derivates": das griechische Verbum „lieben" mit seinen Ableitungen. Anspielung auf den Namen Philine.

(S. 256): kompendiös: kurz gedrängt.

**7. Kapitel** (S. 261): assekurieren: versichern.

(S. 263): Supplement: Ergänzung.

(S. 263): Maria von Magdala: nach der Überlieferung die namenlose büßende Sünderin: Maria Magdalena. Ihr erschien als erster der Auferstandene.

(S. 267): Exequien: Leichenfeier.

**9. Kapitel** (S. 282): Inzest: blutschänderisches Verhältnis.

(S. 286): jenes große Bildnis: am südlichen Ende des Lago Maggiore war 1967 eine kolossale Statue des heiligen Karl Borromäus (1538–84) in der Nähe seines Geburtsortes Arona errichtet worden.

**10. Kapitel** (S. 293): Dislokationsplan: Umzugsplan.

(S. 294): Konfidenz: Eingeständnis, Bekenntnis.

(S. 294): Karavine: kleine Flasche.

(S. 302): Freiredoute: ein Fest, das nichts kostet.

(S. 302): „. . . und ein Königreich fand". Samuel 1, 9.

## C. Sprachliche Erläuterungen

**1. Buch, 11. Kapitel** (S. 36): „ein künstlicher Dieb: ein kunstfertiger Dieb.

**14. Kapitel** (S. 45): „bürgerliche Bedienung": Dienst, Anstellung.

**2. Buch, 4. Kapitel** (S. 78): Flinter: mundartlich für Flitter.

**3. Buch, 3. Kapitel** (S. 138): „besprochen": im 18. Jahrhundert in der Bedeutung: bestellt.

**4. Kapitel** (S. 143): abschnüren: mit der Schnur abmessen.

**9. Kapitel** (S. 207): „eingebunden": eingeschärft, streng befohlen; „sich abwartete": geduldig blieb

**14. Kapitel** (S. 234): „unverbesserlich auf dem Theater": unübertrefflich, nicht mehr zu verbessern.

**5. Buch, 2. Kapitel** (S. 9): „die Trauer aussuchte": die Trauerkleider.

**16. Kapitel** (S. 72): „Der Verlust . . . übertragen": ertragen.

**7. Buch, 7. Kapitel** (S. 170): „Fühlbarkeit": Feinfühligkeit, Taktgefühl.

**8. Buch, 2. Kapitel** (S. 213): „aufbinden": das Gepäck auf den Reisewagen oder das Tragtier laden.

**6. Kapitel** (S. 253): „hasenfüßig": flüchtig, übertragen auch: närrisch, wunderlich.

(S. 254): „mit der Hechel frisiert": Hechel ist der Kamm, mit dem die Fasern von Flachs und Hanf getrennt und geordnet werden; sprichwörtlich: schlecht behandeln.

## 3. GANG DER HANDLUNG

### Erstes Buch

**1. Kapitel:** Die alte Barbara, die Betreuerin der schönen Schauspielerin Mariane, erwartet ungeduldig die Gebieterin, für die eine Überraschung eintraf. Ihr Liebhaber, ein reicher junger Kaufmann namens Norberg, schickte ihr ein Paket mit reichen Geschenken. Aber als Marianne von der Vorstellung heimkehrt, hat sie keinen Blick dafür. Sie ist leidenschaftlich erregt, weil sie Wilhelm Meister erwartet, der im Fluge ihr Herz gewann. Als er eintritt, fliegt sie ihm entgegen.

**2. Kapitel**: Am nächsten Morgen eröffnet die Mutter Wilhelm, daß der Vater ihm den täglichen Besuch des Schauspieles untersagen werde, weil er zu nichts nütze sei. Der Sohn verteidigt seine Theaterleidenschaft, es müsse nicht alles unnütz sein, was nicht unmittelbar Geld und Gewinn bringe. Auch der Vater verwandte einen Teil seines Gewinnes für den Umbau und die Verschönerung des Hauses. Wilhelm erinnert die Mutter an jenen Tag vor zwölf Jahren, an dem ihm ein Puppenspiel geschenkt wurde, mit dem seine Liebe zum Theater begann. Er erbittet den Schlüssel, um die Puppen, die von der Mutter aufbewahrt werden, holen und auf sein Zimmer tragen zu können.

**3. bis 8. Kapitel:** Um den Vorwürfen des Vaters zu entgehen und doch Marianens Liebe ungestört zu genießen, verrichtet Wilhelm tagsüber pünktlich seine Geschäfte und verzichtet gewöhnlich auf den Besuch des Schauspiels. Aber wenn alles zu Bett gegangen ist, schleicht er zu ihr. Eines Abends bringt er seine Puppen mit, und bald sind er und Mariane eifrig mit ihnen beschäftigt. Als der Lärm vergnügter Leute auf der Straße sie aus ihren Träumereien weckt, muß die alte Barbara einkaufen gehen und für einen wohlgedeckten Tisch sorgen.

Bei der reichen Tafel erzählt Wilhelm von seinem ersten Theatererlebnis, dem Puppenspiel, aber auch von seinem Schmerz, als am nächsten Morgen alles wieder verschwunden war. Es schien ihm unmöglich, daß so viel Zauber plötzlich nicht mehr da sein sollte, und er bat die Mutter um eine zweite Aufführung des Spieles. Der Vater wollte sie nicht, er behauptete nur ein seltenes Vergnügen könne Wert haben. Aber der junge Artillerieleutnant, der dem Vater beim Bau des Puppenspieles geholfen hatte, wünschte selbst eine Wiederholung, und so gestand der Vater aus Gefälligkeit zu, was er aus Überzeugung abgeschlagen hatte. Jetzt merkte Wilhelm auf, wie es zuging, wie das gemacht wurde, und die Neugier, alles zu wissen, wurde groß in ihm. Kinder, so meint Wilhelm, haben eine Empfindung, wie ungefähr Ratten und Mäuse haben mögen, wo es im Hause etwas zu naschen gibt. Eines Sonntags morgens schlich er auf der Suche nach Naschwerk in die zufällig offengebliebene Speisekammer. Da fand er in einigen Kästen die Puppen. Obenauf lag das Buch mit dem Text der Komödie von David und Goliath, das er zu sich steckte. Er lernte nun nach und nach das ganze Stück auswendig und rezitierte Teile daraus vor der Mutter, wozu er sich aus Wachs kleine Puppen formte. Als auch der Vater von diesem Talent erfuhr, erlaubte er, daß Wilhelm durch den Freund in die Geheimnisse des Puppenspiels eingeweiht wurde. In einigen meist leeren Zimmern des großen Hauses wurde das Theater aufgeschlagen. Wilhelm übte fleißig,Vorstellungen für geladene Kinder wurden veranstaltet und nach und nach verschaffte sich Wilhelm auch neue Stücke, neue Dekorationen und mit Hilfe der Schwester auch Kleider.

Als Wilhelm heranwächst, sammelt er junge Gesellen um sich die in Ritterkleidung gesteckt werden und mit denen er dann Schlachten aufführt. Aber bald genügt ihm das nicht mehr, er möchte ein richtiges Ritterstück mit ihnen spielen und verfällt auf Tassos „Das befreite Jerusalem". Er berauscht sich selbst an seiner Schöpfung, aber als es Ernst wird, weiß niemand mehr seinen Text, keiner kennt sein Stichwort, und man muß wieder David und Goliath spielen. Der erste Vorsatz danach war, sich nicht so bald wieder an ein neues Stück zu wagen. Aber der war bald vergessen, Wilhelm kennt kein größeres Glück, als Schauspiele zu lesen, zu schreiben und zu spielen. Mit den Knaben und Mädchen seiner Umgebung bildet er eine kleine Theatergruppe. Sein Wunsch, sich ganz dem Theater zu widmen, bleibt zwar unerfüllt, er wird zum Kaufmannsstande bestimmt und zu einem Nachbarn auf das Kontor gegeben. Aber diese ihm aufgenötigte Tätigkeit steigert noch seine Liebe zur Dichtkunst und zum Theater. In einer Allegorie wirft er sich ganz der Poesie in die Arme. Während Wilhelm das erzählt, merkt er nicht, daß Mariane darüber eingeschlafen ist.

**9. Kapitel:** So brachte Wilhelm seine Nächte im Genusse vertraulicher Liebe und seine Tage in Erwartung neuer seliger Stunden zu. Er fühlte, daß er ein anderer Mensch zu werden begann, sein Herz strebte danach, das geliebte Mädchen mit sich emporzuheben. Auch Mariane vermochte sich in ihrem Glück eine Zeitlang zu täuschen, sie wollte ihre wahren Verhältnisse nicht sehen. Wilhelm aber glaubte in Marianes Liebe einen Wink des Schicksals zu sehen, das ihm die Hand reichte, um ihn aus dem stockenden, schleppenden bürgerlichen Leben herauszureißen und seiner Bestimmung, dem Theater, zuzuführen. Er träumte sich schon in die Rolle des Schöpfers eines künftigen Nationaltheaters.

**10. Kapitel:** Wilhelm ist sicher, daß der Vater sein Vorhaben, sein Leben dem Theater zu widmen, nicht billigt. Dennoch rüstet er sich zur Abreise. Als er einmal unter seinen Papieren kramt, kommt sein Freund Werner. Er gehörte einst der Puppenspielergesellschaft Wilhelms an, schon damals aber wußte er Geschäfte zu machen, seinen Gewinn zu finden. Er möchte jetzt Wilhelm zu seiner Ansicht bekehren, daß der Kaufmannsberuf der einzige ist, in dem es noch Wagnis und mutige Unternehmung gibt. Er rät Wilhelm, sich in den großen Handelsstädten umzusehen, um zu erkennen, wie sinnvoll hier eins ins andere greift. Wilhelm muß widerstrebend anerkennen, daß an der Meinung des Freundes etwas Wahres ist.

**11. Kapitel:** Die Väter der beiden Freunde waren grundverschieden, gemeinsam war ihnen nur der Sinn für den Handel und das Geschäft. Der alte Meister liebte einen prächtigen Haushalt, er sammelte Kunstwerke. Aber alles in seinem Haushalt sollte einen gelassenen und einförmigen Schritt gehen, und alles, was sich darin bewegte, war gerade das, was niemand einigen Genuß gab, Werners Vater lebte in einem alten und finsteren Hause, liebte aber die Geselligkeit die frohe Tischrunde mit heiteren Gästen. Geschäftlich berieten beide oft gemeinsam, und nun haben sie beschlossen, daß Wilhelm eine Geschäftsreise machen soll. Er ist glücklich über diesen Entschluß, der seinen Wünschen so sehr entgegenkommt. Er eilt zu Mariane, um ihr davon zu berichten, aber das arme Mädchen drückt den Freund nur weinend an die Brust.

**12. Kapitel:** Mariane bleibt betrübt in schweren Sorgen zurück. Sie steht hilflos schwankend zwischen dem einstigen Geliebten Norberg, der ihren Unterhalt bezahlt, und Wilhelm, den sie liebt und von dem sie wahrscheinlich ein Kind erwartet. Die alte Barbara verspricht, alles zu ordnen.

**13. und 14. Kapitel:** Bei dem Handelsfreund, zu dem Wilhelm reist, findet er große Verwirrung vor. Bald erfährt er, daß die Tochter des Hauses mit einem ehemaligen Schauspieler namens Melina geflohen ist. Als er am nächsten Morgen fortreiten will, begegnet er einem Transport der Landmiliz, die das Paar gefangen zurückbringt. Wilhelm verwendet sich beim Amtmann für die beiden, nachdem das Mädchen durch seine Offenheit seine Anteilnahme erweckte. Er darf mit Melina allein sprechen. Erstaunt erfährt er, daß dieser lieber den schlechtesten Posten, den geringsten Schreiberdienst annehmen will, als zum Theater zurückkehren. Um so fester wird Wilhelm in seinem Entschluß, sich durch keine Widerwärtigkeit vom Theater abschrecken zu lassen. Aber er legt ein gutes Wort für das Paar ein und erreicht, daß die Eltern in die Heirat einwilligen. Aber sie verlangen, daß beide die Stadt verlassen.

**15. Kapitel:** Auf dem Heimritt hängt Wilhelm Erinnerungen und Träumen vom Theater nach. Er glaubt, daß die hohe ideale Aufgabe auf der Bühne auch das ganze übrige Leben des Schauspielers bestimmen muß, und gelegentliche Beobachtungen vom Gegenteil bei Mariane haben ihn nicht irregemacht. Unterwegs erwartet ihn Werner, der ihn bittet, von Mariane zu lassen,da er klare Beweise ihrer Treulosigkeit hat. Wilhelm will ihm nicht glauben, und nachdem er Mariane aufgesucht und scheinbar unverändert gefunden hat, ist er um so fester entschlossen, seinen Vorsatz ins Werk zu setzen.

**16. und 17. Kapitel:** Wegen einiger Kleinigkeiten verzögert sich Wilhelms Abreise. Er versagt sich eine Begegnung mit Mariane, aber er schickt ihr einen Brief, in dem er alles sagt, was bisher unausgesprochen blieb. Er bittet sie, mit ihm zu fliehen, sich mit ihm im Ritterschaftlichen trauen zu lassen und gemeinsam an ein Theater zu gehen. Er kennt den Theaterdirektor Serlo, der sie beide aufnehmen wird. Diesen Brief will er ihr nur rasch in die Hand drücken und ihre Antwort mitnehmen. Aber sie zeigt sich ängstlich und bittet ihn, in dieser Nacht nicht zu kommen. Er glaubt ihre Ausrede, daß sie unpäßlich sei, steckt in seiner Sehnsucht, etwas von ihr zu besitzen, eines ihrer Halstücher ein und geht.

Auf der Straße begegnet ihm ein Unbekannter, dem er Auskunft gibt, und den er ein Stück begleitet. Es stellt sich heraus, daß der Fremde seinen Großvater kannte, dessen Kunstsammlungen bewunderte und sehr interessant zu erzählen weiß. Auf dem Heimweg trifft Wilhelm durchreisende Musikanten, von denen er Mariane eine Nachtmusik bringen läßt. Sehnsüchtig wartet er vor ihrem Haus. Einmal kommt es ihm vor, als ob Mariane die Haustür öffne und eine dunkle Gestalt entließe, die rasch enteilt. Unruhig geht er nach Hause. Sein Herz zu letzen, zieht er das Halstuch hervor. Da flattert ein Blatt zu Boden, der Liebesbrief eines begünstigten Nebenbuhlers.

## Zweites Buch

**1. und 2. Kapitel:** Tage des Jammers und der inneren Not folgen für Wilhelm der bitteren Enttäuschung über das Unglück seiner Liebe, das Ende aller Hoffnung und Träume, Tage des lauten, ewig wiederkehrenden und mit Vorsatz erneuerten Schmerzes. Werner bemüht sich das Leiden durch immer erneute Beweise für Marianes Untreue zu heilen, aber Wilhelms Kräfte nehmen immer mehr ab. In gleichem Maße aber wächst in ihm auch das Bewußtsein seiner Qual. Er sieht nun auch sein Talent als Dichter und Schauspieler kritisch an, findet, daß der Glaube daran Torheit der Eitelkeit war, und er entschließt sich, mit allen Erinnerungen an die Geliebte auch alle seine Briefe und Gedichte zu verbrennen. Werner, der hinzukommt, möchte ihn zu weiteren dichterischen Versuchen ermuntern. Man dürfe sich nicht entmutigen lassen, weil das Talent es niemals zur höchsten Vollkommenheit der Ausführung bringen werde. Wilhelm widerspricht. Der Dichter müsse ganz in seinen geliebten Gegenständen leben, nicht in unterbrochenen, zusammengegeizten Stunden könne das Werk hervorgebracht werden. Der Dichter lebt den Traum als Wachender, und so ist er zugleich Lehrer, Wahrsager, Freund der Götter und Menschen. Für ihn aber sind seine Gedichte weder Stufen zu Höherem noch Aufmunterung mehr, sein Schmerz durchbricht alle Schranken und beherrscht ihn allein. Werner kann gegenüber dem schweren Anfall des verzweifelten Schmerzes nur durch seine stille Gegenwart seine Teilnahme bezeugen.

**3. Kapitel:** Nach solchen Rückfällen pflegt Wilhelm sich desto eifriger den Geschäften zu widmen, die Tätigkeit wird ihm zum Weg, dem Labyrinth der Gefühle zu entrinnen. Der Vater, der die Ursache seines Leidens nicht kennt, beschließt ihn wieder auf Geschäftsreisen zu schicken. Zu Pferde durchstreicht Wilhelm Täler und Berge mit der Empfindung des größten Vergnügens. Allmählich verschwinden die Schmerzen aus seiner Seele. In einem kleinen Gebirgsdorf, in dem ein Schuldner seines Vaters eine Fabrik betreibt, erlebt er eine Theateraufführung durch dessen Arbeiter, die ihm wegen der Freude der Darsteller an ihrem Spiel gefällt. Auf seiner weiteren Reise lassen sich die Geschäfte nicht so glatt abwickeln und da auch das Wetter sich verschlechtert, ist er froh als er das Gebirge verlassen kann er beschließt, sich in einem heiteren Landstädtchen der Ebene einige Tage zu erholen.

**4. Kapitel:** In einem Wirtshaus am Markt, in dem er einkehrt, ist eine große Gesellschaft von Seiltänzern, Springern und Gauklern abgestiegen; es geht dort sehr lebhaft zu. Unschlüssig, ob er bleiben sollte oder nicht, geht Wilhelm auf den Markt wo gerade das Gerüst für die Truppe aufgeschlagen wird. Er kauft einem Mädchen einen Strauß Blumen ab und wird durch einen Knaben, den er zunächst für ein Mädchen hält, befragt, ob er nicht einen Teil davon einem hübschen Frauenzimmer abtreten wolle, das er am Fenster des Nachbarhauses bewundert hatte. So macht er die Bekanntschaft zweier Schauspieler, Laertes und Philines. Er fährt mit ihnen aus und sie speisen in der Mühle. Dort finden sie es sehr unterhaltsam; musizierende Bergleute trugen ihre Lieder vor und veranstalten ein kleines Spiel um Bauer und Bergmann. Ein lebhaftes Gespräch der drei neuen Freunde wird dadurch angeregt, und spät erst kehren sie in die Stadt zurück. Dort hat die Vorstellung der Seiltänzer bereits begonnen, und sie beobachten sie vom Fenster Philines aus. Wilhelm erkennt auf der Straße das eigenartige Kind wieder, das ihm schon vorher auffiel. Er erfährt, daß es sich Mignon nennt, aber weder sein Alter noch seine Herkunft kennt.

Am nächsten Tage ist Wilhelm wieder mit Philine und Laertes zusammen und verlebt schöne Stunden im Walde. Am Abend sieht Wilhelm, wie ein Mann aus der Seiltänzergesellschaft Mignon mit dem Peitschenstiel prügelt. Er tritt für das Kind ein. Der Mann ist wütend, weil Mignon sich weigert, den Eiertanz zu tanzen. Wilhelm droht, ihn vor Gericht zu bringen, um aufzuklären, wo er Mignon gestohlen hat. Das bringt den Mann zur Ruhe. Er ist sogar bereit, das Kind zu verkaufen. Für 30 Taler tritt er Mignon ab. Aber das Kind ist verschwunden, Wilhelms Bemühungen, etwas über seine Herkunft zu erfahren, bleiben ergebnislos.

**5. bis 10. Kapitel:** Am nächsten Morgen, als die Seiltänzer abgezogen sind, findet sich Mignon wieder ein und übernimmt wie selbstverständlich Wilhelms Bedienung. Die Erlebnisse, die er hier hatte, veranlassen Wilhelm, länger zu bleiben, als er beabsichtigte. Verwundert erlebt er eines Morgens, daß Herr und Frau Melina ankommen, die glauben, hier eine Theatergesellschaft zu finden, bei der sie eintreten können. Als sie erfahren, daß sich die Truppe aufgelöst hat, sind sie erschrocken. Melina hat aber erkundet, daß die Kostüme und Requisiten zu kaufen sind, und er macht Wilhelm den Vorschlag, ihm das Geld dazu zu leihen. Wilhelm aber entschuldigt sich, er will seine Reise fortsetzen. Lebhaft interessiert ihn Mignon, deren Wesen ihm ein Rätsel ist. Am nächsten Morgen kommen noch einige weitere Schauspieler hinzu, darunter einer, der oft neben Mariane auf der Bühne stand. Groß ist Wilhelms Schmerz, als er hört, daß der Alte sie eine liederliche Dirne nennt, zu der er doch eine väterliche Zuneigung gefaßt hatte. Verwirrt und von neuem Leid erfüllt, kommt Wilhelm nach Hause. Sorge macht er sich auch wegen der Mitteilung des Alten, daß Mariane, als ihr Zustand entdeckt wurde, vom Theaterdirektor sofort entlassen wurde und dann verschollen ist. Wilhelm ahnt, daß er selbst an ihrem Zustand schuld ist. Zu Hause aber erwartet ihn Mignon und bittet um die Erlaubnis, ihm den Eiertanz vorführen zu dürfen. Er kann ihr nichts abschlagen, und bald ist er ganz gefesselt von ihrer Geschicklichkeit. Er fühlt den Wunsch, diesem verlassenen Kinde ein Vater zu sein.

Nach einer unruhigen Nacht sieht Wilhelm wieder Melina vor sich, der erneut um das Darlehen bittet. Philine schlägt eine Kahnfahrt vor, und alle beteiligen sich. Während der Fahrt wird der Text einer Komödie gesprochen. Ein Fremder, den sie für einen Geistlichen halten und der darum bittet, mitgenommen zu werden, beteiligt sich sogleich am Spiel. Am Ende findet sich Wilhelm mit ihm in ein Gespräch über Kunst und Künstler verwickelt. Als sie wieder zu Hause sind, ist der Fremde verschwunden. Aber Philine hat Wilhelm schon im Wagen zu lebhaftem Nachdenken über Geschichten angeregt, die sich zum Dramatisieren eignen. Auf seinem Zimmer liest er der Gesellschaft ein Ritterstück vor, und die Begeisterung dafür steigt mit der Menge des Punsches, den er dazu kredenzen läßt, Schließlich wird der Lärm so groß, daß die Wache eingreift und Ruhe stiftet.

**11. Kapitel:** Als sie am nächsten Tage bei Tische sitzen, kommt ein wandernder Sänger, dessen ehrwürdige Gestalt die ganze Gesellschaft in Staunen setzt. Er singt zuerst ein Lob auf den Gesang, und sein lebhafter Vortrag erweckt bei Wilhelm den Eindruck, daß er die Verse im Augenblick dichtet. Er singt weiter ein Lied auf das gesellige Leben und „Der Sänger" dann begleitet er auf seiner Harfe Philine zu einem Tanzlied.Reich belohnt geht er fort. Der mürrische Melina aber klagt darüber, wie leicht jener sein Geld verdiene, während er schon über zwei Wochen auf seinen Kredit wartet. Betroffen über diesen indirekten Vorwurf verläßt Wilhelm die Gesellschaft und setzt sich auf die Bank vor dem Tor des Gasthofes.

**12. bis 14. Kapitel:** Philine gesellt sich zu ihm und sucht ihn durch schmeichelnde Bitten und Liebkosungen zu überreden, noch länger zu bleiben. Als sie halb belustigt, halb schmollend geht, tritt Melina zu ihm, entschuldigt sich mit seiner Notlage und nimmt ihm schließlich das Versprechen ab, daß er den gewünschten Kredit haben soll. Wilhelm will zu Philine, aber Friedrich ihr vor einiger Zeit verschwundener Bedienter, hält ihn zurück. In seinem Zimmer findet er Mignon mit Schreiben beschäftigt, doch die Unruhe treibt ihn wieder hinaus auf die Straße, wo er beobachtet, wie der Wirt einen neuen Gast, den er „Herr Stallmeister" anredet, bewillkommnet. Ihm fällt ein den alten Harfner zu besuchen, der in einem einfachen Wirtshaus in einem entfernten Winkel des Städtchens wohnt. Aus dem Hause tönt ihm der süße Harfenklang und das Lied „Wer nie sein Brot mit Tränen aß" entgegen. Der Alte singt ihm dann „Wer sich der Einsamkeit ergibt" und weitere Lieder. Wilhelm läßt sich zu Hause von Melina Überreden, ihm Geld zu leihen.

## Drittes Buch

**1. Kapitel:** Am nächsten Morgen vermißt Wilhelm Mignon. Nach einigen Stunden aber hört er vor seiner Tür das Lied „Kennst du das Land". Mignon singt es und begleitet sich selbst auf der Zither. Er läßt sich jeden Vers wiederholen, um ihn aufzuschreiben, dabei gewinnt er den Eindruck, daß Mignon lebendige Erinnerungen an Italien haben muß, ohne doch Näheres herausbringen zu können. Melina kommt, um zu danken. Seitdem er Gewißheit hat, ist er völlig verändert. Auch die Schauspieler scheinen mit ihrem neuen Direktor ziemlich zufrieden. Am Abend steigt ein Graf, der auf Reisen ist, mit seiner Gemahlin in dem Gasthof ab. Ihn interessiert die Schauspielertruppe, und durch eine List Philines wird auch Wilhelm der Gräfin als deren Mitglied vorgestellt. Die junge Gräfin macht sofort den stärksten Eindruck auf ihn. Als der Graf die Gesellschaft auf sein Schloß einlädt, ist auch Wilhelm nach kurzem Bedenken geneigt, sich anzuschließen.

**2. bis 4. Kapitel:** Der Graf schickt einen Freund, den Baron, der die Truppe prüfen soll. Er ist als Kenner angekündigt, und Melina empfängt ihn nicht ohne Sorgen. Aber es geht alles leichter, als erwartet. Der Baron zeigt sich als Mann von großer Begeisterung für das vaterländische Theater und liest ein selbstverfaßtes Schauspiel vor, das alle ausgezeichnet finden. Der Kontrakt wird geschlossen. Auch Wilhelm entschließt sich, die Truppe trotz mancher Bedenken zu begleiten. Ihn lockt nicht nur die schöne Gräfin, sondern auch der Wunsch, das Leben der höheren Stände näher kennenzulernen. Melina aber benutzt die Zeit des Wartens dazu, mit der Truppe einige Vorstellungen in dem Städtchen zu geben, die vollste Zufriedenheit des Publikums finden.

Endlich kommt die Zeit des Umzuges, der mit Enttäuschungen beginnt. Es kommen weniger Wagen, als versprochen waren, und auch die Unterbringung ist weniger gut, weil ein Fürst, wie der Baron entschuldigend erklärt, unerwartet seinen Besuch angekündigt hat. In der ersten Nacht müssen die Schauspieler in einem dunklen, ungeheizten und unmöblierten Teil des Schlosses hausen. Nur Philine bekommt durch Vermittlung des Stallmeisters ein besseres Zimmer und lädt Wilhelm ein, ihr Gesellschaft zu leisten. Er aber schlägt es ab und bleibt mit Mignon allein in einem Zimmer. Am nächsten Morgen kommt der Graf, der höchst entrüstet ist über die schlechte Behandlung seiner Gäste und alles ändern läßt. Ein Mann aus seiner Begleitung fällt Wilhelm sofort auf. Der Baron klärt ihn auf, daß er Jarno heiße. Die Gesellschaft richtet sich in dem Schlosse ein, und die Proben in dem kleinen, wohleingerichteten Theater beginnen.

**5. bis 7. Kapitel:** Der Baron hat Wilhelm einige Tage mit der Hoffnung hingehalten, daß er der Gräfin besonders vorgestellt werden sollte. Sorgfälltig hat er sich einige Stücke zum Vorlesen für sie ausgewählt. Als er aber endlich vor die Gräfin gefordert wird, findet er dort Unruhe und Gesellschaft, der Graf geht hin und wieder und erzählt von Gästen, die erwartet werden, Offiziere machen ihre Aufwartung. Wilhelm wartet eine Stunde vergeblich und verläßt sie dann, allerdings nicht ohne daß die Vertraute der Gräfin, die Baronesse, ihm im Auftrage der Gräfin einige Aufmerksamkeiten übermittelt. Das Gemisch von Verdruß und Dankbarkeit verdirbt Wilhelm den Rest des Tages, bis am Abend Melina zu ihm kommt und ihn bittet, ein Vorspiel zur Verherrlichung des als Gast erwarteten Fürsten, das der Graf wünscht und ausgedacht hat, zu schreiben. Als Wilhelm am nächsten Morgen den in der Nacht ausgearbeiteten Entwurf dieses Vorspieles dem Baron vorlegt, erklärt dieser ihm, der Graf habe das Stück ganz anders gewünscht. Erst als Wilhelm die Unterstützung der Damen findet, wird sein Vorschlag, wenn auch mit einigen Änderungen, angenommen.

Befeuert durch den Anteil, den die Damen an seinem Stück nehmen, arbeitet Wilhelm es noch in der Nacht und am folgenden Morgen aus. Als er ziemlich fertig ist, wird er zum Grafen gerufen der mit ihm über das Stück sprechen will. Dank der Hilfe der Damen geht es gut, der Graf merkt nicht, daß seine Vorschrift nicht genau beachtet wurde. Die Kostümfrage und die Musik werden geordnet, und Wilhelm kann beginnen, die Rollen zu verteilen Schwierig wird es mit Mignon. Sie weigert sich, den Eiertanz zu tanzen, von dem er große Wirkung erwartete, und fleht Wilhelm unter Tränen auf den Knien an, auch selbst von den Brettern zu bleiben. Er aber merkt den Wink nicht und gibt dem Spiel eine andere Wendung. Auch die Sorge, der Graf möchte übel vermerken, daß das Stück nicht seine Erfindung ist, erweist sich als unnötig. Vor allem Jarno, den Wilhelm ins Vertrauen zog, lenkt ihn immer wieder so weit ab, daß er nicht zum Nachdenken kommt.

**8. Kapitel:** Endlich trifft der Fürst ein. Das Schauspiel, das zu seinen Ehren vorbereitet ist, verläuft aufs beste. Nach dem Vorspiel fragt niemand sonderlich. Die Gesellschaft spielt nun jeden Abend, aber die Gäste zeigen sich immer seltener im Theatersaal und ziehen das Spiel oder die Konversation im Vorzimmer vor, Wilhelm bemerkt es mit Verdruß. Nur die Gräfin bleibt ständige Besucherin, und zwischen ihr und Wilhelm wird mancher bedeutungsvolle Blick gewechselt. Der Baronesse dagegen gefällt der muntere Laertes besser. Der Baron hat Wilhelm mitgeteilt, daß der Fürst für die französischen Klassiker besonders eingenommen ist. Als Wilhelm gelegentlich dessen Liebling Racine lobt, macht ihn Jarno auf Shakespeare aufmerksam und leiht ihm einige seiner Dramen.

**9. Kapitel:** Das Verhältnis des Barons zu den Schauspielern, das zuerst zu allen gleich war, ändert sich, er zieht einzelne vor und beschwört damit Eifersucht und Uneinigkeit herauf. Bald geht ein Spottgedicht von Hand zu Hand, über das alle lachen außer Wilhelm. Er hat sich in das hinterste Zimmer zurückgezogen, wo er nur mit Mignon und dem alten Harfner, dessen er sich angenommen hat, für sich lebt und sich in die Welt Shakespeares versenkt. Da berichtet Mignon eines Tages, ein Knabe, der um das Schloß geschlichen und heimlich eingestiegen sei, solle gestäupt werden. Es ist Friedrich, der im Zorn von Philine ging und sich nun ihr wieder nähern wollte. Wilhelm klärte den Fall mit Hilfe des findigen Stallmeisters so auf, daß das Ansehen der Schauspieler unangetastet bleibt, wozu eine passende Geschichte erfunden wird, und nimmt dann Friedrich zu sich, der sich fortan mit Mignon und dem alten Harfner um ihn bemüht.

**10. Kapitel:** Philine und die Baronesse haben erkannt, daß Wilhelm einen tiefen Eindruck auf die Gräfin gemacht hat und sie tun alles, um ihn vor ihr zu rühmen. Die Baronesse, die Verkleidungen liebt, ersinnt den Scherz, Wilhelm in den Kleidern des Grafen in dessen Zimmer zu setzen und die Gräfin dahin zu bitten. Als der Graf eines Tages zur Jagd ausreitet, geht sie mit Philine ans Werk, und Wilhelm fügt sich, wenn auch ungern. Der Scherz geht aber anders aus als erwartet. Während Wilhelm im Schlafrock des Grafen im Stuhl gegenüber dem Spiegel sitzt, tritt der vorzeitig heimgekehrte Graf ins Zimmer, bleibt unbeweglich stehen und geht dann schnell wieder hinaus. Im gleichen Augenblick springt die Baronesse zur Seitentür herein, verlöscht das Licht und zieht Wilhelm mit sich fort. Bald darauf wird sie zur Gräfin gerufen, bei der sie auch den Grafen vorfindet. Er ist stiller als sonst in sich gekehrt, aber milder und freundlicher als gewöhnlich. Er läßt Wilhelm rufen, der nicht ohne Beklemmung kommt. Aber er soll nur eine aberteuerliche Novelle vorlesen.

**11. Kapitel:** Als Wilhelm einige Stücke Shackespeares gelesen hat, ist der Eindruck auf ihn so stark, daß er nicht fortzufahren vermag. Er spricht mit Jarno über seinen Gemütszustand, und dieser zeigt sich erfreut darüber, daß er gegen die Trefflichkeiten des außerordentlichsten und wunderbarsten aller Schriftsteller nicht unempfindlich geblieben ist. Er gibt Wilhelm den Rat, in ein tätiges Leben überzugehen und sich von der Schauspielergesellschaft zu trennen. Er habe, erklärt Jarno, auch mit Verdruß gesehen, daß er sein Herz an einen alten Bänkelsänger und an ein albernes, zwitterhaftes Wesen gehängt habe. In diesem Augenblick unterbricht sie ein Offizier, der Wilhelm empfiehlt, dem Rate Jarnos zu folgen. Betroffen darüber geht Wilhelm auf sein Zimmer. Als Mignon ihm entgegenkommt, umarmt er sie und nimmt sich vor, sie niemals zu verlassen. Seit dieser Zeit mißtraut er Jarno, und als er erfährt, daß sich unter den Offizieren im Schloß mehrere

Werbeoffiziere befinden, sieht er auch in Jarno einen von ihnen.

**12. Kapitel:** Die Baronesse, deren entschiedener Freund Jarno geworden ist, lebt einige Tage in Unruhe. Das Betragen des Grafen, der glaubt, an jenem Abend sein Ebenbild gesehen zu haben, das ihm den Tod ankündigt, bleibt still und in sich gekehrt. Zur Vorlesung bestimmt er oft geistliche Bücher Jarno aber findet, man müsse ihn in dieser Stimmung bestärken, damit er seiner Frau und den Hausgenossen nicht mehr zur Last falle. Die Baronesse und Jarno tun alles, um die Gräfin auf Wilhelm aufmerksam zu machen. Sie hat von ihm die Abschrift seiner Stücke verlangt. Er sieht darin die schönste Belohnung. Vor einem Gastmahl, das zum Abschied des Fürsten veranstaltet wird, überredet Philine die Gräfin, Wilhelm zur Überreichung seines Manuskriptes zu bestellen. Er ist verwirrt als er die Gräfin in der reichen Kleidung sieht. Er liest zerstreut und schlecht vor, weil er allzusehr mit eigenen Gedanken beschäftigt ist. Die Baronesse geht unter dem vorgetäuschten Grund, die Gäste kämen, weg. Die Gräfin schenkt Wilhelm als Andenken einen kostbaren Ring. Auch Philine entfernt sich, nachdem sie der Gräfin die Hand geküßt hat. Wilhelm entdeckt auf einem Armreif der Gräfin seine Namenszüge. Er küßt ihr die Hand und hält sie dann überrascht in den Armen. Sie küßt ihn, und er drückt sie leidenschaftlich an sich. Da reißt sie sich plötzlich mit einem Schrei von ihm los, fährt mit der Hand nach dem Herzen und ruft aus: „Verlassen Sie mich, fliehen Sie mich, wenn Sie mich lieben." Wilhelm ist aus dem Zimmer und wieder in seiner Stube, ohne begreifen zu können, wie alles kam.

## Viertes Buch

**1. Kapitel:** Laertes und Philine vergnügen sich mit Gesang und Tanz, als der Baron hinzutritt, um Abschiedsgeschenke des gräflichen Paares zu überbringen. Für Wilhelm bringt er einen Beutel mit neuen Goldstücken, und so sehr er sich sträubt, Geld anzunehmen, der Baron weiß ihn zu überzeugen, daß es das richtige Geschenk ist. Im Grunde ist Wilhelm froh darüber, denn er hat nun mehr Geld als zu der Zeit, da er sich den Schauspielern anschloß. Er kann guten Gewissens seinem Vater berichten, vermeidet es aber, ihn über alles aufzuklären, was er unternommen hat. Der Stallmeister drängt zum Aufbruch. In Eile wird gepackt. Der Graf hat versprochen, die Gesellschaft einige Tagesreisen weit transportieren zu lassen, kann aber die Pferde nicht lange entbehren. Melina verlangt, daß Mignon die Knabenkleider ablegt, aber sie weigert sich. Der alte Harfner will Wilhelm verlassen, weil er glaubt, daß er seiner Umgebung Unglück bringt, aber Wilhelm läßt ihn nicht von sich auch das düstere Geheimnis, das ihm der Alte andeutet, stört ihn nicht.

**2. und 3. Kapitel:** Der Ort, bis zu dem der Graf die Truppe bringen ließ, ist erreicht Melina hofft, in einer kleinen, aber wohlhabenden Stadt unterkommen zu können uns sieht sich nach anderen Wagen und Pferden um. Wilhelm, der sich ganz in Shakespeares Welt eingelebt hat kleidet sich nach Art seiner Helden. Die Mitglieder der Truppe vertreiben sich die Zeit mit Spielen, wobei sie immer mit viel Vergnügen die vornehme Gesellschaft vom Schloß nachahmen. Wilhelm schlägt vor, ernsthaft zu arbeiten, und man probt ein Stück gründlich und bereitet sich so auf kommende Aufgaben vor. Der Plan taucht auf, der Gesellschaft eine Art republikanischer Verfassung zu geben und auf Reisen zu jeder Stadt einen neuen Direktor zu wählen. Die Wahl fällt auf Wilhelm, ein Senat, in dem auch die Frauen Sitz und Stimme haben, wird bestellt. Wilhelm hofft nun, die Gesellschaft auch für den dichterischen Wert der Stücke gewinnen und sie vom ausschließlichen. Interesse für die eigene Rolle zum Verständnis für die Leistung des Ensembles führen zu können. Am eigenen Erlebnis des Hamlet erklärt er, wie er sich das Spiel aus Dichtung und Umgebung gestaltet vorstellt, und alle sind bereit, wie er in den Geist des Dichters einzudringen.

**4. bis 8. Kapitel:** Noch einige Tage muß die Gesellschaft warten bis sie abreisen kann. Philine erzählt gerade launig die unglückliche Liebesgeschichte, die Laertes zum Weiberfeind machte, als Melina meldet, daß sie endlich aufbrechen können. Es bestehen aber Bedenken wegen des Weges, weil sich auf dem vorgesehenen ein Freikorps gezeigt hat. Wilhelm bleibt jedoch dabei, daß die Gefahr übertrieben wird, Laertes unterstützt ihn, und so wird die Reise fortgesetzt, nachdem sich alle bewaffnet haben. Am zweiten Tage wird beschlossen, an einem waldigen Bergplatz eine Rast einzulegen. Während alle die Schönheit der Natur genießen und sich darauf einrichten, die Rast so angenehm wie möglich zu machen, krachen auf einmal Schüsse, die Truppe wird überfallen. Wilhelm wehrt sich tapfer, wird aber durch einen Schuß und einen Säbelhieb verwundet. Als er aus seiner Ohnmacht aufwacht, findet er seinen Kopf in Philines Schoß. Mignon, die ebenfalls verletzt ist, kniet neben ihm. Auf dem Platz liegen die traurigen Trümmer ihres Besitzes verstreut, Philine erzählt indessen, daß die übrigen Mitglieder der Truppe unverletzt sind bis auf Laertes. Lange bleiben sie allein. Endlich hören sie Reiter, eine Truppe vornehmer Kavaliere, die von Husaren begleitet ist, kommt. An der Spitze reitet eine junge Dame, eine schöne Amazone, deren Anblick auf Wilhelm einen unauslöschlichen Eindruck macht. Sie erkundigt sich angelegentlich nach dem Verwundeten und ruft einen Chirurgus herbei, der Wilhelm versorgt. Er holt die Kugel aus der Wunde, dabei verliert Wilhelm erneut das Bewußtsein. Als er aufwacht, ist die Schöne samt ihren Begleitern verschwunden.

Der Harfner kommt mit einigen Bauern, die Wilhelm auf einer Bahre ins Dorf bringen, wo die Truppe notdürftig im Wirtshaus untergekommen ist. Jeder denkt nur an sich selbst, sie weigern sich, den Verwundeten aufzunehmen. Erst als der Jäger, den die Herrschaft bei der Truppe zurückließ, dazwischenfährt, wird ein bescheidener Platz für Wilhelm eingeräumt. Die Schauspieler überfallen ihn aber mit Vorwürfen und geben ihm allein Schuld an ihrem Verlust. Vergeblich versucht der vom Blutverlust geschwächte Wilhelm sich zu verteidigen. Vor allem Melina schreit und schimpft, auch noch als Wilhelm ihm seine ganze Schuld erläßt. Erst als Wilhelm, dessen Geld, das in Philines Koffer lag, durch Zufall gerettet wurde, verspricht, allen Schaden reichlich zu ersetzen, tritt Ruhe ein.

**9. bis 12. Kapitel:** Der Jäger bringt Wilhelm ins Pfarrhaus, wo er freundlich aufgenommen und von Philine gepflegt wird, die als seine Frau gilt. Von dem Jäger erfährt er, wer die Herrschaft und die schöne Amazone waren. Sie haben ihre Güter des Krieges wegen verlassen, um in einer freidlicheren Gegend bessere Tage abzuwarten. Der Jäger läßt Geld für Wilhelms Pflege da und reitet fort, Laertes, der von seiner Verwundung wiederhergestellt ist, besucht den Freund und erzählt, daß die Schauspieler von ihm Empfehlungsschreiben und auch Geld verlangen werden, obgleich der Jäger ihnen eine stattliche Summe übermittelte. Gegen Philines Willen hält Wilhelm sein Versprechen und gibt reichlich Geld. Die Schauspieler verlassen den Ort, eines Morgens ist auch Philine abgereist. Mignon übernimmt Wilhelms Pflege.

Rasch bessert sich sein Gesundheitszustand. Er möchte zunächst die Herrschaft aufsuchen, die ihm so hilfreich begegnete. Es stellt sich heraus, daß der Überfall ihr und nicht den Schauspielern gegolten hat. In Wilhelm wird die Sehnsucht, die schöne Amazone wiederzusehen, unerträglich groß. Sie glich der Gräfin und beider Bild verwischt sich in seiner liebenden Erinnerung. Seine Unruhe wächst, in hypochondrischen Augenblicken wirft er sich vor, allein an dem Unglück schuldig zu sein. Er möchte den Schauspielern wohltätig und nützlich sein, und schließlich reist er, ohne die völlige Genesung abzuwarten, zu Serlo.

**13. und 14. Kapitel:** Serlo empfängt Wilhelm mit offenen Armen. Wenig erfreut ist er allerdings über die Schauspieler, die er ihm schickte, er will sie nicht aufnehmen. Wilhelm ist bei der unbarmherzigen Kritik Serlos froh, als dessen Schwester Aurelie kommt und das Gespräch unterbricht. Wilhelm aber sieht sich zum erstenmal Künstlern gegenüber, die seine

Shakespeare-Begeisterung teilen. Er gibt eine Charakteristik Hamlets als eines schönen, reinen, edlen höchst moralischen Wesens, ohne die sinnliche Stärke, die den Helden macht. Darum geht er unter, Shakespeare hat „eine große Tat auf eine große Seele gelegt, die der Tat nicht gewachsen ist" Aurelie verlangt nun von Wilhelm eine Charakteristik Ophelias, und Wilhelm rührt sie derart, daß sie in Tränen ausbricht. Serlo, der sie für kurze Zeit verlassen hat, kommt zurück und führt Philine herbei. Sie grüßt Wilhelm zunächst sehr ehrerbietig, als sie aber mit ihm allein bleibt, ist sie ausgelassener als je und erzählt Wilhelm, was man über Aurelie und ihren Bruder klatscht. Sie möchte jetzt, daß sich Wilhelm in Aurelie verliebt, davon verspricht sie sich besonders Spaß.

**15. und 16. Kapitel:** Am nächsten Morgen findet Wilhelm Melina und die Schauspieler bei Philine, die ihnen ein Frühstück gibt und sie mit der vorgetäuschten Hoffnung, Serlo würde sie alle übernehmen, bei bester Laune hält. Am Abend wohnt er der Aufführung bei und erkennt, daß Serlo ausgezeichnete Schauspieler hat, selbst aber die Seele des Ganzen ist. Am nächsten Morgen ruft ihm Aurelie zu sich. Sie erzählt ihm ihre unglückliche Liebesgeschichte. Das Gespräch wendet sich dann, als Serlo dazukommt, wieder dem Hamlet zu, gegen den Serlo noch Bedenken hat, die Wilhelm zu zerstreuen sucht. Aurelie hat Ophelias Rolle wieder angesehen, sie meint, der Dichter hätte der Wahnsinnigen nicht die zweideutigen Lieder unterlegen sollen. Wilhelm bemüht sich, Shakespeares Absicht aus den tiefen und unbewußten Gründen der liebenden Mädchenseele zu erklären, die offen werden, als ihr jede Gewalt über sich selbst entrissen ist. Serlo will die Situation, in der die Aufmerksamkeit der Schwester abgelenkt ist, ausnützen und ihr einen Dolch entreißen, den sie sorgfältig hütet. Es mißlingt. Das Gespräch über Hamlet wird fortgesetzt, die Standpunkte nähern sich einander. Als sie allein mit Wilhelm bleibt, erzählt Aurelie ihm von ihrem früh verstorbenen Mann, dem kleinen Felix, und von Lothario, den sie liebt und der sie verlassen hat.

**17. Kapitel:** Wilhelm kann nun die Besuche bei den Handelsfreunden seines Vaters nicht länger aufschieben. Er befürchtet Schwierigkeiten, aber zu seiner Verwunderung und Zufriedenheit geht alles gut ab. Die Briefe des Vaters und des Freundes Werner sind „leidlichen Inhalts", nur erwartet der Vater von ihm ein ausführliches Reisejournal. Wilhelm sieht sich in Verlegenheit, aber Laertes stellt mit ihm gemeinsam ein solches Journal zusammen. Im übrigen findet Wilhelm im Schauspiel und im Umgang mit Serlo und seiner Schwester die größte Zufriedenheit.

**18. Kapitel:** Stückweise erfährt Wilhelm nicht ohne das größte Interesse Serlos Lebenslauf. Er war der Sohn von Schauspielern und trat schon als

Kind auf. Wegen der harten Behandlung durch die Eltern entfloh er. Sein guter Stern führte ihn in ein Kloster, wo er bei geistlichen Spielen mitwirkte. Dann wurde er in einer benachbarten Stadt von einer Gesellschaft, die sich „Kinder der Freude" nannte, aufgenommen, die durch allegorische Maskenspiele die auch in der von der Vernunft regierten Gemeinschaft noch verfallenden Narrheiten bloßstellte. Seine Unruhe trieb ihn aber bald weiter, er zog von Ort zu Ort und rezitierte auf Edelhöfen und in Dörfern ganze Stücke. „Seine Gemütsart, sein Talent und seine Lebensweise arbreiteten dergestalt wechselweise gegeneinander, daß er sich unvermerkt zu einem vollkommenen Schauspieler ausgebildet sah." So wurde er zu dem ausgezeichneten Theaterdirektor.

**19. und 20. Kapitel:** Während Wilhelm sehr angenehme Stunden zubringt, sehen sich Melina und seine Truppe in einer desto verdrießlicheren Lage. Serlo will sie nicht aufnehmen. Aber Schwierigkeiten in der eigenen Gesellschaft veranlassen ihn unerwartet, Wilhelm vorzuschlagen, bei ihm zu bleiben. Unter dieser Bedingung will er auch Melina und die übrigen aufnehmen und für seine Zwecke heranbilden. Wilhelm schwankt, er ist sich nicht klar über seine Berufung. Zum erstenmal hat er auf dieser Reise empfunden, wie angenehm und nützlich die Tätigkeit im Handel sein kann. Der Kaufmannsberuf erscheint ihm längst nicht mehr so reizlos wir früher. In diesem inneren Zwiespalt besucht er Aurelie, die er in größter innerer Erregung findet. Sie leidet an dem Aufwand von Leidenschaft, mit dem sie ihre Rolle gestaltet. Ebenso leidet sie aber auch an ihrer unerfüllten Liebe, die sie trotz aller Einsicht nicht in sich ersticken kann und will. Wilhelm bittet sie inständig, sich nicht aufzureiben. Er hat ihr sein Erlebnis mit Mariane anvertraut. Sie will von ihm wissen, ob er sagen kann daß er niemals ein Weib betrogen hat. Er bejaht bedenkenlos und verspricht überdies, daß niemals wieder ein weibliches Geschöpf ein Bekenntnis der Liebe von ihm vernehmen soll, den er nicht sein ganzes Leben widmen kann. Zur Beteuerung reicht er ihr die Hand. Sie aber reißt den Dolch heraus und zeichnet ihn mit einem Schnitt quer über die Handfläche.

## Fünftes Buch

**1. bis 3. Kapitel:** Die Verletzung durch Aurelie und ihr Verlangen, ihn allein zu heilen, bringt Wilhelm in eine sehr peinliche Lage. Aber auch der kleine Felix leidet unter der Unruhe und Sonderbarkeit Aurelies, seine Abneigung gegen ihre sprunghafte Erziehung wächst von Tag zu Tag. Sie wird dann so krank, daß sie in ein stilles Quartier gebracht werden muß. Mignon nimmt sich des kleinen Felix an. Da wird eines Tages Wilhelm ein schwarzversiegelter Brief gebracht, in dem ihm Werner als sein künftiger Schwager den Tod des Vaters meldet. Er hat das elterliche Haus verkauft und möchte für den Erlös ein Landgut erwerben. Da Wilhelm in seinem Reisejournal soviel Erfahrung zeigte, hofft er, daß er bereit ist, auf das Landgut, das er kaufen will, zu ziehen und es zu verbessern und ertragreich zu machen. Vorläufig soll er seine Reise fortsetzen und sich auf ihr bilden. Dieser Brief zwingt den immer noch schwankenden Wilhelm, sich zwischen dem bürgerlichen Leben und dem Theater zu entscheiden. Er antwortet Werner, daß dieses Journal nur aus Gefälligkeit gegen den Vater und mit Hilfe eines Freundes zusammengetragen wurde. Er wolle nicht heimkehren, sondern seine Natur auf dem Theater ausbilden. Er bittet Werner, sein Vermögen bis auf weiteres zu verwalten. Sobald der Brief abgeschickt ist, erklärt er Serlo sein Einverständnis, bei ihm einzutreten, mit ihm werden auch die anderen verpflichtet.

**4. bis 7. Kapitel:** Wilhelm hatte die Bedingung gemacht, daß Hamlet ganz und unzerstückt aufgeführt würde. Mit Vorbehalten hatte Serlo zugestimmt. Er war gewohnt, mit den Stücken, die er spielte, großzügig umzugehen. Wilhelm aber will das Stück als ästhetisches Ganzes. Er muß aber Serlo in vielen Punkten nachgeben und findet sich bereit, die Motive,durch die die Personen von einem Ort zum anderen gebracht oder verbunden werden, zu einem einzigen, den Unruhen in Norwegen, zusammenzuziehen. So übersetzt er, wobei er Wielands Text zugrunde legt. Die Rollen werden verteilt. Aber obwohl manche Personen wegfallen, reicht die Gesellschaft nicht ganz aus. Für den Geist ist kein Darsteller mehr vorhanden. Da findet Wilhelm eines Abends ein versiegeltes Billett vor, in dem ihm für den Abend der Aufführung ein Darsteller für den Geist zugesichert wird. Serlo hält das für einen Scherz, aber Wilhelm glaubt an dieses Versprechen.

**8. bis 11. Kapitel:** Auf der ersten Probe findet Wilhelm zwei Theaterfreunde vor, die sich lebhaft für das neue Stück interessieren. Sie sind mit Wilhelm nicht über alle Stellen einig, und der gibt ihnen hier und da recht. Sie überzeugen die Schauspieler, daß Stellung und Aktion immerfort mit der Rede verbunden sein müssen. Vor allem erreichen sie, daß die Männer, die so viele Militärpersonen spielen, exerzieren lernen. Wilhelm und Laertes sind die ersten, die sich der Pädagogik eines Unteroffiziers unterwerfen. Weiter erreichen sie in geduldigem Bemühen, daß vernehmlich und richtig artikuliert gesprochen wird. Kostüme und Dekorationen werden gründlich beraten. Serlo möchte mit Rücksicht auf das Publikum, daß Hamlet dem Leben erhalten bleibt, aber Wilhelm setzt seine Auffassung durch. Die Hauptprobe dauert übermäßig lange und ermüdet doch niemand. Nur Philine gesteht offen, daß sie das ewige Gerede von einer Sache, bei der doch nicht mehr herauskomme als eine Vorstellung wie alle anderen, langweile. Außerdem bleibt nach ihrer Meinung der schönste Gedanke weg, sie deutet ihn in einem Liede an, das endet: „Jeder Tag hat seine Plage, und die Nacht hat ihre Lust." Aurelie ist verärgert über Philines Leichtfertigkeit. Sie nennt Wilhelm ihren Paradiesvogel und erklärt diese Anrede mit dem Märchen, dieser Vogel habe keine Füße, schwebe ständig in der Luft und ernähre sich vom Äther. Halb unwillig darüber, geht Wilhelm auf sein Zimmer. Vor seinem Bett findet er Philines Pantoffel. Verdrießlich fordert er sie auf, sein Zimmer zu verlassen. Als sich nichts rührt, reißt er die Vorhänge auseinander und findet alles leer. Es dauert lange, bis er einschläft. Serlo weckt ihn erst am späten Morgen. Als er ins Theater kommt, findet er nur Durcheinander, nichts will passen, jeder ist unsicher. Aber es geht dann alles gut, der Geist, den keiner kennt, ist rechtzeitig zur Stelle, die Aufführung wird ein großer Erfolg.

**12. und 13. Kapitel:** Ein festliches Abendessen vereinigt alle Mitwirkenden nach der geglückten Vorstellung. Dabei werden die Verdienste der einzelnen ins hellste Licht gerückt. Mignon mit den Kindern singt und tanzt, jeder will zur Unterhaltung beitragen, es wird sehr lustig man tut des Guten fast zuviel. bis endlich Aurelie ein Ende macht. Beim Hinausgehen bringt der Theatermeister Wilhelm den Schleier des Geistes. Auf seinem Zimmer kleidet sich der übermüdete Wilhelm sofort aus, löscht das Licht und eilt ins Bett. Da fühlt er sich von zarten Armen umschlungen und seinen Mund von lebhaften Küssen verschlossen. Als er am anderen Morgen mit einer unbehaglichen Empfindung aufwacht, findet er sein Bett leer. Sein Verdacht fällt auf Philine, aber er ist nicht sicher und wird es auch vorläufig nicht, nur dem Leser verrät der Dichter, daß es wohl Philine gewesen sein müsse. Am wunderbarsten erscheint Wilhelm der Schleier des Geistes, auf den die Buchstaben gestickt sind: „Zum ersten- und letztenmal! Flieh! Jüngling! Flieh!" Als Mignon ins Zimmer tritt, erscheint sie verändert, größer und ernster Eine Leseprobe vereinigt die Schauspieler, an der alle unter der Einwirkung des ausgiebigen Festes nur verstimmt teilnehmen. Der Tag schleicht weiter. Wilhelm grübelt vergeblich über die Schrift auf dem Schleier nach, mit der Serlo vertraut zu sein scheint. Auf einmal stürzt Mignon ins Zimmer und warnt ihn. Das Haus brennt. „Rette deinen Felix!" ruft Mignon. Er findet den Knaben mit dem Harfner zwischen brennendem Stroh, unter Lebensgefahr rettet er beide. Das Feuer, das in einem Nachbarhause ausgebrochen ist, breitet sich aus. Wilhelm erfährt von Mignon, daß Felix in großer Gefahr war, als der Harfner das Stroh anzündete und Anstalten machte, das Kind mit dem Messer zu töten, als ob er es opfern wollte. Der anbrechende Tag führt alle Freunde und Bekannten wieder zusammen, und trotz der Einsprüche der Polizei und der Geistlichkeit setzt Serlo durch, daß noch am gleichen Abend „Hamlet" wieder gespielt werden darf.

**14. und 15. Kapitel:** Wilhelm bezieht mit Mignon und Felix das Gartenhaus. Der Harfner bleibt verschwunden. Aber in der Nacht hört Wilhelm, der allein in der Laube sitzt und über Philine, die ihn meidet, aber auch verwirrt, nachdenkt, sein trauriges Lied. Er erkennt, daß der Alte deutliche Spuren des Wahnsinns zeigt. Auf Vorschlag von Laertes gibt man ihn zu einem Landgeistlichen, der sich schon erfolgreich mit der Heilung solcher Kranker befaßte. Philine hält sich immer noch abseits. Eines Abends besucht Wilhelm sie mit Serlo und findet einen jungen Offizier vor, den sie aber nicht erkennen und den Philine sofort vor ihnen verbirgt. Sie gibt ihn als gute Freundin aus. Wilhelm glaubt, Mariane gesehen zu haben und fleht Philine an, ihn zu ihr zu lassen. Aber sie weigert sich entschieden. Nach einer unruhigen Nacht und einem unruhig verbrachten Tag eilt Wilhelm wieder zu Philine, muß aber feststellen, daß sie mit dem fremden Offizier abgereist ist. Er will ihr sogleich nachsetzen, Laertes aber hält ihn mit der Versicherung zurück, daß jener Offizier niemand anders sei als Friedrich, der aus gutem Hause stamme.

**16. Kapitel:** Philines Verschwinden macht keine auffallende Sensation, weder bei den Kollegen noch beim Publikum. Neue Schauspieler vervollständigen die Gesellschaft, neue Pläne werden gefaßt. Dabei treten die gegensätzlichen Auffassungen über das französische Theater, gegen das Aurelie eine rein persönlich begründete Abneigung hat, und das englische hervor. In der Truppe gibt es bald mancherlei innere Spannungen, die nicht zuletzt durch Serlos Liebschaft mit Elmire, der Tochter eines der Schauspieler, verursacht werden, aber auch Eifersüchteleien als Grund haben. Wilhelm sieht mißvergnügt, daß Serlo ihm die mit der Direktion verbundene Verwaltung, überläßt. Das Mißverhältnis zwischen der idealistischen Aufgabe und dem zermürbenden Alltagsbetrieb bedrückt ihn.

Wegen einer allgemeinen Trauer muß das Theater einige Wochen schließen. Wilhelm benützt diese Gelegenheit, den alten Harfner zu besuchen. Er findet ihn, wie er Lektionen im Harfenspiel gibt und sich offenbar recht wohl fühlt. Oft unterhält sich Wilhelm mit dem Geistlichen über die Methoden mit denen er solche Krankheiten heilt, eine Art Arbeitstherapie, die Einordnung des Kranken in einen Pflichtenkreis und in gemeinschaftliches Leben. Er lernt auch den Medikus kennen, der dem Geistlichen bei seinem menschenfreundlichen Bemühen beisteht. Erschreckt erfährt er, daß der Graf, der ihn in seinen Kleidern in seinem Zimmer vorfand, melancholisch geworden ist, glaubt, sich selbst gesehen zu haben, bald sterben zu müssen und sich den Herrnhutern anschließen will, wodurch er den größten Teil seines Vermögens den Verwandten entzieht. Auch seine Gemahlin wird sich anschließen. Sie wurde von einem jungen Mann, dem sie ihre aufkeimende Neigung offenbarte, heftig umarmt. Dabei drückte er ihr das große mit Brillanten besetzte Porträt des Gemahls so an die Brust, daß sie einen heftigen Schmerz empfand. Obwohl der Druck keine Folgen zurückließ, lebt sie nun in den Wahn, daß dadurch ein Krebsschaden hervorgerufen werde. So hat sie ihre Jugend und Liebenswürdigkeit verloren.

Der Arzt begleitet Wilhelm in die Stadt, um Aurelie zu sehen und ihr, wenn möglich, zu helfen. Sie finden sie schlimmer als befürchtet, vor allem, weil sie ihren krankhaften Zustand vorsätzlich unterhält und verstärkt. Der Arzt läßt das Manuskript „Bekenntnisse einer schönen Seele" zurück, von dessen Lektüre er heilende Wirkung für Aurelies sprunghafte Leidenschaft erwartet. Am Theater hat sich indessen vieles verändert. Melina hat Serlo überredet, eine Oper zu gründen, die mehr Geld einbringen soll, er hat Wilhelms Einfluß auf den Direktor zurückgedrängt. Man führt „Emilia Galotti" auf, Aurelie spielt die Orsina. Und da sie allen persönlichen Kummer in die Rolle einströmen läßt, gibt sie eine Darstellung, wie man sie wohl niemals wieder sehen wird. Serlo aber wirft ihr die Entblößung des inneren Herzens heftig vor, sie flieht, erhitzt wie sie ist, in das rauhe Wetter hinaus, ihre Krankheit verschlimmert sich bedenklich. Sie läßt sich von Wilhelm aus dem Manuskript des Arztes vorlesen und übergibt ihm einen Brief an ihren treulosen Geliebten. Bald darauf verstirbt sie. Wilhelm empfindet ihren Verlust schmerzlich. Bei der Entfremdung zwischen ihm und Serlo hält ihn nichts mehr, er beschließt, für einige Zeit zu verreisen, um Aurelies letzten Brief an Lothario zu bestellen.

## Sechstes Buch

Das 6. Buch enthält die „Bekenntnisse einer schönen Seele" (s. dazu den Abschnitt: „Die schöne Seele".)

## Siebtes Buch

**1. Kapitel:** Der Frühling ist in seiner völligen Herrlichkeit erschienen, als Wilhelm sich auf die Reise begibt. Unterwegs wird er von einem Fußgänger eingeholt, in dem er bald den Geistlichen erkennt, der einst an der lustigen Wasserfahrt teilnahm. Er tröstet Wilhelm, der ihm klagt, daß ihm die Zeit, die er bei den Schauspielern zubrachte, wie eine unendliche Leere vorkommt, indem er ihm erklärt, daß alles unmerklich zur Bildung beitrage und es nur darauf ankomme, weder stolz und lässig, noch niedergeschlagen und kleinmütig zu sein. Dann zeigt er ihm den Weg zu Lotharios Schloß und entfernt sich. Wilhelm ist fest entschlossen, Lothario wegen seines

Verhaltens gegenüber Aurelie zu beschämen. Aber er findet alles anders, als er erwartete. Das Schloß überrascht ihn, da hier alle äußere Symmetrie, jedes architektonische Ansehen der inneren Bequemlichkeit aufgeopfert erscheint. Im Schloß sagt ihm ein alter Bedienter, der Herr sei sehr beschäftigt und werde ihn heute nicht empfangen können. Er wird dringender, der Alte geht fort, um ihn anzumelden. Lange muß er warten. Dann tritt ein wohlgebildeter Mann in schlichter Kleidung ein, dem er den Brief Aurelies übergibt. Dieser geht mit dem Brief ins Nebenzimmer, wo er ihn, wie Wilhelm durch die offene Tür beobachten kann, mehrere Male liest. Wilhelm will zu ihm vordringen, da tritt der Abbé ein. Lothario erklärt ihm, daß er sich jetzt nicht mit ihm unterhalten kann, und lädt Wilhelm ein, die Nacht im Schlosse zu bleiben. Der Abbé führt ihn auf ein Zimmer, das für ihn vorbereitet ist, und widerwillig, von Selbstvorwürfen, weil er seinen Vorsatz zu schlecht ausgeführt hat, gepeinigt, legt sich Wilhelm nieder. Sonderbare Träume, in denen die schöne Amazone, Mariane und sein Vater spielen, quälen ihn während des Schlafes, aus dem er mit gemischter Empfindung am hellen Morgen erwacht.

**2. und 3. Kapitel:** Der Knabe, der ihn bedient, lädt Wilhelm zum Frühstück. Im Saal findet er den Abbé, der ihm mitteilt, daß Lothario ausreiten mußte. Plötzlich wird die Tür aufgerissen und ein junges Frauenzimmer stürzt herein. Weinend verlangt es nach Lothario, der in ein Duell verwickelt ist. Da bringt ein Wagen den verwundeten Lothario, er ist von Jarno begleitet. Als der junge Wundarzt, der zu Lothario gerufen wurde, aus dessen Zimmer kommt, sieht Wilhelm an seiner Tasche das Band, das er schon bei dem Chirurgus im Walde sah. Der Wundarzt behauptet, er habe die Tasche auf einer Auktion erworben. Jarno bestätigt Wilhelm aber sogleich, daß er eine Ausrede gebrauchte. Wilhelm erzählt ihm von Aurelies Tod. Der Abbé kommt aus Lotharios Zimmer und bittet Wilhelm, einige Tage zu bleiben. Dann gibt er Aufschluß über das Duell, dessen Anlaß ein kleines, längst vergangenes Abenteuer Lotharios mit einer leidenschaftlichen und geltungsbedürftigen Dame war. In den nächsten Tagen liest Wilhelm dem Kranken, der von Lydie, dem Mädchen, das sich unter so sonderbaren Umständen einführte, gepflegt wird, öfters vor. Lothario erzählt ihm von den Grundsätzen, nach denen er seine Güter verwaltet. Sein Ziel ist, die Erträge höher zu treiben, dadurch aber auch allen, Ziel ist, die Erträge höher zu treiben, dadurch aber auch allen, die für ihn arbeiten, Vorteile zu verschaffen. Er war in Amerika und glaubte, dort richtig wirken zu können. Aber er kehrte heim, um unter den Seinigen zu sagen: hier, oder nirgend ist Amerika. Aus Überzeugung will er andere an seinem Gut teilhaben lassen, nicht wie ein Schwager, der Graf, der es der Herrnhuter Gemeinde schenkt, um damit sein Seelenheil zu fördern. So erfährt Wilhelm, daß die Gräfin

Lotharios Schwester ist, daß Lothario auch über ihn alles weiß. Jarno erzählt Wilhelm, daß er nach dem Tode seines Fürsten den Soldatenstand aufgegeben hat. Wilhelm seinerseits bekennt ihm, welche enttäuschenden Erfahrungen er mit den Schauspielern gemacht hat. Jarno bricht in Gelächter aus und meint, Wilhelm habe nicht die Bühne, sondern die Welt beschrieben. Er verspricht ihm aber, bei der Suche nach der schönen Amazone behilflich zu sein.

**4. bis 6. Kapitel:** Am Abend kommt der Arzt. Er ist derselbe, der Wilhelm die „Bekenntnisse einer schönen Seele" gab. Er berichtet, daß der Zustand des alten Harfners sich bessert, daß er aber immer noch glaubt, überall Unglück zu bringen und daß sein Tod durch ein unschuldiges Kind bevorstehe. Weniger gefällt dem Arzt Lotharios Zustand. Die unbequeme Liebe und Leidenschaft Lydies quält ihn, er braucht aber Ruhe. Jarno bittet Wilhelm, ihm behilflich zu sein, sie unter einem Vorwand zu entfernen. Er soll sie zu Fräulein Therese bringen. Einen Tag lang fährt er mit ihr von Ort zu Ort auf der angeblichen Suche nach Therese. Abends hält der Wagen vor einem kleinen Landhaus. Ein Frauenzimmer tritt heraus, öffnet den Schlag, Lydie sieht sie starr an und wird ohnmächtig. Wilhelms Hoffnung, in Therese seine Amazone zu finden, erweist sich irrig. Sie ist es nicht, obwohl sie ihr ähnlich sieht. Wilhelm spricht mit ihr über Lydie, bei der er sich entschuldigen möchte. Aber Therese erklärt ihm, daß Lydie noch zu sehr enttäuscht über ihn ist. Er macht mit ihr einen Spaziergang und lernt sie als hervorragende Wirtschaftlerin kennen. Den Nachmittag verbringt er allein und nicht ohne Langeweile. Gegen Abend tritt ein Jägerbursche in sein Zimmer, in dem er bald Therese erkennt. Früher hat sie gern diese Tracht getragen, und um sich besser erinnern zu können, hat sie sie wieder angelegt. Sie führt ihn auf einen Hügel, wo sie sich unter einer Eiche lagern. Therese erzählt ihm ihre Lebensgeschichte, die „Geschichte eines deutschen Mädchens". Ihr Vater war ein wohlhabender Edelmann, ihre unbeständige und rasche Mutter wurde eine Theaterfreundin und schuf sich eine Liebhaberbühne, wobei Lydie, die mit Therese erzogen wurde, half. Therese selbst aber fühlte sich seit früher Jugend von der Wirtschaft angezogen, ihr Vater sichte diese Neigung zu fördern. Die Liebe der anders gearteten Mutter aber konnte sie nicht gewinnen. Diese begab sich in ihrer steten Unruhe auf Reisen. Es schien, als ob jetzt Ordnung geschaffen werden könne, aber unvermutet starb der Vater. Therese mußte das Gut verlassen, eine vornehme Dame der Nachbarschaft nahm sie auf. In ihr Haus kam oft Lothario, er führte lange Gespräche über die Wirtschaft mit ihr, und sie erkannte, daß sie beide ähnliche Vorstellungen hatten. Insbesondere beschäftigten sich beide mit der Waldwirtschaft. Bei der Jagd lernten sie sich näher kennen, und eines Tages bat Lothario sie, die

Seinige zu werden. Lydie, die glaubte, Lotharios Besuche hätten ihr gegolten, war enttäuscht und eifersüchtig. Als der Tag der Verbindung nahte, trat ein unvorhergesehenes Hindernis auf. Lothario sah ein Medaillon mit dem Bilde der Mutter Theresens und erkannte in ihr die Frau, der er in der Schweiz nahegestanden hatte. Erschüttert entfernte er sich. Standhaft ertrug Therese die ihr zunächst unbegreifliche Trennung. Als die alte Dame, die sie aufgenommen hatte, starb, hinterließ sie ihr ein kleines Freigut, das sie mustergültig bewirtschaftete. Gemeinsam mit ihrer Freundin, der Gräfin, machte sie es sich zur Aufgabe, fremde Kinder zu einem tätigen Leben zu erziehen. Sie selbst kann sich ihr Leben nur tätig vorstellen: „Ich kenne nur eine Mißheirat, wenn ich feiern und repräsentieren müßte; ich wollte lieber jedem ehrbaren Pächterssohn aus der Nachbarschaft die Hand geben." Durch Thereses Vermittlung kommt eine Art Versöhnung zwischen Lydie und Wilhelm zustande, sie gibt ihm beim Abschied einen Brief an Lothario mit.

**7. Kapitel:** Als Wilhelm zum Schloß zurückkommt, findet er Lothario auf dem Wege völliger Besserung. Er ist bereits wieder ausgeritten, um einen Pächter aufzusuchen, mit dessen Tochter er einen Liebeshandel hatte, fand aber nur deren Muhme vor. Damit wendet sich das Gespräch der Freunde vergangenen Erlebnissen zu und auch zu Aurelie. Wilhelm fragt Lothario geradezu, warum er nicht seinen und Aurelies Sohn Felix zu sich nimmt. Lothario klärt ihn auf, daß Felix weder sein noch Aurelies Sohn sei. Jarno weiß, daß eine alte Frau das Kind zu Aurelie brachte, die es freudig aufnahm. Er rät Wilhelm, dem Theater, zu dem er doch kein Talent habe, zu entsagen, und Mignon und Felix zu holen. Die Kinder sollen Therese übergeben werden. Wilhelm ist sofort einverstanden und bereitet die Reise vor.

**8. und 9. Kapitel:** In der Stadt findet Wilhelm niemand zu Hause vor. Er glaubt, daß seine Bekannten auf dem Theater sind, trifft dort aber nur Mignon mit Felix und der alten Dienerin, in der er mit Schrecken die alte Barbara erkennt. Auf seine Frage gibt sie ihm einen Brief Marianes, in dem sie ihn bittet, sich seines Kindes und der Alten anzunehmen. Mariane hat die Geburt des Kindes nur wenige Tage überlebt. Mit tiefer Reue erfährt Wilhelm aber auch, daß sie ihm unentwegt Treue gehalten hat. Die alte Barbara hatte sie einst dazu geführt, daß sie den reichen Norberg als Liebhaber wählte, seit dem Augenblick aber, da sie Wilhelm kennenlernte, lebte sie nur für ihn. In jener verhängnisvollen Nacht, als Wilhelm vor ihrer Tür wachte, war sie fest entschlossen, Norberg für immer zu entfernen. Alle ihre Hoffnung gründete sich auf Wilhelm, der sie in tiefste Verzweiflung stürzte, als er sich, nachdem er durch einen unglücklichen Zufall das Briefchen des ungeduldigen Norberg fand, von ihr abwandte.

Laertes reißt Wilhelm aus seinen verzweifelten Nachdenken über seine Schuld gegen Mariane. Bei dem Theater hat sich vieles verändert. Die Oper ist eingerichtet, Wilhelms Rollen sind mit anderen besetzt. Frau Melina aber, der Wilhelm sein Verhältnis zu dem kleinen Felix entdeckt, macht ihn irre. Sie sucht ihm einzureden, daß die alte Barbara ihn belogen hat. Aber die Alte händigt ihm weitere Briefe Marianes aus die ihn von der Wahrheit ihres Berichtes überzeugen. Der kleine Felix wird mit Mignon und der alten zu Therese geschickt. Wilhelm nimmt Abschied vom Theater, wo ihn außer Frau Melina niemand zu halten wünscht. Vor seiner Abreise schreibt Wilhelm einen ausführlichen Brief an Werner, in dem er ihm seinen Entschluß mitteilt, das Theater zu verlassen und sich mit Männern zu verbinden, deren Umgang ihn zu einer reinen und sicheren Tätigkeit führen müsse.

Als er auf Lotharios Schloß zurückkommt, findet er große Veränderungen vor. Der Oheim ist gestorben, Lothario hat seine hinterlassenen Güter übernommen, Jarno und der Abbé berechnen und planen, wie sie der Besitz durch Ankäufe weiterer Ländereien abrunden können, und Wilhelm ist ihnen dabei willkommene Hilfe. Ihm fällt auf, daß die Freunde vor ihm Geheimnisse haben. Eines Abends aber erklärt ihm Jarno, daß er nun so sicher als einer ihres Kreises anzusehen ist und daß sie ihn in ihre Geheimnisse einführen können. Er führt ihn in den Teil des Schlosses, den er bisher noch nicht betreten hat. Er findet sich schließlich allein in einem Saal der ehemals Kapelle war. Dort sieht er unter geheimnisvollen Umständen den Fremden wieder, der ihm einst von der Kunstsammlung seines Großvaters erzählte. Er trifft auch den Offizier wieder, der ihn damals im Park umarmte und in ihm den Verdacht weckte, daß Jarno Werbeoffizier sei. Schließlich erscheint auch der Geist des alten Hamlet, der unter so geheimnisvollen Vorzeichen in die Hamlet-Aufführung eingriff. Dann aber tritt der Abbé hervor, der ihm seinen Lehrbrief überreicht, mit dem er in die Gemeinschaft aufgenommen wird. In den Wandschränken sieht er in Schriftrollen Jarnos, Lotharios und auch seine eigenen Lehrjahre aufgezeichnet. Der Abbé versichert ihm, daß dieses Zimmer nun immer für ihn offen sein werde. Auf seine dringliche Frage gibt er ihm die Gewißheit, daß Felix sein Sohn ist. Schon ist auch Felix da. Als Wilhelm seinen kleinen Sohn herzlich umarmt, erklärt ihm der Abbé, daß seine Lehrjahre vorüber sind, die Natur hat ihn losgesprochen.

## Achtes Buch

**1. Kapitel:** Der Umgang mit dem kleinen Felix läßt Wilhelm erkennen, welch schwaches Interesse er an den Dingen außer sich genommen hat, wie wenig er konnte und wußte. Er fühlt die Notwendigkeit, sich zu belehren, indem er zu lehren aufgefordert ward. Jarno und der Abbé bringen einen Fremden mit, nach kurzem Erstaunen erkennt Wilhelm in ihm seinen Freund Werner. Er ist gekommen, um mit Lothario ein Geschäft abzuschließen und hat Wilhelm hier nicht erwartet. Wilhelm hat keinen vorteilhaften Eindruck von ihm, er ist ein „arbeitsamer Hypochondrist" geworden, der nur nach Gewinn strebt. Sie begeben sich auf die Güter, die angekauft werden sollen, der Handel wird abgeschlossen. Wilhelm läßt den kleinen Felix nicht von der Seite, bald merkt er, daß das Kind mehr ihn als er den Knaben erzieht. Er erkennt auch, wie sehr er bei Mignon die Erziehung vernachlässigt hat und fühlt nur zu deutlich, daß er eine Mutter für den Knaben suchen muß. Er fängt an, über sich selbst nachzudenken und beschäftigt sich mit dem Manuskript seiner „Lehrjahre" aus dem Turm. Er setzt diese Geschichte seines Lebens für Therese auf, schickt den Bericht aber nicht ab, sondern richtet nur einen kurzen Brief an sie, in dem er ihre seine Hand anbietet.

**2. Kapitel:** Kaum ist der Brief abgesandt, da kommt Lothario zurück. Er freut sich, die vorbereiteten Geschäfte so glücklich abgeschlossen zu sehen. Wilhelm erwartet mit Verlangen zu wissen, wie sein eigenes künftiges Verhältnis bestimmt werden soll. Er kann Lotharios heiteren Gruß nicht offen erwidern, er ist besorgt, weil er versucht hat, ihn bei Therese zu verdrängen. Sein eigenes Geschick wird durch die Großzügigkeit Lotharios und die Geschäftstüchtigkeit Werners zur Zufriedenheit geordnet. Dabei zeigt sich der Gegensatz zwischen den Auffassungen Lotharios und Werners über eine gerechte Besitzverteilung. Lothario wünscht, daß in dieser neueren Zeit der „Lehns-Hokuspokus" aufgegeben und auch der adlige Besitz dem übrigen gleichgestellt und versteuert, damit aber frei verfügbar wird. Der Unterschied der Stände soll nach Aufgabe aller beschränkten und beschränkenden Vorrechte in einer freien Gemeinschaft der lebhaften freien Tätigkeit untergehen. Werner dagegen denkt konservativer, er will dem Staat nicht mehr geben, als was erzwungen wird.

Solche allgemeinen Betrachtungen halten aber die besonderen Geschäfte nicht auf. Lothario fordert Wilhelm auf, zu seiner Schwester Natalie zu reisen, bei der sich die kranke Mignon befindet. Die Schwester hofft, daß Wilhelms Gegenwart günstige Auswirkung auf den Zustand des Kindes haben wird. Wilhelm ist von einander widersprechendsten Gefühlen bewegt, als er in dem Brief der Schwester Lotharios die Handschrift der Gräfin wiederzuerkennen glaubt. Bei genauer Hinsicht aber scheint ihm, daß es die Handschrift seiner Amazone ist. Lothario trägt Wilhelm auf, seiner Schwester die baldige Ankunft des Freundes ihres Großoheims, des Marchese Cipriani, anzukündigen. Wilhelm reist ab, bleibt aber unentschlossen, ob er nicht unterwegs die Fahrt abbrechen soll. Doch die Nachricht vom Leiden Mignons gibt den Ausschlag.

In der Nacht trifft er ein. Im Vestibül des Hauses findet er die ganze Kunstsammlung seines Großvaters wieder. Er hat aber wenig Zeit, sie zu betrachten, denn ein Diener nötigt ihn in das Kabinett der Hausherrin. Sie ist seine Amazone. Tief bewegt grüßt er sie ehrerbietig. Sie berichtet von Mignons Krankheit, unvermutete Aufregungen führen bei ihr zu gefährlichen Herzkrämpfen. Durch ein Spiel, in dem sie Mignon Engelskleider tragen ließ, konnte sie das Kind dazu bewegen, die Knabentracht aufzugeben.

**3. Kapitel:** Am nächsten Morgen sieht sich Wilhelm in dem Haus um und hat einen angenehmen Eindruck von der Kunstsammlung seines Großvaters. Natalie läßt ihn zum Frühstück einladen. In dem Zimmer machen einige Mädchen von etwa zehn Jahren den Tisch zurecht. Über dem Kanapee erblickt Wilhelm ein Bild, das er für ein Porträt Natalies hält, nur trägt die Abgebildete ein Ordenskreuz. Natalie erklärt ihm, daß er ihre Tante, die „schöne Seele", ist, der sie sehr viel verdankt. Wilhelm aber, der das Manuskript der „Bekenntnisse" gelesen hat, werden nun viele Zusammenhänge zwischen Lothario und seinen Schwestern klar. Von Natalie erfährt er, daß auch Friedrich ihr Bruder ist. Der Medikus unterbricht ihr Gespräch. Natalie führt den kleinen Felix zu Mignon. Der Arzt berichtet Wilhelm, was über Mignon herausgebracht wurde. Sie muß in der Gegend von Mailand zu Hause sein. In sehr früher Jugend ist sie von wandernden Seiltänzern entführt worden. Sie war noch zu jung, um sich noch ihrer Herkunft erinnern zu können, und die Seiltänzer taten bewußt alles, um den Rest der Erinnerung in ihr auszulöschen. In seiner Verzweiflung hatte das Kind einen Traum, in dem ihm die Mutter Gottes erschien und ihm versicherte, daß sie ihm beistehen wolle. Im Vertrauen auf die unmittelbare göttliche Hilfe gelobte sich Mignon, daß sie niemand mehr vertrauen und ihre Geschichte erzählen wollte. Was Natalie und der Arzt erfuhren, wurde auch mehr zufällig herausgebracht. Mignons ganze Liebe galt Wilhelm. An jenem Abend nach der Hamlet-Aufführung war sie im Begriff heimlich zu ihm zu schleichen, als Philine ihr zuvorkam. Sie empfand so heftige Qualen der Eifersucht, daß sie darüber herzkrank wurde. Der Arzt rät Wilhelm zu Geduld und Gleichmut gegenüber Mignon. Wilhelm findet sie im langen weißen Frauengewand, sie ist glücklich und zufrieden, besonders freut es sie, daß der kleine Felix wieder bei ihr ist. Wilhelm beobachtet nun Natalie und ihren Kreis und er kommt zu der Erkenntnis, daß man sich nichts Besseres wünschen könne, als neben ihr zu leben. Natalie bekennt ihm, daß sie seit frühester Jugend kein größeres Glück wußte, als die Menschen zu beobachten, zu erkennen und ihnen zu helfen, wo es nottat.

**4. Kapitel:** Oft wurde über Therese gesprochen, aber Wilhelm vermied seine Werbung um sie zu erwähnen. Eines Tages aber erklärt ihm Natalie, daß sie das Schweigen brechen müsse. Sie wisse alles, Boten gingen zwischen ihr und Therese hin und her. Nun kann sie Wilhelm einen Brief von Therese übergeben, in dem diese ihren festen Entschluß mitteilt, ihm ihre Hand zu reichen. Wilhelm ist erschrocken, er schilt sich voreilig denn er entdeckt lebhafte Spuren einer Neigung zu Natalie in seinem Herzen. Er muß nun Lothario, so schwer es ihm fällt, seine Verlobung mit Therese mitteilen. Aber noch ehe er den Brief abschicken kann, kommt Jarno, den sie mit der Nachricht überraschen. Er ist betroffen, ja entsetzt. Lothario hat herausgebracht, daß Therese nicht die Tochter jener Frau ist, mit der er verbunden war und die bisher als ihre Mutter galt. Das Hindernis ist behoben. Lothario selbst will nun Therese endlich zu seiner Gemahlin machen. Wilhelm ringt sich zu dem Entschluß durch, um Lotharios willen zu entsagen. Jarno reitet zu Lothario, um ihn zu unterrichten. Am nächsten Tage aber bringt ein Bote einen Brief Thereses, in dem sie erklärt, an Wilhelm festhalten zu wollen und ihn bittet, zu ihr zu eilen. Als fast gleichzeitig ein Brief Lotharios eintrifft, in dem er schreibt, daß er nun, da sich die Verhältnisse verändert haben, die Hoffnung nicht aufgibt, Therese zu besitzen, verlangt Natalie von Wilhelm sein Ehrenwort, daß er nicht zu Therese reisen wird. Natalie schreibt Therese über den ganzen Verlauf und schickt den Brief ihres Bruders mit. Therese aber antwortet, daß sie Wilhelms Frau werden will.

**5. Kapitel:** Ins Gespräch vertieft gehen Natalie und Wilhelm durch den Garten. Unterwegs pflückt Natalie Blumen, die für den Sarkophag des Oheims bestimmt sind. Sie führt Wilhelm ins Schloß zurück und in den „Saal der Vergangenheit". Wilhelm ist überrascht, durch einen schauerlich symbolischen Eingang in einen Saal harmonischer Heiterkeit zu treten, in dem alles Leben scheint. Überall sieht er Bilder, die Leben in seinen vielfältigen Erscheinungsformen gestalten. In diesem Saal steht der Sarkophag des Oheims, dessen Bild Wilhelm sofort an den würdigen Begleiter Natalies im Walde erinnert. Natalie macht ihn auf die verborgenen Öffnungen in der Höhe aufmerksam, die für die Chöre bei Bestattungsfeierlichkeiten bestimmt sind. Als sie eben den Saal wieder verlassen wollen, hören sie auf dem Gange die lebhaften Stimmen der Kinder, die mit Therese kommen. Therese umarmt leidenschaftlich Wilhelm als ihren Verlobten. Auf einmal greift Mignon zum Herzen und fällt leblos zu Boden. Wilhelm trägt sie hinaus, der herbeigerufene Wundarzt kann aber nicht mehr helfen Mignon ist tot. Therese will in dieser Stunde der Trauer sich um so fester an Wilhelm schließen, er sucht bei ihr Trost und spürt doch die innere Leere, da ihn alles zu Natalie drängt. Der Chirurgus will Mignon durch seine Kunst das lebendige Aussehen erhalten. Lothario und Jarno treten unerwartet ein. Im Vertrauen auf

Thereses Herz, das sie nicht irreführen kann, legt Lothario sein und des Freundes Schicksal in ihre Hand. Wilhelm macht Jarno Vorwürfe über das Treiben der geheimnisvollen Mächte des Turmes, die gerade jetzt, in schwerer Entscheidung, wirkungslos bleiben. Jarno klärt ihn auf. Die Neigung der Jugend zu Zeremonien und geheimnisvollen großen Worten ist groß. Darum bestärkte der Abbé, der immer die Hand im Spiele hat, die junge Gesellschaft darin, was ihr den Charakter des Gesetzlichen gab. Jetzt sind diese Zeremonien und Ränge nur noch Bräuche, die aus Tradition und auch wegen junger Leute festgehalten werden. Erst später ist der Mensch geeignet, über sich und die Welt aufgeklärt zu werden, immer sind es nur wenige, die den Sinn haben und zugleich zur Tat fähig sind.

**6. Kapitel:** Die Gesellschaft, zu der auch der Abbé gekommen ist, hat sich eben wieder vereinigt, da wird der Kurier eines Unbekannten gemeldet, der sich scherzhaft geheimnisvoll ankündigt. Natalie vermutet sogleich, daß der Unbekannte ihr Bruder Friedrich ist, der sogleich auch erscheint. Er freut sich sehr, Wilhelm hier vorzufinden. In der gegenwärtigen Stimmung finden Friedrichs Späße aber nur wenig Anklang. Man zerstreut sich, Friedrich begleitet Wilhelm auf sein Zimmer, wo er ihm über sich selbst berichtet. Er war der Offizier, der Philine entführte und den Wilhelm für Mariane hielt. Er liebt Philine noch genau so rasend wie früher und lebt seit der Flucht mit ihr auf einem alten Schloß. Nun erwartet Philine ein Kind. Die übrige Gesellschaft hat sich unterdessen in den Garten begeben, wo der Abbé auseinandersetzt, daß Therese ein untergeschobenes Kind ist. Als ihren Eltern mehrere Kinder totgeboren waren und das letzte der Mutter fast den Tod gebracht hatte, wurde beschlossen, das Kind eines Frauenzimmers, das die Haushaltung besorgte, und zu dem Thereses Vater eine tiefe Neigung gefaßt hatte, als rechtmäßiges Kind einzuführen. Dafür bedingte sich die rechtmäßige Gemahlin das Testament aus, das Therese so wenig berücksichtigte. Die Täuschung gelang um so leichter, als Thereses wahre Mutter kurz nach der Geburt starb. Der Vater aber konnte Therese das Geheimnis vor seinem Tode nicht mehr entdecken. Als Beweise für seinen Bericht legt er Abbé Papiere vor. Auch Wilhelm liest sie, dann erklärt er seine Bereitwilligkeit, zugunsten Lotharios zurückzutreten.

**7. Kapitel:** Einige Tage später macht Jarno Wilhelm den Vorschlag, mit ihm nach Amerika zu gehen. Der Plan ist, aus dem alten Turm eine Sozietät entstehen zu lassen, die an möglichst vielen Plätzen der Welt ihre Niederlassungen hat und ihr Vermögen anlegt, so daß die Mitglieder bei der Unsicherheit der Zeit einander „assekurieren", sich gegenseitig versichern können, wenn einmal eine Staatsrevolution den einen oder anderen aus seinen Besitztümern treibt. Der Abbé will nach Rußland, Jarno nach Amerika gehen. Wilhelm soll selbst entscheiden, ob er Lothario in Deutschland unterstützen oder mit Jarno nach Amerika gehen will. Friedrich scherzt, Wilhelm könne dann gleich die arme Lydie mitnehmen, Jarno aber erklärt, daß er selbst ihr die Hand geboten hat. Natalie kann dieses Vorgehen nicht billigen, es ist ihr allzu geschäftsmäßig, sie will sich entfernen. Aber der Abbé kommt zurück mit der Nachricht, daß der Marchese in den nächsten Tagen eintreffen wird und sich einen sprachkundigen Begleiter für seine Reise erbittet. Er schlägt Wilhelm vor. Trotz des Zuredens der anderen verlangt Wilhelm Bedenkzeit. Es drängt ihn alles, für immer in der Nähe Natalies zu bleiben, aber es treibt ihn auch fort, ohne daß er ein Ziel sieht. Er läßt sich von Werner Geld und Kreditbriefe schicken, die dieser nur unwillig hergibt, weil er fest mit Wilhelms Hilfe rechnete. Unruhe beherrscht Wilhelm. Der Marchese trifft ein, gerührt betrachtet er die Kunstsammlungen seines Freundes.

**8. und 9. Kapitel:** Der Abbé hat zu den Exequien Mignons in den feierlich geschmückten „Saal der Vergangenheit" geladen. Von der Feier und den Worten des Abbés sind alle tief beeindruckt. Als der Schleier von der Toten gehoben wird, erkennt der Marchese erschüttert in ihr seine vor langer Zeit verschwundene und totgeglaubte Nichte. Einige Tage vermeidet er, darüber zu sprechen, hält aber lange Gespräche mit dem Abbé. Dann lädt er Wilhelm ein, ihn in seiner Heimat zu besuchen und die Stätten kennenzulernen, die Mignon aus dunkler Erinnerung in ihren Liedern besang. Am gleichen Abend trifft auch die Gräfin ein, nur bebend tritt Wilhelm ihr gegenüber, die ihre Erschütterung dadurch verbringt, daß sie sich an der Schwester festhält. Der Abbé hat die Geschichte der armen Mignon, die ihm der Marchese erzählte, aufgeschrieben und liest sie nun vor. Der Vater des Marchese, ein edler und tüchtiger, aber auch harter Mann, hatte drei Söhne. Der älteste sollte die Güter erben. Er selbst, der Marchese, wurde dem geistlichen Stand bestimmt, der jüngste, Augustin, dem Soldatenstand. Aber die Charaktere der Söhne zwangen den Vater zum Tausch der Berufe, der jüngste Sohn trat in ein Kloster ein. Der Vater aber hielt sich immer enger zu einem alten Freund, der lange Soldat war, im Kriege seine Frau verlor und mit seiner Tochter sich in der Nachbarschaft niederließ. Nach dem Tode des Vaters besuchte Augustin öfters die Brüder, lernte Sperata, die Nachbarin, kennen und faßte eine unwiderstehliche Neigung zu ihr. Er verlangte, von seinem geistlichen Gelübden befreit zu werden. Die Brüder besprachen sich mit dem Beichtvater der Familie und baten um seine Unterstützung. Da klärte er die Brüder darüber auf, daß Sperata ihre Schwester sei. Sie wurde den Eltern geboren, als „das Recht der Ehegatten schon verloschen zu sein" schien. Um sich nicht der Lächerlichkeit preiszugeben, verheimlichte man das Kind und gab es dem alten Freunde zur Erziehung, der es als seine Tochter ausgab. Augustin aber erklärte die Darlegung der Brüder für Märchen, Sperata war bereits sein Weib geworden und trug ein Kind von ihm unter dem Herzen. Auch der Beichtvater vermochte nicht, ihn zu überzeugen, nur die Liebe zu Sperata war für ihn noch Wirklichkeit. Die Brüder versuchten, ihn mit Gewalt zurückzuhalten, aber er entfloh, wurde indessen in sein Kloster zurückgeführt. Sperata schenkte einer Tochter das Leben und war sehr glücklich darüber. Sie neigte seit je zur Religion und fand jetzt Trost in ihr wegen der Trennung vom Geliebten. Ein Geistlicher plante nun, sie allmählich in ihre Sünde einzuweihen. Er begann damit, daß er ihr die ganze Verwerflichkeit der Hingabe an einen Geistlichen vorstellte. Voller Reue war sie schließlich bereit, sich freiwillig für immer von Augustin fernzuhalten. Das Kind aber wuchs heran, es litt schwer unter dem Zwiespalt der Mutter zwischen Mutterliebe und Abscheu vor ihrer Sünde und deren Ergebnis. Man gab das Kind deshalb zu guten Leuten am See, die ihm immer mehr Freiheit ließen. Eines Tages kehrte es nicht zurück, man fand seinen Hut am Ufer und glaubte, es sei ertrunken. Die Mutter wurde darüber wahnsinnig, sie sammelte alle Knochen, die der See ans Land schwemmte, um sie als die ihres Kindes zu begraben. Eines Tages hatte sie eine Vision, die ihr zeigte wie ihr Kind als Engel zum Himmel aufstieg. Von der Landbevölkerung wurde sie wie eine Heilige verehrt, erst recht, als nach ihrem Tode sich der Glaube ausbreitete, bei ihrer Anrufung seien Wunder geschehen. Augustin wurde während der ganzen Zeit im Kloster zurückgehalten, aus dem er eines Tages verschwand. Er wurde noch in der Kapelle gesehen, in der Speratas Leiche aufgebahrt war, aber dann verwischte der Krieg seine Spuren.

**10. Kapitel:** Allen ist klar, daß der alte Harfner niemand anders ist, als der verschollene Bruder des Marchese. Aber man beschließt, diesem vorläufig nichts zu sagen. Der Abbé berichtet, daß der Marchese unglaublich gerührt ist über die liebevolle Aufnahme, die seine unglückliche Nichte bei Wilhelm gefunden hat und daß er hofft, daß Wilhelm sich nun doch bereit findet, ihn auf seiner Reise zu begleiten. Das Vermögen Mignons, das er mit dem Bruder getreulich verwaltete, will er nun Wilhelm zuwenden. Auch Felix soll sie begleiten. Auf Zureden Thereses fügt sich Wilhelm. Sofort hat der Abbé seinen Plan bereit. Der Marchese soll abreisen und in der nächsten Stadt Wilhelm erwarten, der noch Nachricht des Arztes über den Harfner abwartet. Unter vielen Dankesbeweisen reist der Marchese ab. Die Nachricht des Arztes aber läßt auf sich warten. Da trifft er eines Abends mit einem Fremden ein, in dem Wilhelm erst nach längerer Zeit den alten Harfner wiedererkennt. Seine gewöhnliche Reisetracht und der fehlende Bart lassen ihn verändert erscheinen. Er macht einen völlig vernünftigen Eindruck. Der Arzt gibt allerdings dazu die Erklärung, daß er aus der Apotheke des Geistlichen ein Glas mit Opium entwendet hat, und daß die Sicherheit, nun jederzeit jeder Bedrohung durch einen freiwilligen Tod entgehen zu können, seine scheinbare Genesung hervorrief. Man vermeidet, dem Alten etwas von seiner Vergangenheit zu sagen, der Abbé nimmt sich vor, nicht von seiner Seite zu weichen. Wilhelm bereitet sich zur Reise. Der Alte scheint sich darüber zu freuen. Bald entdeckt der Abbé den Grund: er fürchtet sich vor Felix. Auf dem Schloß treffen unterdessen viele neue Gäste ein, es gibt anregende Gesellschaft und frohe Tage. Unversehens vermehrt auch der Graf den Kreis. Er kommt, seine Gemahlin abzuholen und einen feierlichen Abschied von seinen weltlichen Verwandten zu nehmen. Jarno denkt sich allerlei Scherze aus, mit denen er die Gesellschaft unterhält. Friedrich aber, der Wilhelms Neigung zu Natalie entdeckt hat, liebt es, ihn damit zu necken. Eines Tages als sie bei solchen Scherzen heiterer als gewöhnlich sind, stürzt Augustin herein und berichtet, Felix habe von dem Gift getrunken, das er für sich selbst bereitete. Der Arzt untersucht das Glas und findet, daß es eine tödliche Dosis Opium enthält, das Gift ist mit Mandelmilch aus einer Flasche gemischt. Alles beschäftigt sich nun mit dem Kinde. Jarno kommt und berichtet, Augustin, der sich heimlich entfernte, habe sich auf dem Oberboden die Kehle durchgeschnitten. Der Arzt findet ihn aber nur schwer verletzt, er näht und verbindet die Wunde. Als er aus der Ohnmacht aufwacht, entdeckt er dem Arzt, daß er das Gift mit der Mandelmilch aus der Flasche gemischt hat. Felix aber beharrt darauf, er habe aus dem Glase getrunken. Der Arzt vermutet, der Knabe habe nach einer ihm streng verbotenen Unart doch aus der Flasche getrunken, das Kind aber weint nur. Wilhelm wacht gemeinsam mit Natalie die ganze Nacht bei ihm. Am anderen Morgen findet man Augustin tot in seinem Bett. Er hat die Verbände gelöst und ist verblutet. Natalie gelingt es dann Felix zum Geständnis zu bewegen, daß er nur aus der Flasche getrunken hat und aus Furcht vor Strafe diese Unart nicht zugeben wollte. Nathalie eilt zu Wilhelm, um ihm die glückliche Nachricht zu bringen. Das gräfliche Paar nimmt nun Abschied. Der Graf erscheint besonders glücklich. Jarno hat herausgefunden, daß er glaubt, das Kind habe doch Gift getrunken, er aber habe es durch sein Gebet und das Auflegen seiner Hände geheilt. Die Gräfin legt beim Abschied Natalies und Wilhelms Hände bedeutsam ineinander. Wilhelm fühlt sich jetzt auch zur Abreise gedrängt und kann sich doch nicht entschließen. Friedrich läßt nicht nach ihn mit Natalie zu necken. Da erklärt ihm Lothario, daß Therese ihm nur unter der Bedingung die Hand reichen will, daß auch Natalie und Wilhelm ein Paar werden und gleichzeitig mit ihnen zum Traualtar gehen. Friedrich aber hat längst erfahren, daß auch Natalie bereit ist, Wilhelm die Hand zu gewähren, er hat sie belauscht als sie sich dem Abbé offenbarte. Der Abbé kommt und bringt Natalies Einverständnis. Lothario umarmt den Freund und geleitet ihn zu Natalie, die ihnen von Therese zugeführt wird.

## 4. DIE SCHÖNE SEELE

„Das ist der lieben Klettenbergen wohl nicht im Traum eingefallen, daß nach so langer Zeit ihr Andenken noch grünen, blühen und den nachkommenden Geschlechtern Segen bringen würde. Du, mein lieber Sohn, warst von der Vorsehung bestimmt zur Erhaltung und Verbreitung dieser unverwelklichen Blätter." So schrieb Goethes Mutter ihrem Sohn, als sie das 6. Buch der „Lehrjahre" gelesen hatte. In „Dichtung und Wahrheit" (I. 8) sagte Goethe, die „Bekenntnisse einer schönen Seele" seien aus Unterhaltungen und Brieten des Fräulein von Klettenberg entstanden. Frau von Stein und Wieland waren überzeugt, daß Goethe bereits ein Manuskript vorliegen hatte, das er nur für die Zwecke des Romans bearbeitete. Die eingehende Forschung hat nachgewiesen, daß Goethe sich tatsächlich sehr eng an die Biographie und die Anschauungen der Susanne von Klettenberg (1723–1774), der Tochter eines Frankfurter Arztes und Patriziers, gehalten hat. Susanne von Klettenberg war mit Goethes Mutter befreundet. Im August 1768 war Goethe nach einem gefährlichen Blutsturz schwer erkrankt von Leipzig nach Frankfurt zurückgekehrt. Nur langsam und durch schwere Rückfälle aufgehalten, ging seine Genesung voran, erst im April 1770 war er so weit wiederhergestellt, daß er das Studium, jetzt in Straßburg, fortsetzen konnte. In dieser ernsten Zeit pflegte Goethe regen Umgang mit Susanne und über sie kam er in enge Berührung mit der pietistischen Frömmigkeit der „Stillen im Lande" wie sie sich nannten. Die „schöne Seele" ist aus dem Zusammenwirken von Pietismus und Empfindsamkeit entstanden. Die durch die Empfindsamkeit gehegte sorgsame Beobachtung des eigenen Seelenlebens, wie sie vom englischen Familienroman der Richardson, Sterne und Goldsmith ausging, förderte die pietistisch-religiöse Rückwendung zur inneren Erfahrung Gottes, zum individuellen Gott-Erlebnis und zum genauen Belauschen der eigenen frommen Seelenregungen, die ganz persönliche Reaktion auf den Anruf Gottes. Ein Kult des Gefühls wurde getrieben, der von Klopstock, Lessing („Miß Sara Sampson"), Gellert, Hölty und vielen anderen literarisch vorbereitet war und sein vielleicht charakteristischstes Zeugnis in Karl Philipp Moritz' „Anton Reiser" fand. Aus der intimen Selbstbeobachtung kam man zu dem, was die Engländer mit dem paradoxen Ausdruck „joy of grief" bezeichneten, zum Selbstgenuß des eigenen Seelenleids der Rührung und Wehmut, des Mitleides mit anderen und sich selbst, zur Seligkeit der Tränen. In Goethes „Werther" mit der zarten, die feinsten Nuancen des eigenen Leidens und Seelenlebens aufspürenden Psychologie und dem Kult des eigenen Leidens gipfelt diese Empfindsamkeit, die genau wie der Geniekult aus dem „Sturm und Drang" hervorging. Die bereits im 17. Jahrhundert beginnende religiöse Bewegung des Pietismus, die auf die Erneuerung des frommen Lebens, die Überwindung der formalen Orthodoxie und die persönliche Heiligung ausging, hatte durch die Empfindsamkeit einen mächtigen Auftrieb erhalten. Es ging um ein tätiges Gefühlschristentum, das den Schematismus der älteren pietistischen Bekehrungssysteme aufgab. Durch Johann Kaspar Lavater (1741-1801) waren auch das Unbewußte, die Trancezustände, die geheimnisvollen Beziehungen zwischen der menschlichen Seele und den unbekannten Kräften des Alls, die sogenannte „magnetische Suggestion", in den Bereich der gefühlsmäßig faßbaren Seelenregungen gerückt und in den Dienst der religiösen Erweckung gestellt worden. In den Begriff der „schönen Seele" wurde das Ideal des empfindsamen Zeitalters zusammengefaßt, das Schiller in ‚Über Anmut und Würde" (1793) als die Übereinstimmung von Pflicht und Neigung kennzeichnete. Die Ereignisse in den „Bekenntnissen" Goethes folgen oft dem Lebenslauf der Susanne von Klettenberg. Aber wenn tatsächlich ihre Aufzeichnungen vorlagen, so verändert Goethe das Geschehen von vornherein, indem er es aus dem patrizisch-reichsstädtischen Leben herausnimmt und in adlige Kreise einer kleinen Residenz verlegt. Wie Susanne nimmt auch die mit Namen nicht genannte schöne Seele an dem regen gesellschaftlichen Leben teil. In dem Jüngling Narciß hat man den später geadelten Juristen Johann Daniel Olenschlager wiedererkannt, mit dem Susanne eine Zeitlang verlobt war. Wegen seiner Selbstgefälligkeit hatte er in Frankfurter Kreisen den Spitznamen Narciß erhalten. Auch das Duell mit dem eifersüchtigen Hauptmann wegen der Annäherung an seine Frau während eines Gesellschaftspieles hat eine historische Parallele, allerdings ist mehr als unsicher, daß aus der Fürsorge des Fräuleins für den Verwundeten sich die Verlobung entwickelt hätte. In dem Oberhofprediger des Romans kann man den Frankfurter Pfarrer Fresenius wiederfinden, der 1748 Senior der lutherischen Geistlichkeit wurde und auf Susannes religiöse Richtung Einfluß gewann. Er stand in schroffer Auseinandersetzung mit den Herrnhutergemeinden. Sein Einfluß führte dazu, daß sich Susanne nie endgültig den Herrnhutern anschloß. Darin folgt ihr die schöne Seele, der das System der Frömmigkeit nicht genügen kann, die eine Heilige ist, wie Schiller schrieb. Dazu muß allerdings der Begriff der Heiligen anders gesehen werden, als ihn die Kirche überliefert. Es geht nicht um die Heiligung des ständig um die vollkommenere Nachfolge Christi ringenden und opfernden Menschen, die dennoch unbegreifliche Gnade ist. Die schöne Seele ist hier nur das allmähliche Bewußtwerden und der gesteigerte Genuß der eigenen Vollkommenheit.

Dieser Prozeß folgt wieder ziemlich genau dem Lebenslauf der Susanne von Klettenberg. Durch Fresenius kam sie in Verbindung mit Philo, hinter dem der Freiherr Karl von Moser (1723–1798) steht, der als hessen-homburgischer Gesandter in Frankfurt weilte. Moser kämpfte in einer Reihe von Schriften gegen die Despotie in den deutschen Staaten und trat als Gegner der Kleinstaaterei für ein starkes und einiges deutsches Reich auf. Die schöne Seele, die Stiftsdame, allerdings nimmt davon nichts auf. Aber vielleicht ist manches von Mosers Ideen in Lothario eingegangen der Aurelie die Achtung vor ihrem deutschen Vaterland vermittelte und der Therese dazu brachte, sich bewußt als ein „deutsches Mädchen" zu fühlen. Dagegen sind die religiösen Einwirkungen Mosers auf Susanne recht eingehend dargestellt. Er hatte einen Teil seiner Jugend in der Herrnhutergemeinde in Ebersdorf verbracht und stand auch in Frankfurt herrnhuterischen Kreisen nahe 1754 veröffentlichte er eine Schrift „Der Christ in der Freundschaft", zu der auch Susanne und ihre gleichgesinnte jüngere Schwester beigetragen hatten. Obwohl sie Vorbehalte gegen die Herrnhuter machte nahm sie unter Philos Einfluß an Betstunden nach herrnhutischer Art teil, an denen sich auch die Frau Rat Goethe beteiligte und über die es zur engeren Freundschaft zwischen beiden kam. 1763 verheiratete sich die jünste Schwester Maria Magdalena mit Philipp Rudolf von Trümbach, der in hessenkasselschen Diensten stand. 1765 starb die zweite Schwester Mariane Franziska, ein Jahr später nach längerer Krankheit der Vater. Von ihren Pflichten befreit, konnte sich Susanne nunmehr ihren Beziehungen mit herrnhutischen Kreisen widmen. Sie besuchte die Gemeinde im nahen Marienborn, wo sie den Bischof Friedrich Wenzel Neißer, einen mährischen Bruder und Messerschmied, kennenlernte. Sie kam dort auch mit dem Erweckungsprediger Johann Loretz zusammen, einem Graubündener, der früher Offizier gewesen war. 1768, als Goethe mit ihr näher bekannt wurde, starb die jüngste Schwester und hinterließ zwei Kinder, für die sie nun zu sorgen hatte. Dazu kam auch die Pflege zweier alter Tanten und eine sechsmonatige Krankheit. Der Arzt, der sie behandelte und durch sein Geheimmittel auch Goethes schwere Erkrankung heilte, Johann Friedrich Metz (1724–82), wurde ebenfalls in die „Bekenntnisse" und darüber hinaus in den weiteren Roman eingeführt.

Aber so eng Goethe dem Lebenslauf der Susanne von Klettenberg folgt, er ordnet die Tatsachen doch alle dem dichterischen Zweck unter, den Übergang von der „theatralischen Sendung" Wilhelms zu seinem Eintritt in die Gesellschaft des Turmes zu schaffen. Darum übergeht Goethe die ganze spätere Entwicklung Susannes, die unter den Einfluß der Vorstellungen Emanuel von Swedenborgs (1688–1772) geriet, Verbindung mit der Geisterwelt suchte und auch alchimistische Neigungen hatte. Er läßt die Stiftsdame in der Ruhe der Vollkommenheit enden, in einem Zustand, der alles Suchen und Ringen aufhebt und Wollen und Müssen, Neigung und Pflicht zur Einheit werden läßt: „Ich erinnere mich kaum eines Gebotes; nichts erscheint mir in Gestalt eines Gesetzes; es ist ein Trieb, der mich leitet und mich immer recht führet; ich folge mit Freiheit meinen Gesinnungen und weiß so wenig von Einschränkung als von Glück." Das ist nicht mehr Susanne von Klettenberg, sondern eine Idee der Zeit. Für den Oheim und den Abbé gibt es keine geschichtlichen Vorbilder sie sind Goethes Erfindung, und die Schwester der schönen Seele hat vier Kinder. Lothario, Natalie, die Gräfin und den lustigen Friedrich, während Susannes Schwester nur zwei hatte.

Als Schiller den ganzen Roman kannte, schrieb er an Goethe: „Es ist zu bewundern, wie schön und wahr die drei Charaktere der Stiftsdame, Natalies und Thereses nuanciert sind. Die zwei ersten sind heilig, die zwei anderen sind wahre und menschliche Naturen. Aber eben gerade darum, weil Natalie heilig und menschlich zugleich ist, so erscheint sie wie ein Engel, da die Stiftsdame nur eine Heilige und Therese nur eine vollkommene Irdische ist. Natalie und Therese sind beide Realistinnen, aber bei Therese zeigt sich auch die Beschränkung des Realismus, bei Natalie nur der Gehalt desselben. Ich wünschte, daß die Stiftsdame ihr das Prädikat einer schönen Seele nicht weggenommen hätte; denn nur Natalie ist eigentlich eine rein ästhetische Natur. Wie schön, daß sie die Liebe als einen Affekt, als etwas Ausschließendes und Besonderes gar nicht kennt, weil die Liebe ihre Natur, ihr permanenter Charakter ist."

Die Stiftsdame sagt von sich selbst: „Daß ich immer vorwärts, nie rückwärts gehe, daß meine Handlungen immer mehr der Idee ähnlich werden, die ich mir von der Vollkommenheit gemacht habe, daß ich täglich mehr Leichtigkeit fühle, das zu tun, was ich für recht halte, selbst bei der Schwäche meines Körpers, der mir so manchen Dienst versagt: läßt sich das alles aus der menschlichen Natur, deren Verderbnis ich so tief eingesehen habe, erklären? Für mich nun einmal nicht." Und wenn sie dann auch weiter sagt, daß sie niemals auf ihr eigenes Können und Vermögen stolz werden könne, weil sie so deutlich erkannt habe, welch „Ungeheur in jedem menschlichen Busen, wenn eine höhere Kraft uns nicht bewahrt, sich erzeugen und nähren könne", so erinnern ihre Worte uns an sektiererischen Bekehrungseifer und streifen sektiererische Überheblichkeit, wenigstens für unser Empfinden. Das Zeitalter der Empfindsamkeit hat sie sicher anders aufgefaßt.

Aber Natalie in ihrer Natürlichkeit steht uns näher. Wohl hat Goethe sie von vornherein mit einer Gloriole umgeben. Als sie dem verwundeten Wilhelm im Walde zum erstenmal begegnete, war er von ihren Blicken so eingenommen, daß er kaum fühlte, was mit ihm vorging. Als Philine neben ihr stand „glaubte unser Freund, nie einen solchen Abstand gesehen zu haben. Philine war ihm noch nie in einem so ungünstigen Licht erschienen. Sie sollte, wie es ihm vorkam, sich jener edlen Natur nicht nahen, noch weniger sie berühren." Als Natalie den Überrock von ihren Schultern fallen ließ, um ihn dem Verwundeten überzulegen, sah er „die edelste Gestalt von Strahlen umgeben vor sich stehen, und seine Seele eilte der Verschwundenen durch Felsen und Wälder auf dem Fuße nach". Als ihr Wilhelm dann wieder begegnet, ist ihr Antlitz von einem Lichtschirm beschattet, und sein Entzücken hindert nicht, daß sich sehr rasch ein sehr sachliches Gespräch über Mignons Krankheit zwischen ihnen entwickelt. Am nächsten Morgen gibt sie Wilhelm vor dem Bilde der Tante, der schönen Seele, eine treffende Charakteristik, die gleichzeitig auch den Abstand zu ihr nachweist: „Sie hätten diese treffliche Person kennen sollen. Ich bin ihr so viel schuldig. Eine sehr schwache Gesundheit, vielleicht zu viel Beschäftigung mit sich selbst, und dabei eine sittliche und religiöse Ängstlichkeit ließen sie das der Welt nicht sein, was sie unter anderen Umständen hätte werden können. Sie war ein Licht, das nur wenigen Freunden und mir besonders leuchtete." Die schöne Seele wird das Gegenbild Natalies, aber auch ihr Vorbild „nicht zum Nachahmen, sondern zum Nachstreben". Goethe konnte und wollte sich mit der Verderbtheit der menschlichen Natur, die im Bekehrungsvorgang der schönen Seele eine so wichtige Rolle spielt, nicht abfinden. Er glaubte an die Möglichkeit, daß der Mensch sich hier und jetzt vervollkommnen könne. Darum erfahren wir auch nichts von der Religion Natalies. Sie ist der vollkommene Mensch, äußerlich und innerlich, aber in allem ein Mensch von der natürlichen sittlichen Kraft des Guten, die das Vollkommene im Endlichen möglich macht. Es gehört zu ihrer Natur, daß Wilhelms schmerzliche Bedrängnis sie zu ihm führt, und daß die Entscheidung in jener traurigen Nacht fällt, da sie gemeinsam mit Wilhelm bei dem angeblich vergifteten Felix wacht. „Natalie hatte Wilhelmen ihre Hand gegeben; sie sprachen kein Wort, sahen auf das Kind und sahen einander an." Ohne daß ein Wort darüber zwischen ihnen notwendig war, hat sie sich gelobt, Wilhelm die Hand zu reichen, wenn das Kind stürbe, also sich „als Supplement irgendeiner Existenz" hinzugeben. Das Kind bleibt dem Leben erhalten, aber das darüber gemeinsam empfundene Glück macht das Gelöbnis jener Nacht dauerhaft. Schöpferischer Eros und Caritas werden in Natalies Leben eins, und so ist sie im höheren Sinne die „schöne Seele" wie Lothario es ausdrückt: „Unglaublich ist es, was ein gebildeter Mensch für sich und andere tun kann, wenn er, ohne herrschen zu wollen, das Gemüht hat, Vormund von vielen zu sein, sie leitet, dasjenige zur rechten Zeit zu tun, was sie doch alle gern tun möchten, und sie zu ihren Zwecken führt, die sie meist recht gut im Auge haben und nur die Wege dazu verfehlen." Natalie vollendet einen Adel, der nicht vom Stande her, sondern in menschlicher Vollkommenheit und geistiger Sicherheit begründet ist.

Darum ist sie mit Gott und Welt eins, eine weltliche Heilige, eine Heilige der vollendeten Humanität. „Natalie als Traumbild, Wahrbild, Leitbild ist wohl mehr Bild als Gestalt" meint Henkel, „aber auch in der Erfindung eines solchen Bildes erkannte Goethe den „wünschenswertesten Beruf" des Dichters „edlen Seelen vorzufühlen", auch damit dem hinanziehenden „Ewigweiblichen huldigend."

## 5. Das „Hamlet-Bild in „Wilhelm Meisters Lehrjahre"

In seiner „Rede zum Shakespeare-Tag" 1771 schrieb Goethe: „Die erste Seite, die ich in ihm las, machte mich auf Zeitlebens ihm eigen, und wenn ich mit dem ersten Stück fertig war, stund ich wie ein blindgebohrner, dem eine Wunderhand das Gesicht in einem Augenblick schenckt. Ich erkannte, ich fühlte auf's lebhafteste meine Existenz um eine Unendlichkeit erweitert, alles war mir neu, unbekannt, und das ungewohnte Licht machte mir Augenschmerzen. Nach und nach konnte ich sehen, und danck sey meinem erkenntlichen Genius, ich fühle noch immer lehafft, was ich gewonnen habe." Sechs Jahre später erst begann Goethe „Wilhelm Meisters theatralische Sendung", Jahre vergingen erneut, bis er das dritte Buch vollendete (12. November 1782), in dem Wilhelm durch Jarno die Bekanntschaft mit Shakespeare macht. Und auch jetzt erinnert seine erste Reaktion an den Überschwang des jungen Goethe: „Wilhelm hatte kaum einige Stücke Shakespeares gelesen, als ihre Wirkung auf ihn so stark wurde, daß er weiter fortzufahren nicht im Stande war. Seine ganze Seele geriet in Bewegung." Er beschrieb Jarno diese Wirkung: „Man glaubt vor den aufgeschlagenen ungeheuren Büchern des Schicksals zu stehen, in denen der Sturmwind des bewegtesten Lebens saust, und sie mit Gewalt rasch hin und her blättert. Alle Vorgefühle, die ich jemals über Menschheit und ihre Schicksale gehabt, finde ich in Shakespeares Stücken erfüllt und entwickelt. Es scheint, als wenn er uns alle Rätsel offenbarte, ohne daß man doch sagen kann: hier oder da ist das Wort der Auflösung. Seine Menschen scheinen natürliche Menschen zu sein, und sie sind es doch nicht. Diese geheimnisvollsten und zusammengesetztesten Geschöpfe der Natur handeln, als wenn sie Uhren wären deren Zifferblatt und Gehäuse man von Kristall nachgebildet hätte, sie zeigen nach ihrer Bestimmung den Lauf der Stunden an, und man kann zugleich das Räder- und Federwerk erkennen,das sie treibt."

Darin liegt aber bereits ein erheblicher Abstand zur „Rede". die Shakespeare mit dem Prometheus wetteifern ließ: er „bildete ihm Zug vor Zug seine Menschen nach, nur in collossalischer Größe; darin liegt's daß wir unsere Brüder verkennen". Zwischen der „Rede" und dem vierten Buch der „Lehrjahre", in dem Wilhelm hofft, den „Hamlet" auf die Bühne bringen zu können, liegen der „Werther" und die erste Fassung der „Iphigenie". Hamlet, dem das blutige Werk der Rache für seinen ermordeten Vater aufgetragen ist, zögert, er grübelt über sein eigenes Schicksal und den Sinn des ihm gewordenen Auftrages nach, er schwankt zwischen festem Entschluß und tatenlosem Nachsinnen. So sah ihn Goethe jedenfalls jetzt. Hamlet war empfindsam geworden, ein Bruder des Werther. Wilhelm begründet seinen Charakter nach Art der Empfindsamkeit, die das eigene Leiden genoß, sich in erlebten Zurücksetzungen erging, die persönliche Einsamkeit auskostete. Hamlet, so meint Wilhelm, ist durch seinen Oheim um das Thronerbe gebracht worden, das ihm sicher zugefallen wäre, wenn sein Vater länger gelebt hätte. Er fühlt sich nun „so arm an Gnade, an Gütern, und fremd in dem, was er von Jugend auf als sein Eigentum betrachten konnte. Hier nimmt sein Gemüt die erste traurige Richtung. Er fühlt, daß er nicht mehr, ja nicht so viel ist als jeder Edelmann; er gibt sich für einen Diener eines jeden, er ist nicht höflich, nicht herablassend, nein, herabgesunken und bedürftig." Der zweite Schlag, der ihn dann traf und noch tiefer verletzt, war die Heirat der Mutter. Er hatte erhofft, in ihrer Gesellschaft „die Heldengestalt jenes großen Abgeschiedenen verehren" zu können. Aber sie „ist auch ein Weib, und unter dem allgemeinen Geschlechtsnamen, Gebrechlichkeit, ist auch sie einbegriffen".

Es ist vielleicht ratsam, schon hier einzuschalten, daß diese Charakteristik Hamlets nicht die ist, die wir heute anerkennen, sie gibt nicht Shakespeares Hamlet, sondern einen Jüngling der Empfindsamkeit: „Nicht traurig, nicht nachdenklich von Natur, wird ihm Trauer und Nachdenken zur schweren Bürde." Hamlet wird ein naher Verwandter der Anton Reiser und der Werther. Und so kommt Wilhelm, der natürlich Goethes Meinung ausspricht, zu der Definition: „Und da der Geist verschwunden ist, wen sehen wir vor uns stehen? Einen jungen Helden, der nach Rache schnaubt? Einen geborenen Fürsten, der sich glücklich fühlt, gegen den Ursurpator seiner Krone aufgefordert zu werden? Nein! Staunen und Trübsinn überfällt den Einsamen; er wird bitter gegen die lächelnden Bösewichter, schwört, den Abgeschiedenen nicht zu vergessen, und schließt mit dem bedeutenden Seufzer: ‚Die Zeit ist aus dem Gelenke; wehe mir, daß ich geboren ward, sie wieder einzurichten' ". In diesen Worten, dünkt mich, liegt der Schlüssel zu Hamlets ganzem Betragen, und mir ist deutlich, daß Shakespeare habe schildern wollen: „eine große Tat auf eine Seele gelegt, die der Tat nicht gewachsen ist." Und in diesem Sinne find' ich das Stück durchgängig gearbeitet. „Hier wird ein Eichenbaum in ein köstliches Gefäß gepflanzt, das nur liebliche Blumen in seinen Schoß hätte aufnehmen sollen; die Wurzeln dehnen sich aus, das Gefäß wird vernichtet. Ein schönes, reines, edles, höchst moralisches Wesen, ohne die sinnliche Stärke, die den Helden macht, geht unter einer Last zugrunde, die es weder tragen noch abwerfen kann; jede Pflicht ist ihm heilig, diese zu schwer. Das Unmögliche wird von ihm gefordert, nicht das Unmögliche an sich, sondern das, was ihm unmöglich ist." „Ein unzulängliches Wollen wird durch Veranlassungen zum unerläßlichen Sollen erhöht", so kennzeichnet Goethe den „Hamlet" noch in dem 1813 entstandenen und 1815 veröffentlichten Aufsatz „Shakespeare und kein Ende", und er glaubt darin ein Gesetz der Shakespeareschen Dramatik überhaupt erkannt zu haben. Dadurch daß Shakespeare das Wollen seiner Helden nicht von innen entspringen, sondern durch äußere Veranlassung aufregen läßt, „wird es zu einer Art von Sollen und nähert sich dem Antiken" Eine Notwendigkeit, „die mehr oder weniger oder völlig alle Freiheit ausschließt, verträgt sich nicht mehr mit unseren Gesinnungen, diesen hat Shakespeare auf seinen Wegen sich genähert; denn indem er das Notwendige sittlich macht, so verknüpft er die alte und die neue Welt zu unserem Erstaunen". Aus diesen „modernen" Auffassungen Shakespeares kam Goethe zu dem Schluß, daß es ein Vorurteil sei, „daß man Shakespeare auf den deutschen Bühnen Wort für Wort aufführen müsse, und wenn Schauspieler und Zuschauer daran erwürgen sollten". Er verlangt die Rückkehr zu den Schröderschen Bearbeitungen, „aber" so fährt er fort, „die Redensart, daß auch bei der Vorstellung von Shakespeare kein Jota zurückbleiben dürfe, so sinnlos sie ist, hört man immer wieder klingen. Behalten die Verfechter dieser Meinung die Oberhand, so wird Shakespeare in wenigen Jahren ganz von der deutschen Bühne verdrängt sein, welches dann auch kein Unglück wäre; der einsame oder gesellige Leser wird an ihm desto mehr reinere Freude empfinden" (zitiert nach „Shakespeare in Deutschland").

Eine solchen Gesichtspunkten folgende Bearbeitung des „Hamlet" muß Wilhelm für Serlo vornehmen. Er ist unter der Bedingung bei seiner Bühne eingetreten, daß der „Hamlet" ganz und unzerstückelt gegeben wird. Er sieht bald ein, daß das nicht möglich ist. Bei seiner Bearbeitung geht er recht spitzfindig vor, indem er zwischen den großen inneren Verhältnissen der Personen und Gegebenheiten und den äußeren Verhältnissen, durch die sie einmal hierhin oder dorthin gebracht werden, unterscheidet, und alles für überflüssig erklärt, was mehr zufällig ist. Die Charaktere und Handlungen als Ganzes müssen also bleiben, die äußeren Umstände aber können verändert werden, da sie das Gesamtgefüge nicht beeinträchtigen. Zu solchen äußeren Umständen, die wegfallen können, zählt Wilhelm die Unruhen in Norwegen, den Krieg mit dem jungen Fortinbras, die Gesandtschaft an den Oheim, den Zug des Fortinbras nach Polen und seinen Auftritt am Ende; ferner die Rückkehr des Horatio nach Wittenberg und Hamlets Wunsch, wieder dorthin zu gehen, Hamlets Reise nach England seine Gefangenschaft bei den Seeräubern und den Tod der beiden falschen Freunde Rosenkrantz und Güldenstern durch den Uriasbrief. Da so vieles wegfällt, muß natürlich manches geändert werden, denn sonst bliebe das Stück unverständlich. Alles wird auf die Spannung zwischen Norwegen und Dänemark zurechtgemacht, damit das Publikum sich nicht so viel vorzustellen braucht und nur Handlung sieht. Allerdings erhält Wilhelm gegen Serlos Einspruch die Szene zwischen Hamlet und Laertes am Grabe der Ophelia und er weigert sich standhaft, nach dem Vorbilde Schröders am Ende, da der klassischen Gerechtigkeit Genüge getan und der Mord bestraft ist, Hamlet überleben zu lassen. Ohne die vier Leichen kann er das Stück nicht schließen. Und da Fortinbras wegfällt, gibt der sterbende Hamlet nun da die Wahl des Volkes wieder eintritt, seine Stimme dem Horatio.

Die aufgezeigten Änderungen sind noch nicht alle, aber sie lassen deutlich erkennen, daß von Shakespeares „Hamlet" nicht sehr viel mehr übrigblieb als eine „Haupt- und Staatsaktion", wobei die beschränkte Zahl der Mitglieder des Ensembles gelegentlich ausschlaggebender ist als künstlerische Erwägungen. Goethe war wohl überzeugt, eine gute Bearbeitung vorgeschlagen zu haben, er erklärt (V. 4), daß er „vielleicht künftig die neue Bearbeitung Hamlets selbst demjenigen Teile unserer Leser vorlegen werde,der sich etwa dafür interessieren könnte". Das ist zwar nie geschehen, aber die Beschreibung der Bearbeitung im Roman gibt ziemlich ausreichende Vorstellungen. Wilhelm selbst hatte, wie Goethe ausdrücklich bemerkt, das Gefühl, daß er „durch die Bearbeitung das Original nur verdorben habe", aber diese Bemerkung muß man als ironisch auffassen, Goethe ärgerte sich als Theaterleiter weidlich über die jungen Leute, die jedes Stück genauso gespielt haben wollten, wie es der Dichter geschrieben hatte.

Goethes Hamlet-Interpretation ist mehr als anderthalb Jahrhunderte für die deutschen Theater maßgeblich geblieben. Sie hat gewiß dazu beigetragen, daß „Hamlet" unter den Werken Shakespeares an den deutschen Bühnen immer im Vordergrund stand. Sie hat aber auch dank der Autorität ihres Begründers ein falsches Bild von Shakespeare und seinem Werk konserviert. Erst in den letzten Jahrzehnten hat sich das Hamlet-Bild der deutschen Bühnen gewandelt und zwar unter Einfluß von Otto Falckenberg und Ewald Balser seit der Inszenierung der Münchner Kammerspiele im Jahre 1930, wo Hamlet als der männliche ringende Held, abseits von Melancholie und Grüblertum, auftrat. Die neue Hamlet-Interpretation wurde unterstützt durch Gerhart Hauptmanns Hamlet-Bearbeitung (1927) und seinen Hamlet-Roman „Im Wirbel der Berufung" (1936). Auch neue Übersetzungen, als erste die Walter Jostens (1937), ließen Hamlet männlicher, kämpferischer und unromantisch erscheinen. 1936 spielte Willi Birgel am Mannheimer Nationaltheater einen strengen, herben, innerlich gespannten Hamlet von einer starken, aber durch hohe Kultur gebändigten Männlichkeit. Fast gleichzeitig gab Gustav Gründgens in Berlin einen Hamlet von überlegenem Sarkasmus, einen geistig alle anderen überragenden „Regisseur einer Staatsaktion, der sich voller Besessenheit zum rächenden Gewissen am verrotteten Königshof erhebt" (Stahl, S. 706). Diese neue Hamlet-Auffassung hat sich seitdem durchgesetzt, die Shakespeare-Forschung der letzten Jahrzehnte hat Goethes subjektives und romantisches Hamlet-Bild überwunden.

Es bleibt die Frage, welche Aufgabe der eingehenden Hamlet-Analyse in dem Roman von Goethe zugedacht war. Wilhelm Meister selbst spielt die Rolle des Hamlet in der beschriebenen Aufführung, und gerade an ihr beweist ihm Jarno, daß er kein Talent zum Schauspielerberuf habe, weil er nur sich selbst zu spielen vermöge. Das kann wohl nur dahingehend ausgelegt werden, daß Goethe auch in Wilhelm Meister einen Geistesverwandten Hamlets sah. Sein Lebensweg ist der des Zweifels und des Irrtums, und doch ist jede Station notwendig, um ihn für eine größere Aufgabe, die ihm von den noch unbekannten Freunden zugedacht ist, vorzubereiten. „Man soll sich vor einem Talent" sagt Jarno (VIII, 5), „das man in Vollkommenheit auszuüben nicht Hoffnung hat, hüten. Man mag es darin so weit bringen, als man will, so wird man doch immer zuletzt, wenn uns einmal das Verdienst des Meisters klar wird, den Verlust von Zeit und Kräften, die man auf eine solche Pfuscherei geswendet hat, schmerzlich bedauern." Das aber entspricht im Grunde Wilhelms Hamlet-Charakterisierung: „Ein schönes reines, edles, höchst moralisches Wesen, ohne die sinnliche Stärke, die den Helden ausmacht, geht unter einer Last zugrunde, die es weder tragen noch abwerfen kann." Wilhelms Weg zum und über das Theater hinweg ist die Parallele zu Hamlets Weg zur Tat, ein Umweg, ein vielfach verschlungener Irrweg, der aber dennoch reif macht für den richtigen Weg, den Wilhelm allein nicht finden kann, ebensowenig, wie ihn Hamlet in seiner völligen Einsamkeit findet auf den ihn die Freunde führen müssen. Damit aber wird auch Wilhelms Interpretation des Schicksals Hamlets, gegen die Serlo sofort Bedenken erhob, widerlegt: „Der Held hat keinen Plan, aber das Stück ist planvoll." Nicht durch sich selbst handelt Hamlet, sondern als Werkzeug der Vorsehung oder des Schicksals: „Das ist die Eigenschaft der Greueltat, daß sie auch Böse über den Unschuldigen, wie der guten Tat, ausbreitet, daß sie viele Vorteile auch über den Unverdienten ausbreitet, ohne daß der Urheber von beiden oft weder bestraft noch belohnt wird. Weder den Irdischen noch Unterirdischen kann gelingen was dem Schicksal allein vorbehalten ist. Die Gerichtsstunde kommt. Der Böse fällt mit dem Guten. Ein Geschlecht wird weggemäht und ein anderes sproßt auf." Trocken meint dazu Serlo: „Sie machen der Vorsehung kein sonderlich Kompliment, indem Sie den Dichter erheben, und dann scheinen Sie mir wieder zu Ehren Ihres Dichters, wie andere zu Ehren der Vorsehung, ihm Endzwecke und Pläne unterzuschieben, an die er nicht gedacht hat" (IV, 15). Es gibt keine blinde Vorsehung für Goethe, das Böse ist nur eine Verkehrung des Guten, zu dem der Mensch seiner Natur nach bestimmt ist. Deshalb aber muß es möglich sein, durch Bildung den Menschen zu vervollkommnen, ihn über den Irrweg seiner Natur folgend emporsteigen zu lassen, wenn dabei die bereits vollkommenen Menschen, die eine höhere Erkenntnisstufe erreicht haben, die Rolle der Vorsehung übernehmen. Aber Wilhelm ist dennoch nicht allein Spielball widriger und fördernder Umstände. Er ist wie Hamlet eine edle Natur von reinen sittlichem Willen, er muß nicht erlernen, was recht ist. Auch dort wo er getrieben erscheint, von äußeren Reizen und Einflüssen allzu leicht angezogen und festgehalten, bleibt er seiner sittlichen Natur treu. Und hier ist auch die Grenze zwischen Wilhelm Meister und Hamlet erreicht. Sie liegt nicht im Charakter des Helden sondern im Plan des Romans, der den Bildungsweg eines Menschen aus Kräften der Menschlichkeit nachweisen will. Von diesem Gesichtspunkt aus aber mußte Goethe die Tragödie Shakespeares planlos vorkommen. Eine Welt, in der sich der Mensch zu vollkommener Menschlichkeit entfalten kann, ist kein Raum mehr für ein blind waltendes Schicksal. Er kam zu dem Schluß, daß Shakespeare mehr dem Bereiche der Poesie als des Theaters angehöre, daß man seine Stücke deshalb nur in sorgsamen Bearbeitungen spielen könne, die das Planlose nur dem Tagespublikum Gefällige ausmerzten, und daß Shakespeare sich eigentlich nur dem Leser, niemals aber dem Zuschauer im Theater voll erschließen könne. Da hätte selbst die Hamletbearbeitung des Romans nicht mehr ausgereicht, der Untergang des Helden war ein allzu schlechtes Kompliment für die Vorsehung. In einer Weltordnung, die für einen Faust noch eine Erlösung ermöglicht, ist kein Platz mehr für Shakespeare und seinen Hamlet, Goethe hat später selbst die Unheitlichkeit zwischen humanitärer Ordnung, die Harmonie zwischen dem Göttlichen und dem Menschlichen fordert, und der Gnade, die Wilhelm nach allen Irrungen auf den rechten Weg führt, empfunden. Er löst alle Verwirrung in dem lustspielhaften Endvergleich von Saul, der ausging, seines Vaters Eselinnen zu suchen und ein Königreich fand. Die humanitären Ideen aber führt er weiter in einem Roman, der zwar die gleichen Gestalten hat, aber doch nicht unbedingt als Fortsetzung angesehen werden kann, in „Wilhelm Meisters Wanderjahre" (1821).

## 6. Goethes Idee einer neuen humanen Gesellschaft

„Ich kann Sie versichern, daß ich in meinem Leben nie an den Staat gedacht habe; meine Abgaben und Zölle und Geleite habe ich nur so bezahlt, wie es einmal hergebracht ist", sagt Werner, der vorbildliche Bürger, auf Lotharios Darlegung, daß der Staat andere Mittel anwenden müsse, um „vielleicht bessere Bürger zu haben und nicht so oft um Köpfe und Hände verlegen zu sein" Lothario fährt fort: „Ich hoffe, Sie noch zum guten Patrioten zu machen, denn wie nur der ein guter Vater ist, der bei Tische erst seinen Kindern vorlegt, so ist auch nur der ein guter Bürger, der vor allen anderen Ausgaben das, was er dem Staate zu entrichten hat, zurücklegt." Das klingt geradezu wie eine Umkehr der geläufigen Fassung, nach der Vater Staat für seine Kinder sorgt, der Bürger wird zum Vater des Staates. Ausgangspunkt dieses Gespräches aber war Lotharios Abneigung gegen den „Lehnshokuspokus", gegen die Vorrechte und damit die Steuerbefreiung des adligen Grundbesitzes. Man liest nun gelegentlich in Kommentaren des Romans, Lothario sei frei von jedem Vorurteil des Adels in bezug auf das Unrecht der Grundsteuerbefreiung gewesen. Das ist nicht richtig, insofern, als Lothario in dieser Grundsteuerbefreiung nicht ein Vorrecht, sondern einen Nachteil und eine große Gefahr für den adligen Grundbesitz sieht. Er sagt: „Was hat der Bauer in den neueren Zeiten, wo so viele Begriffe schwankend werden, für einen Hauptanlaß, den Besitz des Edelmannes für weniger gegründet anzusehen, als den seinigen? Nur den, daß jener nicht belastet ist und auf ihn lastet." Er glaubt, daß der Staat durch Abschaffung der adligen Grundsteuerbefreiung dem Adel die Möglichkeit geben sollte, mit seinen Gütern zu schalten, wie er wolle. Als Übel sieht er den Zwang an, den Besitz in so großen Massen zusammenzuhalten, daß er nicht gleicher unter die Kinder verteilt werden und auf diese Weise durch intensivere Ausnutzung wirtschaftlicher gemacht werden kann. Größere Bewegungsfreiheit des einzelnen zur Wohlfahrt des Ganzen ist Lotharios Ziel. Aus diesem Grunde ist Lothario auch gegen ständische Beschränkungen bei der Wahl der Ehepartner. „Wie glücklich wären Männer und Frauen", sagt er, „wenn sie mit freien Augen umhersehen und bald ein würdiges Mädchen, bald einen trefflichen Jüngling, ohne andere Rücksichten, durch ihre Wahl erheben könnten." Auch darin liegt also ein „Sozialismus der oberen Schicht". Der Adel müßte freier sein, dann könnte er seinen Gütern leistungsfähigere Familienangehörige und nebenbei auch deren Vermögen oder Mitgift zuführen.

Goethe behält also die überkommene ständische Ordnung bei. Er ist überzeugt, daß dem Adel eine wichtige Aufgabe im Humanisierungsprozeß der

Welt zukommt. Lothario erscheint deshalb der adlige Grundbesitz nur deshalb weniger rechtmäßig als der bäuerliche, weil er bevorrechtigt ist und nicht zur Erhaltung des Staates und seines derzeitigen Zustandes beiträgt; diese Vorrechte aber mit nicht mehr zeitgemäßen Auflagen erkaufen muß. Nun wird der Standesvorteil ein Nachteil und hindert den Adel sich neuen und größeren Aufgaben zuzuwenden. Die Französische Revolution hatte gezeigt, daß der adlige Besitz wenig gegründet war, viel weniger als der andere, da er wegen seiner Größe von vornherein auch angreifbarer war und seine Zerstückelung und sein Verkauf an Leute, die bäuerliche Wirtschaftsformen betrieben, leicht und ohne Gefährdung der Ernährung des Landes möglich war. In deutschen Landen zitterten viele Junker vor Angst, sie schrien nach Polizei und Gewalt zur Abwehr der Revolution, viele andere aber machten sich auch Gedanken darüber, wie man die Revolution dadurch abwehren könnte, daß man ihre Gründe beseitigte. So bleibt auch für Lothario nur die Folgerung, daß die höhere Stellung des Adels nicht nur zufälligen materiellen Vorteil, sondern auch eine höhere Verpflichtung dem Staat gegenüber bedeute, daß der Adel nur dann seine historische und kulturelle Aufgabe erfüllen könne, wenn er sich nicht nur zum Monarchen und Lehnsherrn, sondern zum Staat als Schicksals- und Lebensgemeinschaft bekenne und vor allem neu einstelle.

Freilich kann von einer nationalen Begeisterung im politischen Sinne nicht die Rede sein. Die zahllosen deutschen Vaterländchen waren ungeeignet, eine echte innere Bindung ihrer Untertanen an den Staat, einen nationalen Patriotismus hervorzurufen. Ein deutscher Patriotismus aber konnte nicht mehr als das Gefühl einer großen Kulturgemeinschaft sein. Erst die Romantik und dann noch entschiedener Napoleon mit seiner absoluten Respektlosigkeit vor allen dynastischen und sonstigen Überlieferungen, konnten diese Gefühle politisch werden lassen. Als Goethe die „Lehrjahre" schrieb, war es noch nicht so weit. Die Gesellschaft vom „Turm" hat sogar eine eigene, ganz weltbürgerliche Lösung bereit. Sie hat herausgefunden, daß bei den bestehenden Verhältnissen kein Besitz irgendwo noch absolut sicher ist. „Man darf nur ein wenig mit den Welthändeln bekannt sein, um zu bemerken, daß uns große Veränderungen bevorstehen, und daß die Besitztümer nirgends mehr recht sicher sind", stellt Jarno ausdrücklich fest. Darum haben sie ausgedacht, eine große Sozietät über die ganze Welt aus ihrem „Turm" hervorgehen zu lassen, in die man überall eintreten kann. Er selbst will nach Amerika gehen, der Abbé nach Rußland, während Lothario in Deutschland bleibt.

Damit aber ist die äußerste Ferne zur Nation erreicht und auch der Staat erscheint nur als Mittel zum Zweck. Was für ihn angeführt wird, ist rein praktischer Natur, der einzelne Bürger ist im Grunde am Staat absolut desinteressiert und jederzeit bereit, ihn mit irgendeinem anderen in der ganzen Welt zu vertauschen, wenn der Vorteil es ratsam erscheinen läßt. „Ich habe mich erst vor kurzem um meine Besitztümer bekümmert" erklärt Wilhelm auf Jarnos Darlegungen über den großen Assekuranzplan, „vielleicht hätte ich wohlgetan, sie mir noch länger aus dem Sinn zu schlagen, da ich bemerken muß, daß die Sorge für ihre Erhaltung so hypochondrisch macht." Für uns, die wir an die totale Politisierung des öffentlichen und weitgehend auch des privaten Lebens gewöhnt sind, ist eine solche Stellungnahme schwer verständlich.

Wilhelm hat überhaupt kein Verhältnis zum Staat. Wenn Aurelie von Lothario die Liebe zum großen deutschen Vaterland erlernte und Therese sich als dessen folgsame Schülerin ein „deutsches Mädchen" nennt, so ist damit nur eine historische Kultureinheit gemeint, kein irgendwie geartetes staatspolitisches Gefühl wird angesprochen. Im gleichen Sinne setzt sich Wilhelm mit Serlo und anderen auch für die Hebung der deutschen Bühne ein. Man will die nationale Stufe überspringen, um ohne Übergang sogleich zu einer höheren menschlichen Gemeinschaft der Humanität zu kommen. Welche Rolle dabei der Staat oder die Staaten übernehmen sollen, wird einfach übergangen, der Staat hat nur praktisch ordnende Funktionen, keine Existenz um seiner selbst willen. In seiner inneren Organisation muß er sich so den Verhältnissen anpassen, daß eine Revolution unnötig und damit die Sicherheit des Besitzes erhalten wird. Das allerdings müßte auch Bevorrechtigten ein Opfer wert sein.

Wenn Goethe so die ständische Ordnung, eine patriarchalisch humane Gesellschaft, anerkennt, so endet sein Roman doch mit einer souveränen Überschreitung der ständischen Schranken durch die verschiedenen Heiraten, die nach den Ordnungsbegriffen der Zeit als „Mißheiraten" angesehen werden müssen. Es ist für Goethe eben nicht mehr von vornherein sicher, daß der angeborene Adel ein Vorrecht verleiht, der Adel muß sich erst im edlen menschlichen Wesen entfalten und bewähren. Lothario und Natalie sind „die ersten einer Elite, welche Goethe nicht mehr ständisch, sondern vom menschlichen und geistigen Rang her begründet sehen will" (Henkel, S. 318). Das ist die praktische Seite der von Goethe und den Klassikern erstrebten Humanität: die Schaffung einer neuen Elite, eines neuen höheren Standes, der aus der Kraft sittlicher und geistiger Überlegenheit die Menschheit einer höheren Form der gesellschaftlichen Ordnung und der Kultur zuzuführen vermag. Tatsächlich sind in Goethes Kreis und im gesamten geistigen Leben der Epoche unter Einwirkung der klassischen Ideen die ständischen Grenzen, die Unterschiede zwischen dem Adel und den bürgerlichen Vertretern des geistigen Lebens weitgehend verwischt worden. Vertreter des Hochadels verkehrten mit Männern niedriger Herkunft auf der Basis der Gleichberechtigung. Dieser Haltung entsprach auch die kräftige Nobilitierungswelle, die damals den Adel durch zahlreiche Erhebungen in den Adelsstand und Rangerhöhungen in den Freiherrn- und Grafenstand zu erneuern suchte. Mag sie in ihrem Ursprung auch auf die schlechten finanziellen Verhältnisse des Wiener Hofes zurückgehen, der sich den Adel von den im siebenjährigen Krieg reich gewordenen Heereslieferanten und Fabrikanten bereitwillig abkaufen ließ, es wurde wenigstens in Anfängen auch Ernst damit gemacht, die geistige Überlegenheit durch den Adel auszuzeichnen. Goethe und Schiller wurden geadelt und aus ihrem Umkreis, um nur einige zu nennen, Johann Gottfried Herder, die Brüder Friedrich und August Wilhelm Schlegel, Friedrich Karl Moser, der spätere Kanzler Friedrich Müller und der von Goethe bekämpfte August Kotzebue. Ein Ansatz, die neuen Ideen in die Wirklichkeit zu übertragen, wurde auf diesem Gebiete gemacht.

# II. Wilhelm Meisters Wanderjahre

## 1. ENTSTEHUNG UND AUFNAHME

Schon vor dem Abschluß von „Wilhelm Meisters Lehrjahre" hatte Goethe eine Fortsetzung erwogen. Nach dem damaligen Beispiel des Handwerks sollten den „Lehrjahren" die „Wanderjahre" folgen. Am Ende der „Wanderjahre" aber steht: „Ist fortzusetzen", was neben einigen anderen Zeugnissen als sicherster Beweis dafür gelten darf, daß auch die letzte Stufe, die der „Meisterjahre" geplant war. Dazu kam es aber nicht, und es war ein weiter Weg von den „Lehrjahren" zu den „Wanderjahren", auf dem schließlich ein Roman ganz neuer Form entstand, der nur bedingt noch als wirkliche Fortsetzung der „Lehrjahre" anzusehen ist, wenn auch vielfache Verzahnungen mit ihm bestehen und einige Hauptgestalten übernommen sind.

1798 plante Goethe die „Briefe eines Reisenden und seines Zöglings". Das wären Briefe Wilhelm Meisters und seines Sohnes Felix geworden. Aber diesen Plan ließ Goethe bald fallen. Er beschäftigte sich mit dem neuen Gedanken, eine Reihe kleinerer Erzählungen durch einen verbindenden Faden zusammenzuschließen und nahm auch die Arbeit an einzelnen solcher Erzählungen auf.

Über drei Jahrzehnte erstreckten sich die Arbeiten an „Wilhelm Meisters Wanderjahre". Sie wurden durch große Pausen unterbrochen, in denen andere Werke den Dichter beschäftigten. Nicht alle Novellen, die in den Roman aufgenommen wurden, waren von Anfang an für ihn bestimmt, sie wurden als selbständige Dichtungen veröffentlicht. 1808 schrieb Goethe die Novelle. „Die pilgernde Törin", eine Übersetzung aus einem französischen Roman nieder, die noch im gleichen Jahr in Cottas „Taschenbuch für Damen" veröffentlicht wurde. 1810 erschien in der gleichen Zeitschrift „Sankt Joseph der Zweite". Im gleichen Jahr begann Goethe „Das nußbraune Mädchen", das 1815 ebenfalls im „Taschenbuch" abgedruckt wurde. An der gleichen Stelle erschien 1817 die ungefähr gleichzeitig begonnene Novelle „Der Mann von fünfzig Jahren" und 1816 und 1818 in Fortsetzungen „Die neue Melusine".

Im Jahre 1820 nahm Goethe die Redaktionsarbeit an den „Wanderjahren" auf und erweiterte einige Teile. Es kam darauf an, die einzelnen Novellen durch eine Rahmenhandlung, an der die Hauptpersonen aus den „Lehrjahren" beteiligt waren, zu verbinden. Am 20. Dezember 1820 schrieb er dem Freunde Melchior Boisserée (1786–1851), der Druck der „Wanderjahre" werde bald beginnen. Er vermerkte dazu, es komme ihm sehr wunderbar vor, ein zwanzigjähriges Manuskript, an das er bisher kaum gerührt habe, redigierend abzuschließen. Es erscheine ihm als ein wiederkehrender Geist, freilich jugendlicher und liebenswürdiger als der jetzige Autor und die jetzige Zeit. Schon im Januar 1821 erfolgte der Druck. Diese erste Fassung enthielt bereits fast alle Handlungselemente der heute gültigen, fast ein Jahrzehnt später abgeschlossenen Fassung, ließ aber manches, was später weiter ausgeführt wurde, nur erwähnt. Goethe selbst vermerkte dazu: „Ich nahm das Manuskript vor, aus einzelnen zum Teil schon abgedruckten Erzählungen bestehend, welche durch Wanderungen einer bekannten Gestalt verknüpft zwar nicht aus einem Stück, aber doch in einem Sinn erscheinen sollten. Es war wenig daran zu tun, und selbst der widerstrebende Gehalt gab zu neuen Gedanken Anlaß und ermunterte zur Ausführung." Er setzte dieser ersten Fassung von 1821 die Verse voraus:

„Und so heb ich alte Schätze,
Wunderlichst in diesem Falle;
Wenn sie nicht zum Golde setze,
Sind's doch immerhin Metalle.
Man kann schmelzen, man kann scheiden,
Wird gediegen, läßt sich wägen,
Möge mancher Freund mit Freuden
Sich's nach seinem Bilde prägen!"

Die Fassung schließt mit Lenardos Rede an die Auswandernden. Es spricht aus den vorausgeschickten Versen deutlich, daß Goethe mit dieser Arbeit nicht ganz zufrieden war.

Diese Unzufriedenheit mit seinem Werk war einer der Gründe für die spätere Überarbeitung. Dazu kam aber auch ein äußerer Anstoß. Der Pastor Johann Friedrich Wilhelm Pustkuchen-Glanzow (1793–1834) veröffentlichte zunächst anonym zwischen 1823 und 1828 in Lemgo eine inhaltlich plumpe, aber geschickt geschriebene christliche Parodie auf „Wilhelm Meisters Wanderjahre", eine angebliche Fortsetzung der „Lehrjahre". Von manchen wurde sie als Goethes Werk angesehen. Wohl sorgten Freunde und Verehrer des Dichters für Aufklärung, aber Goethe war dennoch entschlossen, diesem Angriff zu begegnen und sein Werk neu zu redigieren und es zu erweitern. Aber andere Arbeiten standen im Vordergrund, so wichtig Goethe an sich die Arbeit an diesem Werk war, das bereits der Parodie „würdig" geworden war, was bis dahin von literarisch belanglosen Anwürfen abgesehen, nur dem „Werther" geschehen war. Als er sich zur Umarbeitung entschloß, 1825, stand Goethe in der Arbeit am zweiten Teil des „Faust", dazu kam eine neue Ausgabe der Werke. Wie bei den „Lehrjahren" zwang sich Goethe schließlich selbst zum Abschluß, indem er dem Verleger Cotta feste Zusagen machte, die größtenteils auch eingehalten wurden. So konnten die ersten zwei Bücher Ende 1828 an den Verlag abgeschickt werden, das dritte folgte bald.

Dabei spielte die allzu weitläufige Handschrift des Abschreibers Verlag und Dichter einen Streich. Es war vereinbart, daß die drei Bücher alle ungefähr gleich stark sein mußten. Die Handschrift erweckte aber den Eindruck, daß das zweite und dritte Buch zu kurz seien. Da beauftragte Goethe seinen Sekretär Johann Peter Eckermann (1792–1854) damit, aus zwei starken Stößen von Manuskripten die Druckbogen zusammenzustellen, die geeignet waren, diese Bände aufzufüllen. So kamen an das Ende der zweiten Abteilung. „Die Betrachtungen im Sinne der Wanderer" und der dritten „Aus Makariens Archiv". Jeder Abteilung wurde auch ein bedeutendes Gedicht, der zweiten das „Vermächtnis" und der dritten „Bei Betrachtung von Schillers Schädel" angefügt, das letzte ohne Überschrift, ohne daß sich zwingend ein Zusamenhang zwischen Gedicht und Kapitel ergibt. Die Herausgeber sind sich auch nicht einig darin, ob diese Gedichte bei Neuausgaben erhalten bleiben sollen oder nicht. Die meisten lassen sie weg, andere finden, daß sie bleiben müssen, um die Intention des Dichters voll erkennen zu lassen. Die Fassung von 1829 blieb jedenfalls die endgültige trotz des „Ist fortzusetzen" am Ende, das übrigens auch auf das Gedicht „Bei Betrachtung von Schillers Schädel" bezogen werden könnte. Eckermann selbst berichtet darüber: „Goethe lachte dazu. Es ist nun einmal geschehen, sagte er heute (am 15. Mai 1831), und es bleibt jetzt nichts, als daß Sie bei Herausgabe meines Nachlasses diese einzelnen Sachen dahin stellen, wohin sie gehören, damit sie bei einem abermaligen Abdruck meiner Werke schon an ihrem Ort verteilt sind, und die Wanderjahre sodann, ohne die Einzelheiten und die beiden Gedichte, in zwei Bände zusammenrücken mögen, wie anfänglich die Intention war." Diese Äußerung ist eindeutig genug, es könnte danach eigentlich keinen Streit mehr darüber geben, ob die Aphorismensammlungen und die Gedichte im zweiten und dritten Buch wegfallen dürfen oder nicht, womit natürlich nicht die Frage berührt ist, ob Eckermann sie bei der späteren Ausgabe der Werke Goethes zweckmäßig und nach Goethes Intention unterbrachte.

Diese Fassung von 1829 erst brachte die ausführliche Schilderung der Welt des Oheims, den Besuch bei Makarie, die geologischen Gespräche beim Bergfest, die ausführliche Schilderung der Hausindustrie im Gebirge und dessen Bedrohung durch das aufkommende Maschinenwesen, Wilhelms Bericht über seine Ausbildung als Wundarzt mit der Darstellung der plastischen Anatomie, Odoardo und die Binnenkolonisation, die Erweiterung von

„Der Mann mit fünfzig Jahren" und „Die gefährliche Wette". Von Goethes Stimmung beim Redigieren des Werkes spricht wieder das einleitende Gedicht:

„Wüßte kaum genau zu sagen,
Ob ich es noch selber bin,
Will man mich im Ganzen fragen,
Sag ich: ja, so ist mein Sinn,
Ist ein Sinn, der uns zuweilen
Bald beängstet, bald ergötzt,
Und in so viel tausend Zeilen
Wieder sich ins Gleiche setzt."

Die Aufnahme des Romans war nicht einheitlich. Die meisten Leser, insbesondere diejenigen, die noch in Vorstellungen der Empfindsamkeit lebten, wußten mit ihm nichts anzufangen, und es fehlt nicht an schroff ablehnenden Stimmen, die in ihm ein grillenhaftes Alterswerk und Zeugnis nachlassender Schaffenskraft sehen wollten. Aber Freunde erfreuten den Dichter durch verständnisvolle und dankbare Zuschriften.

Eine allgemeine Anerkennung aber hat der Roman zu Goethes Lebzeiten nicht gefunden. Erst nach seinem Tode setzte eine intensivere Beschäftigung mit diesem Werk ein und eine recht umfangreiche Literatur darüber ist angewachsen. Auch heute noch gilt das Werk als schwierig, es ist sicher keines der häufig gelesenen Werke Goethes. Aber es gilt auch, was der Herausgeber der Goethe-Ausgabe des Artemis Verlages, Zürich, Ernst Beutler, darüber sagte: „Das Werk – und dessen sollte sich der Leser immer bewußt bleiben – ist nicht Dichtung im üblichen Sinn, die auf die Einbildungskraft wirkt durch das Erzählte und die ästhetischen Reize der Darstellung. Es ist ein Vermächtnis. Es ist eine Botschaft."

## 2. „LEHRJAHRE" UND „WANDERJAHRE"

Um einen Zugang zu den „Wanderjahren" zu finden, muß man im Einzelnen und im Ganzen von den „Lehrjahren" absehen. Keinesfalls darf man von den „Wanderjahren" eine einfache Fortsetzung der „Lehrjahre" erwarten. Der zeitliche Abstand zwischen beiden Werken war zu groß, als daß eines aus dem anderen hervorgehen konnte. Zwar treten außer Wilhelm und seinem Sohn Felix auch andere Personen aus den „Lehrjahren" in der Rahmenhandlung auf, aber es sind genau genommen nicht immer die gleichen. Goethe war das Bild der „Lehrjahre" bereits so weit verblaßt, daß er sogar falsche Namen einsetzte, Therese Julie und Lydie Lucie nannte; erst nach seinem Tode sind in den neueren Ausgaben die richtigen Namen, man ist fast versucht zu sagen, jedenfalls die aus den „Lehrjahren" an den betreffenden Stellen eingesetzt worden. Löst man diese Gestalten aber aus ihren in den „Lehrjahren" geknüpften Verbindungen, so erkennt man sie nicht wieder. Vor allem bleibt unberücksichtigt, daß in den „Lehrjahren" für die Hauptpersonen, Wilhelm, Lothario, Jarno und die übrigen Mitglieder des „Turmes" bereits eine konkrete Vorstellung von einer sinnerfüllten Lebensgestaltung erreicht war. Sie wollten auf der Grundlage einer verbesserten Landwirtschaft eine Sozietät über die ganze Welt gründen, die Besitzungen in Europa, Amerika und Rußland hatte, und die ihre Mitglieder gegenseitig gegen die Zufälle einer Revolution, die immer in irgendeinem Teile der Welt, aber wohl kaum in der ganzen, möglich waren, versichern wollte. Es besteht also für Wilhelm und die anderen kein Grund zur Entsagung, die zum Hauptmotiv der „Wanderjahre" wird und dem Roman den Untertitel gibt, diese Entsagung steht im Gegenteil in schroffem Widerspruch zum Ausgang der „Lehrjahre".

Verwundert liest man auch in III, 14 der „Wanderjahre", daß Montan-Jarno Lydie von ihrer frühen Jugend an geliebt hat, daß der einnehmendere Lothario sie ihm entführte, er aber ihr und dem Freunde treu blieb und „sie sich endlich, vielleicht zu nicht geringer Verwunderung unserer früheren Leser, als Gattin zugeeignet habe". In den „Lehrjahren" (VIII, 6) aber fand der Leser, daß Jarno Lydie, die von Lothario verschmäht wurde, weil sie ihm mit ihrer allzu großen Leidenschaft auf die Nerven fiel, seine Hand geboten habe, als er den Plan faßte, nach Amerika auszuwandern, und es bestand kein Zweifel, daß Lydie diesen sonderbaren Antrag, den Natalie mißbilligte, angenommen habe. Auch andere Widersprüche zu den „Lehrjahren" lassen sich leicht aufdecken. Grundsätzlich aber bleibt, daß weder für Wilhelm noch für Jarno ein vernünftiger Grund zur Entsagung bestand. Die in den „Wanderjahren" behandelten Schicksale der beiden stehen in offenem Widerspruch zu den „Lehrjahren" und werfen sie in gewisser Hinsicht sogar in ihrer Entwicklung zurück. Ebenso wenig hat Natalie einen Grund, irgendetwas zu entsagen, da sie bereits in den „Lehrjahren" die Vollkommenheit in Person war. Offenbar völlig vergessen war, als Goethe die Arbeit an den „Wanderjahren" aufnahm, daß sie mit Wilhelm sofort nach der Trauung nach Italien reisen sollte.

Der neue Roman steht auf einem völlig anderen Boden als der erste, wenn auch dessen Verhältnisse als bekannt vorausgesetzt werden. Schon vom Aufbau her sind beide Teile grundverschieden. Wohl tritt in den „Lehrjahren" gelegentlich bereits ein novellistisches Element hervor, etwa in den Lebensbeschreibungen einzelner Gestalten wie Serlos oder Aurelies, am auffallendsten in dem Bericht über die Lebensgeschichte Mignons und ihrer Eltern, des geheimnisvollen Harfners und der unglücklichen Sperata. In den „Wanderjahren" aber werden die Novellen zum vorherrschenden Element. „Sankt Joseph II", „Die pilgernde Törin", „Wer ist der Verräter?", „Das nußbraune Mädchen", „Der Mann von 50 Jahren", „Die neue Melusine", „Die gefährliche Wette" und schließlich „Nicht zu weit", sieben Novellen und ein Märchen also, werden durch die Rahmenhandlung verbunden, die aber ebenfalls durch zahlreiche Briefe, wie sie sich selbstverständlich aus der räumlichen Entfernung der beteiligten Personen ergeben, weiter durch die Darlegungen über die „Pädagogische Provinz" und das in Fortsetzungen gegebene Tagebuch Lenardos mit der ausführlichen Darstellung des Textilgewerbes in den Gebirgstälern, durch Aphorismen und Anmerkungen locker gefügt und öfters unterbrochen wird, wobei die Personen aus den Novellen manchmal auch in die durchgeführte Handlung übergreifen.

Der grundlegende Unterschied zwischen den „Lehr-" und den „Wanderjahren" aber ergibt sich aus dem zeitlichen Abstand von rund 30 Jahren zwischen beiden Werken, von drei Jahrzehnten, die Revolution, Umwälzung und Reaktion brachten, in denen sich große gesellschaftliche und wirtschaftliche Wandlungen vollzogen und noch größere ankündigten. Allen diesen Erscheinungen stand Goethe aufgeschlossen und kritisch, nachdenklich und mitgestaltend gegenüber. Wenn er von „Dichtung und Wahrheit" sagte, daß dort seine „Lebensresultate" niedergelegt seien, so gilt das auch für die „Wanderjahre", wo sich der Dichter in freier Schöpfung mit der Zeit und ihren Verhältnissen, aber auch mit sich selbst auseinandersetzt. Man hat darauf hingewiesen, daß alle Gestalten der „Wanderjahre" nur vielfältige Brechungen und Möglichkeiten des Dichters selbst sind und deshalb erst von seiner Persönlichkeit her in das richtige Licht gerückt werden können. Neue Probleme waren in den Vordergrund getreten. Es kam darauf an, sich gegen diese neue Zeit zu behaupten, dabei aber auch die Werte der Humanität, das „alte Wahre" zu retten und zu bewahren. Nicht mehr die Allseligkeit der Bildung, der alles Erleben irgendwie dienstbar wird, erscheint erstrebenswert, sondern die Vollkommenheit auf einem besonderen Gebiet. Der Held schweift nicht mehr in alle Weiten, er beschränkt sich selbst auf das, worin er das Höchste zu leisten vermag. Er wird unter das Gebot der Entsagung gestellt, der Entsagung um der Vervollkommnung in einem Fache, in dem er seinem Kreise und damit der Menschheit am besten dient, willen. Damit fällt aber das Theater als Bildungsmöglichkeit weg, es ist nicht mehr der begrenzte Raum, in dem der Geist das All ausschreitet, in der Pädagogischen Provinz ist es als Kunst überhaupt ausgeschlossen.

Goethe zieht die Folgerungen aus der Entwicklung des Zeitalters und ringt um das Bild eines neuen Menschen, den er „wahrhaftig und tüchtig, genügsam und schaffensfreudig in der werktätigen Menschheit" sehen will. Das Problem der Erziehung gewinnt damit entscheidend an Bedeutung. Das Leben als Lehrmeister genügt nicht mehr. Es hatte den Wilhelm Meister der „Lehrjahre" noch lossprechen können, aber in den „Wanderjahren" steht der Held unter einem anderen Gesetz. Er muß von vorn anfangen, die Gattin und das gesicherte Leben aufgeben und wandern, wobei er nie länger als drei Tage am gleichen Ort weilen darf. Es genügt nicht mehr, sich selbst zu finden, um im Vollbesitz seiner besten Kräfte und Leistungsmöglichkeiten zu sein. Es bedarf der systematischen Erziehung, und deshalb ist der „Pädagogischen Provinz" ganz besonders Gewicht zugemessen. Berühmt geworden sind die „Wanderjahre" gerade durch diese „Pädagogische Provinz". Unter die gleichen Gedanken aber, die der Erziehungsarbeit dieser Anstalt zugrunde liegen, werden auch die anderen gestellt. So finden wir Jarno als Bergmann, Wilhelm schließlich als Wundarzt und den munteren Friedrich als Abschreiber, als Kopisten. Selbst Philine mit ihrer ständig krankhaft schnippenden Schere und Lydie müssen werktätig werden, sie werden zuschneide- und nähwütig. Man muß oft die Gestalten der „Lehrjahre" vergessen, um die der „Wanderjahre", die nichts als den Namen mit ihnen gemeinsam haben, zu verstehen. Andere wie Natalie und Therese sind ganz an den Rand gerückt, sie treten nur als Briefschreiber auf, haben aber nirgendwo irgendwelchen Einfluß auf das Geschehen.

## 3. SACHLICHE UND SPRACHLICHE ERLÄUTERUNGEN

### Erstes Buch

**I 1 Katzengold:** Glimmerschiefer; **Polieraxt:** hier Zimmermannsaxt; **Reff:** Traggestell.

**I 2 Schaffner:** Verwalter; **„Thron für Herodes":** Legende aus dem apokryphen Evangelium über die Jugend Jesu (39. Kap.); **Landmiliz:** Truppe, die aus Landeskindern, die nur kurze Zeit dienten, gebildet und nur im Inlande selbst eingesetzt wurde. **Hegegraben:** Graben, der das Wild hindert, aus dem Revier auszubrechen.

**I 3 Schlegel und Eisen:** altes bergmännisches Werkzeug, auch Sinnbild des Bergmannsberufes; **Gentianen:** blaublühender Enzian; **zweiter Diogenes:** Anspielung auf die Anekdote von Diogenes von Sinope (verst. 323 v. Chr.), Diogenes in der Tonne, dem bekanntesten Vertreter des Kynismus, der am hellichten Tage mit einer Laterne umherzog und auf erstaunte Fragen antwortete, er suche Menschen

**I 4 Kreuzstein:** Staurolith, meist grauer Kieselstein, der oft in kreuzförmig verzweigten Kristallen in Ur- oder Glimmerschiefer auftritt; **Sibylle:** wahrsagende Frau; **Pygmäen:** Hier sind Zwerge gemeint als Hüter der Schätze der Erde; **Pochjunge:** Lehrling im Hüttenwerk; **Berggraben:** Abwässer der Zeche; **„auf Sokratische Weise":** nach der Sokratischen Methode, durch ständig fortschreitendes Abfragen; **„den unbewußten Ulyß":** Odysseus-Ulysses wurde von den Phäaken nach Ithaka gebracht, während er schlief. Schlafend legten sie ihn am Ufer nieder und kehrten heim.

**I 5 „Die pilgernde Törin":** Übersetzung einer 1789 in den „Cahiers de lecture" erschienenen Erzählung „La folle en pélérinage", die frei verdeutscht 1799 in Schillers „Musenalmanach" veröffentlicht worden war. **Manufakturen:** Fabriken, Werkstätten.

**I 6 Kustode:** Verwalter einer Kunstsammlung oder eines Museums; **Maxime:** Grundsätze; **Beccaria:** Cesare, Marchese de Bonesana (1738–1794), italienischer Jurist und Schriftsteller. Besonders einflußreich war seine Schrift „Dei delitti e della pene" = „Von den Verbrechen und Strafen" (1788), die in 22 Sprachen übersetzt wurde und weltweite Bedeutung gewann. Beccaria übt leidenschaftliche Kritik am harten Strafrecht der Zeit, er fordert dessen Umgestaltung aus dem Geiste der Aufklärung und wendet sich gegen die Todesstrafe und Folter. In anderen Werken behandelt er volkswirtschaftliche Fragen aus aufgeklärtem Geist. **Filangiero:** Gaetano F. (1752–88), stellte das Ideal einer aufgeklärten Gesetzgebung auf. Goethe hatte ihn 1787 in Neapel kennengelernt. **„Unser Personal":** hier Hausgenossen; **Quodlibets:** willkürliche Zusammenstellung, hier verschiedenartige Waren. **Kreditiv:** Beglaubigungsschreiben; **„das irritiert":** es irritiert, verwirrt mich.

**I 7 Zwillings-Menächmen:** Menächmen sind Zwillinge, hier meint Wilhelm zwei völlig gleichartige Wesen. **William Penn:** (1644–1718), Quäker, Gründer Pennsylvaniens und der Stadt Philadelphia. **„den Orpheus und Lykurg spielen":** Orpheus = der thrazische Sänger, dessen Gesang auch die Tiere bewegte. Lykurg = der sagenhafte Gesetzgeber Spartas. Der Sinn der Redensart ist: den Kulturpionier spielen. **Irokesen:** Gruppe von Indianerstämmen zwischen dem St.-Lorenz-Strom und Ontario-See sowie dem Erie-See und dem oberen Alleghany-River.

**I 8 Kalkül:** Berechnung; **Topographie:** Länderkunde; **Homann'sche Offizin:** berühmte Nürnberger Druckerei des 18. Jahrhunderts, vor allem durch die Herausgabe von geographischen- und Kartenwerken bekannt. **„machte die Ehre des Hauses":** übernahm die gesellschaftlichen Aufgaben der Hausfrau;

**„von der schönen Insel":** die isola bella im Lago maggiore; **„der Anton Reiser":** hier ironische Anspielung auf den Helden des Romans „Anton Reiser" (1785–1790) von Karl Philipp Moritz (1757–1793); **fallieren:** Bankerott machen; **„drösele dir's nicht auf":** mundartlich löse die Knoten – das Problem – nicht auf.

**I 9 Wilhelm von Oranien:** (1659–1702), seit 1672 Erbstatthalter der Niederlande, verheiratet mit Maria, der Tochter des letzten Stuartkönigs Jakobs II. Als sich in England die parlamentarische Opposition gegen Jakobs Versuch einer Rekatholisierung erhob, wurde Wilhelm zu Hilfe gerufen, landete 1688 mit Truppen in England und wurde mit seiner Gemahlin 1689 als Wilhelm II. auf den englischen Königsthron erhoben (Glorious Revolution). **Stallverwandter:** Stallknecht; **Themis;** nach der griechischen Sage die Tochter des Uranus und der Gäa, Gemahlin des Zeus, Göttin der Sitte und Ordnung, Schützerin des göttlichen Rechtes und Sinnbild der Justiz; **Reposituren:** abgelegte Akten; **Faszikel:** Aktenband: **Reskript:** amtlicher Bescheid, juristische Verfügung; **Konzipient:** der abfassende Beamte; **Kanzleiverwandte:** Kanzleibeamte, Schreiber.

**I 10 didaktisch:** lehrhaft, die Unterrichtsmethode betreffend: **Apotheose:** Verherrlichung, eigentlich: Erhebung in das Götterreich, hier auf Makaries mystisches Verhältnis zum Sternbild der Venus bezogen. **Rubriken:** Inhaltsverzeichnisse.

**I 11 Partikulier:** hier: ein einzelner; **Kaution:** als Sicherheit vorausgezahlter Betrag; **„die Stillen im Lande"** Pietisten, auch: Sektierer; **absolviert:** Die Absolution (Lossprechung) in der Beichte erteilt.

## Zweites Buch

**II 2 a) Synchronistisch, b) symphronistisch:** a) gleichzeitig, zeitgleich, also der gleichen Zeit angehörend; b) ein von Goethe gebildetes Wort in der Bedeutung: sachlich übereinstimmend, inhaltsgleich.

**II 3 Arcana:** Geheimmittel; **Proselyten:** Neubekehrte, zu einer Religion oder Partei Übergetretene, Übergewechselte; **expedit:** rasch fertig, kein Freund von Umständen; **penelopeisch zaudernd:** Penelope, die Gemahlin des Odysseus, hielt die drängenden Freier damit hin, daß sie vorgab, erst ein Leichengewand für Laertes, den Vater des Odysseus, anfertigen zu müssen. Das am Tage Gearbeitete wurde aber nachts wieder aufgetrennt.

**II 4 Paraphrase:** Umschreibung; **Exaltation:** Überspanntheit; **Arachne:** im griechischen Mythos eine Lyderin, die im Wettstreit mit Athene ein kunstvolles Gewebe mit den Liebesabenteuern der Olympier anfertigte. Die darüber erzürnte Göttin verwandelte sie in eine Spinne. **Rabenhütte:** Jagd auf Raubvögel mit einem Raben als Lockvogel. **Vigor:** Lebenskraft: **negoziieren:** verhandeln.

**II 5 Psyche:** die Geliebte Amors, die ihn aus allzu großer Neugier weckte; **perem(p)torisch:** endgültig, meist im negativen Sinne; **„mit sich selbst befriedigt":** befriedet, das Innerste in Einklang gebracht.

**II 7 „zum großen See":** Lago maggiore; **„die geschmückteste Insel":** die isola bella; **präkonisieren:** lobpreisen; **„englische glänzende Permanentfarben":** lichtbeständige Lackfarben, die aus England bezogen wurden. **Hypochondrist:** Schwermütiger.

**II 8 „vorausprotestiert":** im voraus dargelegt; **Tabulettkrämer:** Hausierer, fliegender Händler.

**II 9 Bergfest:** Das Gespräch über die Entstehung der Gestalt der Erde gilt dem damals schwebenden Streit zwischen den Neptunisten (A. G. Werner, 1749–1817) und den Vulkanisten (J. Hutton, 1726–97). Dazu kamen die Revolutionisten, die alle Erscheinungen auf gewaltige Umwälzungen der Erde zurückführten, und die Meteoristen, die Einwirkung aus dem Weltall annahmen. Die Eiszeit wurde damals von einigen Forschern schon angenommen, die aber eine allgemeine Vereisung der Erde ansetzten; erst in der Folgezeit wurde die Diluvialformation erforscht und in ihrer regionalen Begrenzung erkannt. Goethe selbst war Anhänger des Neptunismus.

**II 10 Alkmene:** die Gemahlin des thebanischen Feldherrn Amphitryon. Durch Zeus, der ihr in der Gestalt des im Kriege weilenden Gatten erschien, wurde sie Mutter des Herakles.

**II 11 die haushälterische Matrone:** hier: die alte, sehr sparsame Haushälterin; **Jonkillen:** orangeduftende Narzissenart; **Surrogate:** Ersatzstoffe; **Fetisch:** Götzenbild.

In **„Betrachtungen im Sinne der Auswanderer":** **interkalieren:** ein- oder zwischenschalten; **veloziferisch:** mit erhöhter Geschwindigkeit; **halbschürig:** von der Wolle eines halbjährig geschorenen Schafes, minderwertig; **Lakonismus:** Kürze des Ausdrucks; **Tropen:** Bilder, Metaphern; **Korrelate:** Ergänzungen, Wechselbegriffe; **kricklig:** thüringische Mundart: tadelsüchtig, nörgelnd; **abstrus:** schwerverständlich, verworren; **kategorischer Imperativ:** in Kants „Kritik der reinen Vernunft" (1788, § 7): „Handle so, daß die Maxime deines Willens jederzeit als Prinzip (Grundgesetz) einer allgemeinen Gesetzgebung gelten könne". **Chromatik:** Farbenlehre; **Geognosie:** ältere

Bezeichnung für Geologie; **akkomodieren, assimilieren:** beides anpassen, beim ersten schwingt in Goethes Zeit noch die Bedeutung: sich aus Zweckmäßigkeitsgründen, Berechnung anpassen mit. **Lagrange:** Joseph Louis, (1736–1812), berühmter Mathematiker.

## Drittes Buch

**III 1 Reff:** Traggestell; **Enakskind:** sprichwörtlich für einen sehr großen und starken Menschen nach den Enakitern, einem vorisraelitischen Stamm in Südpalästina, der nach der Sage aus Riesen bestand (4. Mose, 13, 23–34 usw.) **Rotmantel:** Anspielung auf den Barbier im scharlachroten Mantel in dem Märchen „Stumme Liebe" von Johann Karl August Musäus (1735–1787). Seine im Geist der Aufklärung geschriebenen „Volksmärchen der Deutschen" erschienen 1782–86. Dem Rotmantel ist verboten zu sprechen, er kann nur dadurch erlöst werden, daß ein von ihm Barbierter ihm unaufgefordert den gleichen Dienst erweist. **Kanzleiverwandte:** Kanzleibeamte.

**III 2 Alfieri:** Vittorio Graf von A. (1749–1803), der größte italienische Tragödiendichter des 18. Jahrhunderts.

**III 3 Hesekiel:** eigentlich Ezechiel, Prophet in der babylonischen Gefangenschaft. **Elohim:** Plural von Eloah; für die Götter der Heiden gebraucht, aber auch als Pluralis maiestaticus von dem Gotte Israels, also: Gott, der Schöpfer. **Auferstehungsmänner:** Leichenräuber, die Leichen heimlich ausgruben, um sie an die Anatomie zu verkaufen. 1828 sprach man in aller Welt von einem Londoner Sensationsprozeß gegen die beiden Auferstehungsmänner Burke und Hare.

**III 4 Relation:** Bericht, Protokoll; **Gehre:** mundartlich für Stoffrest, auch Einsatz; **zusammengespettelt:** zusammengepfuscht.

**III 5 Sistrum:** altägyptisches Klapperinstrument, das sich mit dem Isiskult über das ganze Mittelmeergebiet ausbreitete. Es besteht aus einem Handgriff mit einem Metallbügel, gegen den beim Schütteln lose eingelassene Querstangen und Metallplättchen klirren. **Ambrosius Lobwasser:** (1515–1585); seine Übersetzung der französischen Psalmenbearbeitung von Marot und Beza wurde in die reformierten Gesangbücher aufgenommen.

**III 6 Eckwald:** so heißt der Zwergenkönig im Volksbuch vom gehörnten Siegfried. Den Titel wählte Goethe nach der altfranzösischen Sage von der Meerfee, die vom Gatten während des Bades in ihrer Nixengestalt entdeckt wird und in ihr Element zurückkehrt. Aus dem deutschen Volksbuch stammt auch die Schöpfungsgeschichte, nach der zuerst die Zwerge und die Drachen geschaffen wurden, worauf die Riesen folgten, die die Drachen erschlugen, aber die Zwerge unterdrückten, und schließlich die Helden, die Riesen und Drachen bekämpften und mit den Zwergen in guter Eintracht lebten. **Röntgen:** David (1745–1807), berühmter Kunsttischler in Neuwied, den Goethe wahrscheinlich auf der Rheinreise mit Lavater 1774 kennenlernte.

**III 8 Suiten:** in der Studentensprache: lose Streiche.

**III 9 Yorik:** der Held von Laurence Sternes (1713–1768) Roman „Eine empfindsame Reise durch Frankreich und Italien" (1768).

**III 10 alert:** flink, gewandt, auch: dienstbereit.

**III 11 Telegraph:** Goethe denkt wohl an die Übermittlung von Nachrichten durch Licht- oder Flaggensignale. Der Morse-Telegraph wurde erst 1837 erfunden.

**III 12 Kontignationen:** vorbereitetes, vorgezimmertes Holzwerk; **Pedanterei, Bocksbeutelei:** kleinliche Buchstabengerechtigkeit; Mangel an Energie, etwas tatkräftig auszuführen. **Gewerke:** hier in dem Sinne: Handwerkergruppe.

**III 13 Faktor:** Geschäftsführer; **Hallers „Alpen":** Albrecht von Haller, (1708–1777), Schweizer Arzt und Dichter, schrieb das philosophische Lehrgedicht: „Die Alpen", in dem er die verweichlichende Zivilisation der Städte dem Idyll der Alpenwelt entgegensetzt, aber auch dem aufklärerischen Nützlichkeitsprinzip huldigt. **Geßner:** Salomon G., (1730–1788), veröffentlichte 1772 die fünf Bände seiner Idyllen, schäferlich galante Szenen mit empfindsamen Naturschilderungen in einer kultivierten Prosa mit eigenen Illustrationen. Die naturbetrachtende Idylle mit besonderer Liebe auch zum Kleinen in der Natur war eine beliebte Dichtungsgattung des empfindsamen Zeitalters. **Kleist,** Ewald von K., (1715-1759), preußischer Offizier, als Major bei Kunersdorf verwundet und an dieser Wunde gestorben. Er schrieb 1745 das Gedicht „Der Frühling" nach dem Vorbild von Thompsons „Jahreszeiten". Mit dieser Hexameterdichtung bereitete er eine neue Empfindung und poetische Behandlung der Natur vor. **Bischof von Laodicea:** Anspielung auf den im Kolosserbrief 4, 15–17, erwähnten Brief des Paulus an die Gemeinde und den Bischof Archippus in Laodicea.

**III 14 kontagiös:** ansteckend; **ein Timon:** Timon von Athen, Sonderling aus dem 5. Jahrhundert v. Chr., als Typ des Menschenfeindes in der antiken Komödie verspottet, bekannt durch Lukians Dialog und Shakespeares Drama.

**III 15 Armillarsphäre:** altes astronomisches Gerät zur Messung der Himmelskoordinaten; **Zodiak:** Zodiakus = der Tierkreis; **Entelechie:** die lebensgestaltende geistige Kraft im Menschen, Lieblingsausdruck des alten Goethe aus der aristotelischen Philosophie.

**III 16 Liberalität:** Freigebigkeit.

**III 18 Kastor und Pollux:** die Dioskuren, Söhne der Leda und des Tyndaros von Sparta und des Zeus. Bei einem Streit mit einem anderen Zwillingspaar wurde der sterbliche Kastor getötet. Auf Bitten des unsterblichen Pollux erlaubte Zeus, daß die Brüder abwechselnd einen Tag auf dem Olymp und im Hades zubringen.

## 4. DER „KOLLEKTIVE URSPRUNG"

### Wilhelm

Am 18. Februar 1830 sprach Goethe gegenüber dem Kanzler Müller seinen Ärger darüber aus, daß sein Freund Rochlitz sich dagegen sträubte, bestimmte Eindrücke, die er durch den Roman empfangen habe, mitzuteilen und stattdessen „die alberne Idee" gefaßt habe, das ganze, das nur „ein Aggregat" sei, systematisch analysieren und konstruieren zu wollen. „Das Büchlein verleugnet seinen kollektiven Ursprung nicht, erlaubt und fordert mehr als jedes andere die Teilnahme an hervortretenden Einzelheiten", hatte Goethe selbst am 23. November 1829 an Rochlitz geschrieben. Unter „Aggregat" versteht Goethe die geordnete Zusammenfassung mehrerer gleichartiger oder verschiedenartiger Dinge.

Dabei tritt die Rahmenhandlung oft ganz zurück. Spranger schreibt in einem Vergleich von „Faust II" und den Wilhelm der „Wanderjahre": „Beide verlieren mit dem Fortgang des Werkes an konkreter Individualität. Wilhelm Meister ist es in den „Wanderjahren" nur der virtuelle Mittelpunkt eines weiteren Geschehens, welches das ganze Menschenleben selbst verkörpern soll". In zahlreichen verschiedenartigen Brechungen wird das Menschenleben in seiner ganzen individuellen und gesellschaftlichen Breite angeleuchtet, die verschiedenen Altersstufen für den einzelnen werden ebenso gedeutet wie das Leben der sozialen Schichten bei der Menschheit. Aber es gibt keine stoische Resignation, weil die Liebe immer als wirksamste Kraft im menschlichen Leben stark bleibt und aus ihr der Wille zur Tat entspringt. Aber dennoch geht es nicht mehr so sehr um den einzelnen als um den neuen Menschen schlechthin.

Die Gestalt Wilhelms verbindet die einzelnen Teile der Dichtung, wenn auch manchmal nur sehr lose, durch die Fiktion, daß er sie zur Kenntnis nimmt.

Er ist erneut auf der Wanderschaft, steht dabei sogar wenigstens zunächst unter dem strengen Gesetz, daß er sich an keinem Orte und unter keinem Dache länger als drei Tage aufhalten darf. Er beobachtet gleich zu Beginn des Romans ein Familienglück, wie man es von ihm und Natalie eigentlich nach dem Ende der „Lehrjahre" hätte erwarten können, ein Leben in zufriedener Beschränkung, zweckvoller Tätigkeit und reinster, hingebender Liebe bei „Sankt Joseph dem Zweiten". Dieser Abschnitt des Romans hat aber noch dadurch überhöhte Bedeutung, daß er das Handwerk in seiner höchsten Würde, im Spiegelbild der heiligen Familie, das sich in den Namen, Umständen und in der Umgebung, dem weltlich gewordenen ehemaligen Kloster mit seinen ehrwürdigen Bildern, kundgibt, zeigt und ihm damit die Weihe des Heiligen verleiht. Aber Wilhelm bleibt im Grunde der wißbegierige Beobachter, beteiligt und doch unbeeinflußt nimmt er die verschiedensten Eindrücke auf. Sein Leben gewinnt darüber keine Richtung, er entwickelt sich nicht, er wird entwickelt und geleitet und ist am Ende der gleiche, der er am Anfang war. Er geht Umwege, Kreuz- und Quergänge, endet immer wieder in Sackgassen wie in den „Lehrjahren", so auch in den „Wanderjahren". Alle Stationen auf seiner Wanderung sind mehr oder weniger Zufälle. Dann ist seine Wanderung zu Ende, oder vielmehr der Bericht über sie bricht ab, nachdem er immer schemenhafter geworden ist. Nun wird er völlig entrissen, er wandert aus, aber nicht aus eigenem Entschluß oder Notwendigkeit, sondern auf Beschluß der Freunde vom „Turm". Natalie ist ihm bereits vorausgereist, weil sie sich nicht von ihrem Bruder Lothario zu trennen vermag. Kein Wort wird darüber verloren, wie sich Wilhelm selbst zu dieser Auswanderung stellt. Seinen Weg tritt nun sein Sohn Felix an. Gegen Schluß des Romans, als die wundärztliche Kunst des Vaters den verunglückten Sohn wieder ins Leben zurückgerufen hat, heißt es von Vater und Sohn: „So standen sie fest umschlungen, wie Kastor und Pollux, Brüder, die sich auf dem Wechselwege vom Orkus zum Licht begegnen". Als er den schlafenden Sohn, der eben gerettet wurde, betrachtet, ruft er aus: „Wirst du doch immer aufs neue hervorgebracht, herrlich Ebenbild Gottes! und wirst sogleich wieder beschäftigt, verletzt, von innen oder von außen."
Wilhelm ist streng genommen bei allem redlichen Bemühen kein Charakter und deshalb unfähig zur Tat. Er ist, wie Goethe einmal zu Eckermann sagt, „ein armer Hund". Goethe knüpft daran aber die Bemerkung: „nur an solchen (armen Hunden) lassen sich das Wechselspiel des Lebens und die tausend verschiedenen Lebensaufgaben recht deutlich zeigen." Damit aber ist auch die Intention umrissen, die Goethe bei den „Wanderjahren" leitete. Wilhelm steht unter dem Gesetz der Entsagung, die indessen nicht Resignation bedeutet, sondern den Schritt in ein begrenztes tätiges Leben. Der zur Tat Unfähige wird auch in diesem neuen Leben im Hinter-

grund bleiben, beobachten, aber auch nützen. Mit der Kunst des Wundarztes, die er sich angeeignet hat, wird er Seite an Seite mit Natalie, deren Wesen Hilfsbereitschaft ist, die allerdings in den „Wanderjahren" völlig ins Schemenhafte versinkt, die Wunden derjenigen heilen und pflegen, die sich der Tat widmen. Es ist ihm nicht gegeben, die Welt und ihre neue Ordnung tätig mitzugestalten, aber er kann der Gemeinschaft nützen. Damit hat er seinen begrenzten Standort in der neuen Ordnung erreicht, er hat seine spezielle Lebensaufgabe, ohne sich für sie wandeln oder entwickeln zu müssen

**Felix und Hersilie**

Das Leben Wilhelms aber erneuert sein Sohn Felix. Er treibt den in der Entsagung erstarrten Vater voran, der auch als Lehrender immer der Lernende bleibt. Dann wird er in die Zucht der „Pädagogischen Provinz" gegeben und bleibt dort dennoch, der er war, das rasche, wißbegierige, eigenwillige Kind, das in den „Lehrjahren" dem Vater die Richtung gab, gegen dessen „Unarten" er machtlos blieb, und der ungestüme, eroberungswillige und selbstbewußte Jüngling, dem es dann als Herangewachsenen nicht mehr so gut geht wie als Kind, das gerade durch seine Unart vor dem Schicksal des Gifttodes bewahrt bleibt. Wenn auch nur in wenigen Kapiteln hervortretend ist seine Liebe zu Hersilie durch den ganzen Roman geführt. Nur wenig wird direkt dargestellt, das meiste erfahren wir aus Briefen Hersilies an Wilhelm.

Auf den ersten Blick verliebt sich der Knabe Felix in die bereits herangewachsene Hersilie. Aber das ist doch nicht nur kindliche Schwärmerei für Schönheit und Liebenswürdigkeit, mit dem sicheren Gefühl des reinen Menschen erkennt Felix die Einsamkeit des Mädchens in seiner so wohl berechneten und ausgedachten Umwelt, in der sich Hersilie fühlt wie die „pilgernde Törin" der Novelle, die sie Wilhelm als Nachtlektüre überläßt. Diese geheimnisvolle „Törin" bewahrt ein Geheimnis, sie hat alle wunschenswerten Tugenden, ist liebenswürdig, tüchtig, künstereich, dabei freundlich, aber auch zurückhaltend, sich ihrer Grenzen bewußt. Aber das Geheimnis, das sie umgibt, darf niemand lüften, auch der Leser erfährt nicht, was es mit dem Geschehen in der Mühle, von der sie frivol singt, auf sich hat, sie ist da, liebenswürdig, verehrenswert, geliebt und umworben, und eines Tages ist sie, die, als sie sich zwischen die Liebe von Vater und Sohn gestellt sah, vergeblich darum rang, ihr Geheimnis zu bewahren, die befürchten muß, es entrissen zu sehen, verschwunden. War sie wahnsinnig, war sie nur unglücklich? Die Frage bleibt offen, das Leben behält sein Geheimnis.

So lebt auch Hersilie, geliebt, geschätzt, umhegt, aber fremd. Ihr Leben in persönlicher Freiheit ist in dieser Umwelt, in der alles eingeordnet ist, nur im Widerspruch möglich. „Die ganze Welt wirft mir vor", schreibt sie an Wilhelm, „ich sei ein launig wunderliches Mädchen. Mag ich's doch sein, so bin ich's ohne mein Verschulden". Schlechta charakterisiert ihr Verhältnis nach der Begegnung mit Wilhelm und Felix: „Nicht nur in Felix, selbst noch in Wilhelm erahnt und spürt sie die Wärme und das Glück eines bisher nur im Widerspruch geführten Lebens. Vater und Sohn verschwimmen ihrer sehnsüchtigen Phantasie zu einem Wesen. Wilhelm zieht sie als Altersgenosse an; Felix reißt sie durch die Glut seiner jungen Liebe fort: „Es ist mir, als ob sein Bild sich mir in die Augen hineinbohrte." (S. 148). Sie vergleicht sich mit Alkmene, „die von zwei Wesen, die einander vorstellen, heimgesucht wird". Aber der, den sie sucht, Wilhelm, ist Natalies Mann, ihm begegnet sie zwar offen, die Antwort aber wird ausweichende Parade. Ihre Abgeschlossenheit und die Haltung der Abwehr, die sie einnahm, um sich zu bewahren, ließen sie den Anschluß verpassen. Nun kommt mit der Liebe des jungen Felix ein neues erregendes Erlebnis auf sie zu. Sie erinnert sich, „daß es nichts Seltenes sei, in diesem Alter nach älteren Frauen sich umzusehen. Fürwahr, es gibt eine geheimnisvolle Neigung jüngerer Männer zu älteren Frauen". Vorher schon hatte sie überlegt: Mit meinen zeitgebürtigen Verehrern hat es mir niemals recht glücken wollen; es scheint, daß die folgende Generation mich nächstens entschädigen will."

Verstärkt aber wird diese geheimnisvolle Bindung des Jünglings an das ältere Mädchen durch die Allegorie des Kästchens, das Felix unter so wunderbaren Umständen fand, und dessen Schlüssel auf nicht weniger wunderbare Weise zu Hersilie kam. Sie fühlt, daß dieses Kästchen mit dem magnetischen Schlüssel eine geheimnisvolle Verbindung zwischen ihr und Felix schafft. Sie liebt den „Stallmeister", als der Felix aus der „Pädagogischen Provinz" auf ungesatteltem Pferde angeritten kommt. Aber die Natur steht gegen sie. Als Felix das Kästchen kurzerhand öffnen will, bleibt ihm der Schlüssel abgebrochen in den Händen. Aber er will nicht Sinnbild und Allegorie, er will das Leben. „Ich habe nichts vom Kästchen noch vom Schlüssel", ruft er aus, „dein Herz wünscht' ich zu öffnen, daß es sich mir auftäte, mir entgegenkäme, mich an sich drückte, mir vergönnte, es an meine Brust zu drücken." Er faßt sie in seine Arme, küßt sie, und sie gibt seine Küsse zurück. „Es ist doch sehr schön, einen Glücklichen zu machen", berichtet sie an Wilhelm, fährt aber fort: „Ich riß mich los, die Kluft, die uns trennt,

erschien mir zu deutlich; statt mich zu fassen, überschritt ich das Maß, ich stieß ihn zürnend weg, meine Verwirrung gab mir Mut und Verstand; ich bedrohte, ich schalt ihn, befahl ihm, nie wieder vor mir zu erscheinen; er glaubte meinem wahrhaften Ausdruck." Und mit dem ganzen Trotz der Jugend, der „Alles-oder-Nichts-Wendung dieses Alters" (Spranger, S. 104) erklärt er: „Gut, so reit' ich in die Welt, bis ich umkomme." Und nun sucht alles besorgt nach ihm, dessen Sturz vom Pferd und glückliche Rettung durch den zum Wundarzt ausgebildeten Vater den Roman abschließt.
Gewiß endet Hersilies Brief an Wilhelm: „Ich weiß nicht, ob ich den Tag segnen oder fürchten soll, der uns wieder zusammenführt." Das deutet die Möglichkeit einer Fortsetzung an. Aber der kundige Goldschmied, der das Kästchen, das geheimnisvolle Sinnbild der Liebe zwischen Hersilie und Felix zu öffnen vermochte, das sich nur dem Kundigen öffnet, drückt es gleich wieder zu „An solche Geheimnisse sei nicht gut rühren", meinte er nach Hersilies Bericht. Das Rätsel des Kästchens bleibt ungelöst wie das Rätsel des Lebens. Der Leser ist am Ende genau so klug, wie er am Anfang war. Es führt nicht weiter, Überlegungen darüber anzustellen, wie die Geschichte weitergehen könnte, vielleicht sogar ein glückliches Ende, eine brave Ehe zwischen den beiden von Natur getrennten Liebesleuten zu erschließen. Das geht an Goethes Intention vorbei. Wir sind in einer Welt, der Entsagung zum obersten Gesetz wurde, in der sich die Probleme nicht so leicht, vielleicht überhaupt nicht mehr lösen. Auch eine Vereinigung von Felix und Hersilie kann von dem Grundthema des Romanes her, der Einordnung des einzelnen in einen festen und begrenzten Lebenskreis und in den Dienst an der Menschheit, keine Lösung sein, es bleibt das Rätsel, das Geheimnis.

## „Der Mann von fünfzig Jahren"

Das Problem Felix-Hersilie wird in der Novelle „Der Mann von fünfzig Jahren" in doppelter Weise angeleuchtet. Es geht einmal um die Liebe eines jungen Mädchens zu dem älteren Manne, der gleichzeitig der Vater des ihm zugedachten und nach allerlei Vermögensmanipulationen auch zugerechneten Bräutigams ist, und zum anderen um die überhitzte Leidenschaft dieses Sohnes zu einer ebenso schönen, wie reifen, aber auch koketten Witwe. Zweimal hat sich die natürliche Gegebenheit, die nun einmal zwischen Menschen, die von der Natur für einander bestimmt scheinen, mögliche Liebe nach falscher Richtung eingestellt und beherrscht alles Denken und Fühlen. Da sich die äußeren Verhältnisse bei diesem Wechsel nicht ändern, scheint alles geordnet. Der Major verlobt sich mit seiner ebenso schönen wie liebenswürdigen Nichte Hilarie, und Flavio, der Sohn, umwirbt die reiche Witwe und hofft. Aber der Major bleibt nicht, der er war. Er versucht mit Hilfe eines kosmetischen Kammerdieners, den ihm ein Freund, der Schauspieler ist, überlassen hat, die Jugend künstlich, ja krampfhaft zu konservieren und alle Spuren seines Alters zu verdecken, er möchte die Natur durch Künste überlisten. Zweifellos kann das kaum der Weg sein, Hilarie zu überzeugen, deren Liebe gerade seiner reifen Männlichkeit galt, aus der Ehrfurcht und Bewunderung seines vollen Mannestums entstanden war.

Noch weiß der Sohn nichts. Dessen Liebe zu der schönen Witwe aber erspart dem besorgten Vater und seinem schlechten Gewissen manche Peinlichkeit, die Ironie der umgekehrten Situation triumphiert. Im Grunde konnte es beiden, wie sie glauben, gar nicht besser kommen. Die schöne Witwe aber, der der Major einen Besuch macht, um seines Sohnes Flavio Aussichten zu erkunden, faßt eine sehr eindeutige Neigung zu dem reifen Manne, er wird als Dichter hochgeehrt. Gleich nach seiner Rückkehr ins Quartier setzt er sich nieder, um seiner Schwester, der Mutter Hilaries, alles zu berichten. Diese gibt seinen etwas exaltierten Brief an die Tante Makarie weiter. Deren Antwort ist kurz und erschöpfend. Sie unterscheidet zweierlei Koketterie, eine vorsätzliche und reflektierte und eine aus „einem gewissen glücklichen Naturell", „eine aus der Unschuld entspringende Verwegenheit", und nur diese zweite ist gefährlich.

Makarie verneint also damit im Grunde die Natur, die Koketterie, also das weibliche Werben um die Gunst des begehrten Mannes aus Liebe und Leidenschaft. Aber sie billigt die Anwendung der Mittel dieser Koketterie aus Berechnung und Zweckmäßigkeit. Sie fürchtet, daß die schöne Witwe unter dem Zwang dieser unwiderstehlichen Natur steht, also die „aus der Unschuld entspringende Verwegenheit" hat. Weil sie später diese Natur verleugnet, ihr Wesen der Zweckmäßigkeit unterordnet, die Vernunft statt der Gefühle walten läßt, wird sie Makaries erkorener Liebling, während die spontan gebliebene, auch in ihrer verbürgerlichten Mütterlichkeit und ihrem dem Nützlichkeitsdrange folgenden Zuschneiderinnendasein noch immer gefühlsbestimmte Philine nur deshalb gütig behandelt und gesegnet wird, damit man sie umso eher los wird. Makarie sieht die Sitte also nicht als religiöse, von Zweck und Nutzen unabhängige Verpflichtung an, sondern sie ordnet sie in die Zweckmäßigkeit der neuen Weltordnung ein, sie macht sie zum Werkzeug des „Turmes", wie noch gezeigt werden soll. Nicht vom Ethischen her, sondern vom Sozialen hat das Sittliche seinen Grund, es wird vom Nützlichkeitsdenken her relativiert.

Für den Major und Flavio aber geht die tragikomische Verwicklung aus der doppelten Verirrung weiter. Der Major fühlt sich in den Zustand des Bräutigams ein. Im Schlosse ist alles in Erwartung, die Mutter Hilaries, die immer besonders eng an ihrem Bruder hing, freut sich, noch enger mit ihm verbunden zu werden, nämlich als Schwester und Schwiegermutter. Hilaries reiche Aussteuer wird vorbereitet, Mutter und Tochter leben in der Atmosphäre froher Zukunftshoffnung und der Sicherheit, „mit der sie umgebenden Klarheit, mit einer wohltätigen Wärme, mit dem behaglichsten Zustand ins Gleiche gestellt." In dieses Idyll aber bricht das Verhängnis ein. Flavio, der sich der schönen Witwe stürmisch erklärte, wurde, was der Leser längst ahnte, abgewiesen, unmißverständlich und unwiderruflich. Wie der von Hersilie abgewiesene Felix wirft er sich aufs Pferd und bricht nun als Halbwahnsinniger in das trauliche und hoffnungsfrohe Idyll ein. Er sucht den Vater, findet ihn nicht, will weiter, ist aber zu geschwächt, um nicht zum Gastzimmer gedrängt werden zu können, wo man ihn wegen seiner allzu großen Hitze erst einmal zur Ader läßt, worauf er dann einschläft. Der Dichter kennzeichnet diesen Einbruch der verzweifelten Jugend in die Sicherheit geordneter Zustände: „Mutter und Tochter standen erstarrt, sie hatten Orest gesehen von Furien verfolgt, nicht durch Kunst veredelt, in greulicher Wirklichkeit, die im Kontrast mit einer behaglichen Glanzwohnung im klarsten Kerzenschimmer nur desto fürchterlicher schien."

Aber das Mitleid, das Hilarie mit dem unglücklich Liebenden empfindet, macht ihn ihr interessant, das Mitleid wird zum Mitgefühl und daraus erwächst dann, je mehr Abstand Flavio von den harten Erlebnissen gewinnt, eine Vertraulichkeit zwischen beiden, die langsam in Liebe übergeht. Die Lust und Kraft der Jugend findet zueinander, und gemeinsame Erlebnisse bei der Rettungsarbeit für von der Flut Abgeschnittene verbinden sie umso fester. Der folgende Frost, der das Vergnügen des Eislaufes ermöglicht, nähert sie in unschuldigem Spiel und Tanz einander weiter, ohne das ein Wort darüber gesprochen wird: „Der volle Mond stieg zu dem glühenden Sternenhimmel herauf und vollendete das Magische der Umgebung. Sie sahen sich wieder deutlich und suchten wechselseitig in den beschatteten Augen Erwiderung wie sonst, aber es schien anders zu sein. Aus ihren Abgründen schien ein Licht hervorzublicken und anzudeuten, was der Mund weislich verschwieg."

Dieses stumme Glück aber entdeckt zufällig der Major. Hilarie stürzt im ersten Schreck, Flavio kniet vor ihr nieder und birgt das schöne Haupt in seinem Schloß. Die Folgen werden weittragend. Die bisher an Vereinigung gewöhnte Familie hält sich bestürzt auseinander. Aber der Major beginnt nachzudenken. Er wird sich des väterlich-fürsorglichen Grundtones seiner Neigung zu Hilarie bewußt, und er überdenkt auch den Ratschlag seines kosmetischen Schauspieler-Freundes „daß für einen Mann in gewissen

Jahren das sicherste kosmetische Mittel sei, sich des schönen Geschlechts zu enthalten." Aber „der Übergang von innerer Wahrheit zum äußeren Wirklichen ist im Kontrast immer schmerzlich", schreibt Goethe. Es scheint keinen Übergang zu geben, es bleibt nur der Rückweg vom unsicher Schwankenden zum unerbittlich Endgültigen, vom freien Leben zur Entsagung. Dem Major fällt ein eigenes Gedicht in die Hände, in dem er dem Sinne nach geschrieben hatte: „Der Liebeswahn des Alters verschwindet in Gegenwart leidenschaftlicher Jugend; die Fichte, die im Winter frisch und kräftig erscheint, sieht im Frühling verbräunt und mißfarbig aus neben hellaufgrünender Birke." Doch Goethe führt aus: „Wir wollen weder Philosophie noch Poesie als die entscheidenden Helferinnen zu einer endlichen Entschließung hier vorzüglich preisen; denn wie ein kleines Ereignis die wichtigsten Folgen haben kann, so entscheidet es auch oft, wo schwankende Gesinnungen obwalten, die Waage dieser oder jener Seite zuneigend." Dem Major war ein Vorderzahn ausgefallen, in diesem einen Punkt, der peinlichen Zahnlücke, konzentrierte sich nun alles, hier war unmißverständliche Wirklichkeit. Es erschien ihm unmöglich, mit einem solchen Mangel um ein junges Mädchen zu werben. Dieser kleine, eigentlich komische Vorfall entschied, wo Gefühl und Vernunft nicht weiter kamen. Der Major entschließt sich zum Verzicht. In vernünftigem Gespräch mit der Schwester findet er, „daß sie eigentlich nur durch einen Umweg ans Ziel gelangt seien, ganz nahe daran, von dem sie sich zufällig, durch äußeren Anlaß, durch Irrtum eines unerfahrenen Kindes verleitet, unbedachtsam entfernt." Von Anfang an waren Flavio und Hilarie für einander bestimmt. Der Kreis ist geschlossen, alles ist wieder, wie es am Anfang war, klar, vernünftig, geordnet.

Aber das Leben ist nicht vernünftig, der Verständige überwältigt das Gefühl nicht immer. Hilarie weist in gekränktem Stolz den Vorschlag der Mutter zurück, die Bräutigame kurzweg zu tauschen, den Sohn für den Vater zu nehmen. Sie glaubt nun, auf beide Liebhaber verzichten zu müssen. „Der Dichter versichert zwar ausdrücklich, daß er sich nicht mit Worten auszuführen getraute, was Hilarie bewegt", schreibt Schlechta (S. 193) dazu, „aber es ist nicht schwer zu erraten, was unsere Heldin in der Tiefe kränkt: sie verträgt es nicht, sich über sich selbst so getäuscht zu haben, so überwältigt worden zu sein." Aber ihr Entschluß wirkt nur retadierend. Makaries Einfluß auf die schöne Witwe kommt der Entscheidung zu Hilfe. Auf abenteuerliche Weise bittet die schöne Witwe den Major zu sich in einen einsamen Gasthof und übergibt ihm den Briefwechsel zwischen der Baronin und Makarie. Diese sieht das Äußere als Folge von Zufälligkeiten an, „kaum zu tadeln, vielleicht zu verzeihen." Über die Leidenschaft Flavios für Hilarie und die so unerwartet anwachsende Neigung des jungen Paares meint Makarie, daß hieraus noch „eine sittliche Besserung" entstehen müsse. Gleichzeitig aber erkennt sie das „himmelschöne Innere" der schönen Witwe an.

Hilarie und die Witwe entsagen zunächst. Sie gehen auf Reisen. Am Lago maggiore finden wir sie wieder, wo sie mit Wilhelm und seinem Malerfreund zusammentreffen. Er faßt eine von vornherein zur Entsagung bestimmte wehmütige Neigung zu Hilarie. Eine eigenartige, seltsam schwebende, aber auch verspielte Stimmung herrscht über dieser Begegnung. „Alles ist vergeistigt, aber auch verniedlicht" (Schlechta S. 194), selbst die Erinnerung an Mignon wird zur Staffage malerischer Komposition. Es ist eine Stimmung müder Schönheit und friedvollen Vergessens, die Hilarie und die schöne Witwe zur Genesung, zu sich selbst, zur Selbstfindung vorbereitet und sie in das neue Leben, das in diesem Falle das alte ist, führt. Beiläufig erfährt der Leser später, das Flavio doch Hilarie und der Major die schöne Witwe heiratete. Hilarie hat sich durch Läuterung „Verzeihung einer allzu großen Leichtigkeit von Interesse zu Interesse übergehend zu wechseln" erworben. Der einzige, der völlig unberührt und ungerührt aus der Geschichte hervorgeht, bleibt Wilhelm, aber er ist längst schon kein Handelnder mehr, er fügt sich nur dem Gebot des „Turmes", als Persönlichkeit ist er völlig verblaßt.

**„Nicht zu weit"**

Eine dritte Läuterung zur Tat durch das Unglück in der Liebe finden wir in der Novelle „Nicht zu weit", die in die Haupthandlung überführt wird. Odoardo, der Sprößling eines alten Hauses, hochbegabt und wohl gebildet, hatte eine glänzende Karriere gemacht. Seine großen beruflichen Erfolge veranlaßten den ersten Minister, ihn mit seiner Tochter Albertine, einem „Frauenzimmer von der heitersten Schönheit und gewandt in allen gesellschaftlichen Tugenden" zu vermählen. Aber kein Glück ist vollkommen. Odoardo kam in Verdacht einer nicht unerwiderten Neigung zu der Prinzessin Sophronie, die als Mündel am fürstlichen Hofe erzogen wurde, und die er einmal in einem Gedicht als „Aurora" leidenschaftlich gefeiert hatte. Dazu kam die Unvorsichtigkeit der Prinzessin, die Hartnäckigkeit, mit der sie den Neckereien ihrer Gespielinnen entgegnete, sie müsse keine Augen haben, wenn sie für Vorzüge wie die Odoardos blind sein sollte. Wenn auch Sophronies Ansprüche und Erbe an den Fürsten fielen, so blieben ihr doch beträchtliche persönliche Besitzungen und auch mancher Anhang. Deshalb hatte man ausgedacht, daß alle Schwierigkeiten am sichersten behoben würden, wenn man sie mit dem Erbprinzen verheiratete, der nur den einen Fehler hatte, sehr viel jünger zu sein als die Prinzessin. Für die Abneigung Sophronies gegen diesen Plan glaubte man Odoardo verantwortlich. Seine Heirat beschwichtigte den Verdacht, aber die Staats- und Erbschaftsverhältnisse wurden behutsam weiter erörtert und verfolgt. Man mußte dabei viel Rücksicht auf den alten König des Nachbarlandes nehmen, der mit Sophronie verwandt und ihr besonders günstig gesinnt war, umso mehr als man von ihm eine Einwirkung im Sinne der höfischen Heiratspolitik erwartete. Man war sich vorläufig darüber einig geworden, daß man warten wolle, bis der Erbprinz älter geworden war. Als Odoardo aber einmal eine „bloß zeremonielle Sendung" zu dem königlichen Nachbarn auszuführen hatte, wurde die Sache unerwartet wieder aufgerührt und Odoardo geriet in den Verdacht, diese unerwünschte Erörterung einer schwierigen Frage angeregt zu haben. Wohl konnte er seinen Schwiegervater davon überzeugen, daß er darin völlig unschuldig war, und damit wehrte er auch die schlimmsten Folgen von sich ab. In der Residenz aber wollte man ihn nicht mehr, nur dem Einfluß des Schwiegervaters verdankte er, daß er als Statthalter in eine entlegene Provinz versetzt wurde. „Der überlegene und vollkommen beherrschte Mann hatte wohl die Absicht gehabt, jene leise Inklination (die Neigung zu Sophronie-Aurora), die ohnedies schon Übles genug mit sich gebracht hatte, in einem ruhigen und behaglichen Familienleben zu vergessen." (Schlechta S. 196).

Aber diese Rechnung hatte Odoardo ohne seine Frau gemacht, „welche nur in größeren Zirkeln ihre Existenz fand und ihm nur später notgedrungen folgte." Aus zarter Rücksicht suchte ihr Odoardo alles zu ermöglichen, was ihr das Leben in der Provinz erträglich machen sollte, er begünstigte alle Surrogate ihrer bisherigen Glückseligkeit, des Sommers Landpartien in der Nachbarschaft, im Winter ein Liebhabertheater, Bälle und was sie sonst einzuleiten beliebte. Ja, er duldete einen Hausfreund, einen Fremden, der sich seit einiger Zeit eingeführt hatte, ob er ihm gleich keineswegs gefiel, da er ihm durchaus, bei seinem klaren Blick auf Menschen, eine gewisse Falschheit anzusehen glaubte."

Diese ganze Entwicklung ist vom Dichter nur skizziert, wie überhaupt diese Novelle zum Teil als Ich-Erzählung Odoardos, zum Teil als vorgebliche Niederschrift Friedrichs nach der Erzählung wiedergegeben wird. Es ist auch die Technik der Rückblende angewendet, die Handlung beginnt gleich an einem Höhepunkt der Verwicklung, die Voraussetzungen werden dann später stückweise aufgeklärt. Zu Beginn der Novelle finden wir Odoardo mit den Kindern bei der Vorbereitung für die Geburtstagsfeier der Mutter. Es müßte ein wahrhaft rührendes bürgerliches Familienidyll voll Innigkeit und Herzlichkeit werden, wenn die Mutter nur käme. Sie weilt auf einer Gesellschaft und hat versprochen, am frühen Abend zurückzukehren. Odoardo kann nicht wissen, daß sie ausnahmsweise unfreiwillig säumt, daß sie durch einen Unfall des Wagens bei der Heimkehr aufgehalten wurde. Ihm wird sein ganzes Elend bewußt, die verfehlte Ehe, die nur im Glanz des gesellschaftlichen Lebens der Residenz galt, seine vergebliche Hoffnung auf das verlockende Familienglück. Für unser modernes Empfinden müßte er sich nun umso sorgsamer der armen Kinder annehmen, die bei der Oberflächlichkeit und Vergnügungssucht der Mutter vernachlässigt werden, ohne Mutterliebe aufwachsen. Aber so weit dachte man in jener Zeit nicht, das eigene Leiden stand im Vordergrund, man genoß es, und so eilt Odoardo in seiner Enttäuschung schließlich aus dem Hause und sucht in einem Gasthof Zuflucht. Weil aber das Erscheinen des Statthalters in einem Gasthof zu so später Stunde Aufsehen erregen muß, erfindet er das Märchen, er erwarte Freunde und wollte sich nur erkundigen, ob sie bereits eingetroffen seien. Als der Kellner verneint, hält er das Märchen aufrecht, läßt sich ein Zimmer zuweisen, um an Ort und Stelle die Ankunft der Freunde abzuwarten und geht erregt ruhelos auf und ab, nachdem er nicht versäumt hat, das Märchen dadurch glaubhafter zu machen, daß er die Vorbereitungen für die Ankunft der angeblichen Freunde treffen läßt und, was am meisten überzeugt, dafür bezahlt.

Die gute Haushälterin aber schickt ihm den Monolog nach: „Sie kann es nicht lassen. Wenn sie nicht immer Menschen, Männer um sich sieht, wenn sie nicht hin- und widerfährt, sich an- und aus- und umziehen kann, ist es als wenn ihr der Atem ausging. Heute an ihrem Geburtstag fährt sie früh aufs Land. Gut! Wir machen indes hier alles zurecht; sie verspricht heilig, um neun Uhr zu Hause zu sein; wir sind bereit . . . aber sie kommt nicht Der Herr hat viel Gewalt über sich, er verbirgt seine Ungeduld, sie bricht aus. Er entfernt sich aus dem Hause so spät. Warum, ist offenbar; aber wohin? Ich habe ihr oft mit Nebenbuhlerinnen gedroht, ehrlich und redlich. Bisher hab' ich am Herrn nichts bemerkt, eine Schöne paßt ihm längst auf, bemüht sich um ihn. Wer weiß, wie er bisher gekämpft hat. Nun bricht's los, diesmal treibt ihn die Verzweiflung, seinen guten Willen nicht besser anerkannt zu sehen, bei Nacht aus dem Hause, da geb' ich alles verloren. Ich sagt' es ihr mehr als einmal, sie solle es **nicht zu weit** treiben."

Als Odoardo in innerem Kampf auf- und abgeht, hört er plötzlich ein Posthorn. Ein Herrschaftswagen fährt vor, für die Leute vom Gasthof sind seine erwarteten Freunde eingetroffen. Vergebens schärft er dem eifrigen Kellner ein, nichts von seinen Vorbereitungen zu verraten. Zwei Damen, eine ältere und „eine mittlere von unglaublicher Anmut" sind angekommen und genießen dankbar die Behaglichkeit, die ihnen Odoardos eigentlich als Verlegenheitsausrede gebrauchte Vorsorglichkeit ermöglicht. Natürlich wollen sie wissen, wer ihnen diesen herzlichen Empfang bereitet hat. Der Kellner bemüht sich, nichts zu verraten. Aber die Damen drohen schließlich, sie würden den fürsorglichen Freund hinter dem sie einen alten Oheim vermuten, auf seinem Zimmer aufsuchen. Bewegt, wie er ist, und in der Sehnsucht nach etwas anderem, etwas Fremdem entschließt sich Odoardo schließlich die Damen zu besuchen. Er hofft, im heiteren Gespräch alles aufklären zu können, sich selbst zu zerstreuen, und doch ist ihm „als ging er einem bekannten ahnungsvollen Zustand entgegen." Als er eintritt, tut die sehr Schöne einen Schrei und wirft sich der älteren an den Hals. Odoardo erschrickt. Das nächtliche Abenteuer seiner enttäuschten Ehe führt ihn unerwartet zu einer leidenschaftlichen Begegnung mit Sophronie-Aurora. Dem Leser bleibt kein Zweifel, wohin Odoardos Herz in Wahrheit neigt, daß der Verdacht, den man bei Hofe gegen ihn hegte, wohlbegründet war, und daß seine Ehe mit Albertine im Grunde nur der Versuch war, Schutz vor sich selbst, dem eigenen Inneren zu finden. Wenn Albertine aus Oberflächlichkeit und Überschätzung des Äußerlichen schuldig wurde, sich als zu echter Liebe und Hingabe unfähig erwies, so ist dennoch auch Odoardo trotz seines redlichen Bemühens an der Ehe schuldig geworden, er nahm diese Frau nicht aus dem Gefühl und Bewußtsein einer echten, schicksalsbestimmten und unauflöslichen inneren und äußeren Gemeinschaft. Jetzt nach der erneuten Begegnung auf seiner wahren und dauerhaften Liebe ist er **zu weit** gegangen, um jemals wieder zu seinem vorherigen Leben zurückkehren zu können.

Albertine aber mußte bei dem Unfall, der ihre Verzögerung verursachte die schmerzliche Erfahrung machen, daß der Hausfreund eine andere liebt, ihre bisher für völlig harmlos und ungefährlich gehaltene Freundin Florine. Nur für sie hatte er bei dem Unfall noch Gedanken, für sie allein suchte er Hilfe. Albertine ließ er unbeachtet in dem umgestürzten Wagen stecken, die Bedienten mußten ihr heraushelfen. Diese Situation, in der sich die Liebe bewähren mußte, zeigt ihr deutlich, daß der Freund sie nur dazu gebrauchte, sich ungestört der verräterischen Freundin nähern zu können. Aber nun ist es zu spät, sie **ging zu weit,** es gibt nach diesem Abend, da der Gatte enttäuscht das Haus verließ, keinen Weg zurück mehr.

Die Novellen und darunter besonders eindrucksvoll „Nicht zu weit" zeigen, daß „Vernunft, Sitte und Koketterie gleich gut sowohl an der sublimsten als auch an der simpelsten Form der Liebe scheitern", schreibt Schlechta (S. 197). Gewiß hat Albertine die Grenze des noch Möglichen und Tragbaren überschritten, „aber", so fragt Schlechta, „liegt nicht die eigentliche, die kaum merkbare Überschreitung viel weiter zurück? Steht nicht hinter dem allzumenschlichen „nicht zu weit" das dämonische „überhaupt nicht"? Aber dies zu wissen, geht anscheinend über unsere Kraft. Denn sobald wir es wissen, ist es zu spät; und gerade in unserer Vorsicht knüpfen wir die Schlinge, die uns später – wenn wir reif sind – fangen wird."

Für Odoardo aber bringt dieses Scheitern an der Ordnung im Kleinen, im Persönlichen eine neue Entwicklung, die Entsagung an die persönlichen Wünsche, das eigene Glück. „Nun fühlt er sich fähig – oder verzweifelt genug – für ein umfassenderes Tun." Er nimmt das Schicksal anderer in die Hand, er wird seiner abgelegenen Provinz ein wahrer Landesvater im Kleinen, ein zuverlässiger und fürsorglicher Hausvater. Er fühlt sich dabei, wie er in seiner Ansprache an die Wanderer (III, 12) sagt, noch ganz isoliert, „denn das wahre Große hebt uns über uns selbst hinaus und leuchtet uns vor wie ein Stern; aber die Wahl der Mittel ruft uns in uns selbst zurück, und da wird der einzelne gerade wie er war." Es gehört zum Wesen des Großen, daß es dem einzelnen, sobald es realisiert werden soll, die volle Verantwortung zuweist, da es vorläufig noch einmalig ist, ein anderer aber nur dort die Verantwortung übernehmen kann, wo ihm die Erfahrung die Berechnung von Ein- und Ausgang ermöglicht. Und darum erkennt Odoardo: „Das Jahrhundert muß uns zu Hilfe kommen, die Zeit an die Stelle der Vernunft treten, und in einem erweiterten Herzen der höhere Vorteil den niederen verdrängen." Darum nimmt er diejenigen von den Wanderern, die nicht nach Übersee gehen wollen, auf und schafft ihnen neue soziale Bedingungen, die sie fest in den Verband des von ihm verwalteten Landesteiles einordnen.

### „Die neue Melusine"

Den Namen des Märchens „Die neue Melusine" wählte Goethe nach der altfranzösischen Sage, die im Prosaroman von Jean d'Arras (1387) und in dem Epos des Troubadours Couldrette (1401) behandelt worden war. Melusine ist eine schöne Meerfee, die in Menschengestalt Gemahlin eines Ritters und Stammutter der Grafen von Lusignan wird. Eines Tages überrascht der Gatte sie im Bade in ihrer Nixengestalt, beschimpft sie auf das häßlichste, und sie kehrt in ihr Element zurück. Wenn dem Geschlecht der Lusignan aber ein Unheil droht, so erscheint sie, um es anzukündigen und zu warnen. In Deutschland wurde der Stoff von Thüring von Ringoltingen aufgegriffen, sein Gedicht wurde 1471 gedruckt. Von ihm übernahm es Ludwig Tieck. Das gleiche Motiv wurde in der deutschen Romantik in der Gestalt der „Undine" aufgenommen. Sie ist ein Wassergeist, der sich nach der unsterblichen Seele sehnt, die ihm nur durch die Vermählung mit einem Menschen und dessen Treue zuteil wird, und der deshalb die Verbindung mit einem Manne sucht, die dann nach anfänglichem Glück doch an der unheimlichen Vergangenheit als Nixe scheitert. Diese Gestalt wurde 1811 in der Märchennovelle von Friedrich de la Motte-Fouqué und 1816 in der Oper von Ernst Theodor Amadeus Hoffmann behandelt, in Werken, die Goethe zweifellos kannte. Albert Lortzings volkstümliche Oper „Undine", die auch heute noch oft gespielt wird, erschien erst 1845.

Goethe aber schrieb eine „neue Melusine", die er von dem Rotmantel im Ich-Ton erzählen läßt, jenem Barbier, dem die Entsagung von der Unart seines Berufes, der Redseligkeit, also völliges Stillschweigen bei der Arbeit auferlegt ist, der aber die Kunst beherrscht, Geschichten zu erzählen. Von dem ursprünglichen Gehalt der Sage bleibt nicht viel übrig. Es geht auch in diesem Märchen um die Erkenntnis, daß sich der Mensch in der ursprünglichen Einfalt der Liebe nicht zu halten vermag. Daran scheitert auch der Held des Märchens. Goethe weist seine Melusine auch nicht dem Element des Wassers zu, sondern der festen Erde, sie ist eine Prinzessin aus dem Zwergenreich. Damit aber wird gleichzeitig ein Zug humorvoll satirischer Behandlung möglich, wie er den Märchen der Aufklärungszeit eignet. Im Reiche der Zwerge zeigt sich ein bedenklicher Schwund an Körpergröße, sie werden immer kleiner. Es gibt nur eine Rettung: eine Zwergenprinzessin, die durch Zauberkunst in Menschengröße verwandelt wird, muß unter die Menschen gehen und sich einem möglichst stattlichen „Ritter" vermählen, mit dessen Hilfe dann das degenerierende Geschlecht der Zwerge wieder aufgefrischt, biologisch erneuert wird. Damit aber ist die Grundidee von Sage und Märchen gewandelt. Während sonst das elfische Wesen von der Sehnsucht nach der unsterblichen Seele getrieben wurde, nach dem höchsten Gut, das einem sterblichen Wesen werden kann, geht es hier um eine biologische Erneuerung des Zwergengeschlechtes, um die Aufzucht besserer oder wenigstens größerer Zwerge.

Nun gerät das arme Zwergenprinzeßlein allerdings an einen „Ritter", der nichts weniger ist als ein solcher, an einen Leichtfuß, einen harmlosen Abenteurer, der sich am wohlsten fühlt bei gutem Trunk unter derben Küchenmädchen, der munter in den Tag hineinlebt und sich in jede lockere Schöne verliebt, das Glück im Kartenspiel sucht und auch nicht gleich verzweifelt, wenn es sich ihm entzieht, weil es ja immer noch Trost beim Weine gibt. Er kann keiner Versuchung widerstehen und will es auch nicht. Er besteht im Grunde keine der Prüfungen, die ihm als Probe dafür, ob er der Geliebten würdig ist, auferlegt werden. Mit einem geheimnisvollen Kästchen soll er auf Reisen gehen, eine geheimnisvolle Tasche im Reisewagen sorgt für genügend Geld, aber er soll sich vor Spiel und Trunk, vor Zank und Händeln hüten. Es gelingt ihm nichts, er verspielt alles Geld und gerät wegen einer leichtfertigen Schönen in lebensgefährliche Raufhändel. Ihm wird Verzeihung von der schönen Prinzessin, weil die Kraft seiner Liebesleidenschaft wächst, ihn hinreißt zu dem sicher wohl kaum ganz richtigen, aber in diesem Augenblick geglaubten Bekenntnis, daß alle Verirrungen nur Folge seiner unerwiderten Liebessehnsucht seien. Diesem glühenden Werben aber kommt ihre Bereitschaft zur Liebe, für die sie schließlich in die Menschenwelt geschickt worden ist, entgegen, ihr Widerstand wird so leicht überwältigt, denn der verliebte Mensch glaubt gar zu gern, was er glauben möchte. In inniger Liebe sind beide vereint und glücklich. Ihn stört weiter nicht, daß er Wunder ihrer Zauberkraft erlebte, daß sie im Augenblick die schweren Wunden heilte, die ihm bei der häßlichen Rauferei geschlagen wurden.

Eines Tages entdeckt er durch einen Sprung in dem Kästchen, das er auf den Reisen so sorgsam hüten muß, ihr Geheimnis. Es ist ein Zimmer, in dem seine Liebste es sich bequem macht, wenn sie die Zwergengestalt wieder annimmt. Sie vertraut ihm und berichtet ihm nach und nach von ihrer Herkunft und ihrem Auftrag. Er schwört ihr, daß das Wissen darum seine Liebe noch fester und unzertrennlicher machen wird. In Wirklichkeit aber fühlt er, daß diese Liebe nun auch einen Sprung hat, daß er sie weniger liebt, aber umso eifersüchtiger ist. Als er sie in einer Gesellschaft sehr umworben sieht, brechen Eifersucht und Zorn sich Bahn. Er reizt sie durch sein Benehmen zu milden Ermahnungen, auf die er mit zornigen Ausbrüchen reagiert. Schließlich beschimpft er sie als Zwergin. Damit ist das Glück verspielt. Sie erklärt ihm, warum sie nun Abschied von ihm nehmen muß. „Was ihre niedliche Herkunft betraf, daran hatte ich keinen Zweifel", bemerkt der Erzähler, „aber daß sie mich anstatt eines Ritters ergriffen hatte, das machte mir einiges Mißtrauen, indem ich mich denn doch zu wohl kannte, als daß ich hätte glauben sollen, meine Vorfahren seien von Gott unmittelbar erschaffen worden." Aber als der Augenblick des Abschieds gekommen ist, vermag er sich nicht von ihr zu trennen, er ist bereit, die einzige Möglichkeit zu ergreifen, die ihm ihren Besitz sichern kann, er will selbst zum Zwerg werden. „Dieser Vorschlag gefiel mir nicht ganz, doch konnte ich mich einmal in diesem Augenblick nicht von ihr losreißen, und ans Wunderbare seit geraumer Zeit schon gewöhnt, zu raschen Entschlüssen aufgelegt, schlug ich ein."

Also wird er mit dem Zauberring in einen Zwerg verwandelt und merkt, daß „das kleine Paar sich so glücklich als das große" zu fühlen vermag, wenn ihnen nun auch die Wiese, über die sie gehen, wie ein undurchdringlicher Wald vorkommt. Er wird als Schwiegersohn des Zwergkönigs in das Zwergenreich aufgenommen, was ihm freilich sehr zuwider ist, da er eine unüberwindliche Abneigung gegen den Ehestand hat. Indessen wird sein Widerstand mit höflicher Gewalt gebrochen, und er ist glücklich mit seiner Schönen. Aber er kann seinen vorigen Zustand nicht vergessen: „Ich empfand in mir einen Maßstab voriger Größe, welches mich unruhig und unglücklich machte. Nun begriff ich zum erstenmal, was die Philosophen unter ihren Idealen verstehen möchten, wodurch die Menschen so gequält sein sollen. Ich hatte ein Ideal von mir selbst und erschien mir manchmal im Traum wie ein Riese. Genug, die Frau, der Ring, die Zwergenfigur, soviele andere Bande machten mich ganz und gar unglücklich, daß ich im Ernst auf meine Befreiung zu denken begann." Er findet schließlich auch den Weg, sich zu befreien. Mit einer Feile, die er dem Hofjuwelier entwendete, bringt er den Zauberring, der ihm die Zwergengestalt verlieh und den er nicht mehr vom Finger ziehen kann, zum Zerspringen. Und plötzlich hat er seine frühere Größe wieder. Humorvoll beschreibt der Dichter, daß er vorher aus dem Palast ins Freie ging, damit er ihn nicht beim Emporschießen durchstoße. „Da stand ich nun", kommentiert der Erzähler, „freilich um so vieles größer, allein wie mir vorkam, auch um vieles dümmer und unbehülflicher." Aller Segen ist vertan um eines Ideales willen, das keins war. Der „Ritter" ohne Würde und Hoheit endet wieder in der Küche bei der nahrhaften Liebe der Köchin. Die Liebe, wie hier in feiner Satire dargestellt wird, bewährt sich nicht vor den Anforderungen des Lebens, das Äußere wurde ihr zum unüberwindlichen Hindernis, das sofort wirksam wurde, wenn die Leidenschaft verglühte, wenn sie sich der Bewährung vor der Wirklichkeit des Lebens gegenüber sah.

**Das nußbraune Mädchen**

Die besonders eng mit der Rahmenerzählung verflochtene Novelle „Das nußbraune Mädchen" wird schon einige Kapitel vor ihrem eigentlichen Beginn dadurch vorbereitet, daß Hersilie vermutet, Lenardo verwechsele Valerine und Nachodine. Die Novelle beginnt dann im elften Kapitel des ersten Buches und zwar mit einem Gespräch zwischen Lenardo und Wilhelm, in dem Lenardo seinem neuen Freund sein Verhältnis zu dem nußbraunen Mädchen darlegt. „Es ist das wunderlichste Verhältnis von der Welt", sagt er, „keineswegs ein Liebesverhältnis, wie man sich's vorstellen könnte." Aber es geht doch um Liebe, wenn diese auch unter die zarteste Sittlichkeit verborgen wird. Wilhelm, der Wanderer, muß wieder einmal den Vermittler spielen, und gerade hier fällt es ihm besonders schwer, weil zwischen Vergangenheit und Gegenwart eine unüberbrückbare Kluft besteht. Lenardos Liebe ist im Grunde eine „wunderliche Reue", die aus dem Schuldgefühl gegenüber dem nußbraunen Mädchen besteht, das im übrigen so schemenhaft ist, daß Lenardo zunächst sogar die Namen verwechselt. Er reist mit Wilhelm und Valerines Spur, die sich als stattliche Blondine und keineswegs als nußbraunes Mädchen herausstellt. Sie ist die Frau eines wohlsituierten Grundbesitzers. Ihre Schönheit erschreckt Lenardo, alte Sympathien werden wach, ohne doch tiefer zu gehen. Er erkennt in ihr die Tochter des Gerichtshalters, der bei dem Oheim in großem Ansehen stand, und die von ihm reich für die Heirat ausgestattet wurde. Valerine ist stolz darauf, daß der Baron bei ihr einkehrte, ehe er die Seinigen sah, nicht der geringste Verdacht wird bei ihr wach, daß ein Irrtum obwaltet.

Dieser Irrtum aber zwingt Lenardo, Wilhelm über sein Verhältnis zu Nachodine gründlich aufzuklären. Jetzt ist ihm das Bild des Mädchens lebendig, das bittend vor ihm kniete, dem er in seiner Verwirrung halbe Versprechen machte, die er überhaupt nicht einhalten konnte, und von denen er doch annehmen mußte, daß das Mädchen sie dankbar glaubte. Es ging um ihren Vater, der erhebliche Pachtrückstände anlaufen ließ, sich viel um die Frömmigkeit, aber wenig um seine Landwirtschaft kümmerte, und der auf Anordnung des Oheims aus dem Pachtgut entfernt werden sollte. Für Lenardo, an den sich das unschuldige Mädchen in seiner Not wandte, wurde daraus eine Frage seines Gewissens, das sehr empfindlich war. Im Grunde hat er nicht mehr versprochen, als er halten konnte, nämlich nichts. Aber das Mädchen hat seine halb ausgesprochenen Worte hoffnungsfreudig als Zusagen aufgefaßt, und er hat nichts getan, es über die Wirklichkeit aufzuklären. Der dankbare Kuß, den es auf seine Hand drückte, brennt ihn immer noch. Leonardo wurde genau dort getroffen, „wo er seiner sittlichen Natur nach besonders verwundbar war: in der Genauigkeit seines Gewissens". Was ihn hinderte, die volle Wahrheit zu sagen, war die plötzlich aufflammende und nie eingestandene Liebe zu dem eigenartigen Mädchen. Er hat gegenüber Nachodine keinerlei Verpflichtung, aber sein Gewissen ist unruhig. Er muß sich von dem Bilde des Mädchens in jenem Augenblick, da ihre Verbundenheit so sonderbar unauflöslich wurde, freimachen, von jenem „Bild des flehenden Mädchens mit der ganzen Umgebung, mit jedem Baum und Strauch, dem Platz, wo es kniete, dem Weg den ich einschlug, mich von ihr zu entfernen".

Nur Wilhelm, der die Liebe in ihrer vielfältigen Widersprüchlichkeit kennt, vermag diese Lage Lenardos zu verstehen. „Daß Lenardo nur das Glück Nachodines will, gehört zur Ironie der ganzen Situation: natürlich will er nicht nur das Glück der Geliebten, sondern mindestens ebenso sehr das seine. Er meint zu wollen, aber „es" will viel stärker in ihm; dieses „Es", das er für sein Gewissen hält" (Schlechta S. 183). Wilhelm traut ihm auch nicht recht, aber er läßt sich zu einem alten Freunde schicken, von dem sich Lenardo Auskunft erhofft. Beide sind sich indessen einig darin, daß Wilhelm ein fast hoffnungsloses Unterfangen beginnt. „Ich hoffe", sagte Lenardo, „wenn ich das Mädchen glücklich weiß, bin ich sie los." So scheiden die Freunde, jeder nach seiner Seite. Wilhelms Aussichten, die Gesuchte zu finden, sind gering.

Damit ist die Novelle zu Ende, aber nicht ihre Handlung. Im 6. Kapitel des zweiten Buches meldet Wilhelm, daß er das nußbraune Mädchen gefunden hat. Er fand sie in der Atmosphäre eines beschränkten häuslichen Glückes und eines tätigen Lebens, das nichts mehr mit dem ersten Teil der Novelle zu tun hat, das auch keineswegs vermutet werden konnte. Der erste Teil der Novelle mit seinem immerhin menschlich interessanten Problem und ihr Schluß gehören zwei verschiedenen Sphären an. Wilhelm schreibt an Lenardo: „Endlich kann ich sagen: sie ist gefunden und zu Ihrer Beruhigung darf ich hinzusetzen, in einer Lage, wo für das gute Wesen nichts weiter zu wünschen übrig bleibt. Häuslicher Zustand auf Frömmigkeit gegründet, durch Fleiß und Ordnung belebt und erhalten, nicht zu eng, nicht zu weit, im glücklichen Verhältnis der Pflichten zu den Fähigkeiten und Kräften. Um sie her bewegt sich ein Kreislauf von Handarbeiten im reinsten anfänglichen Sinne; hier ist Beschränktheit und Wirkung in die Ferne, Umsicht und Mäßigung, Unschuld und Tätigkeit. Nicht leicht habe ich mich in einer angenehmeren Gegenwart gesehen, über welche eine heitere Aussicht auf die nächste Zeit und die Zukunft waltet. Dieses zusammen betrachtet möchte wohl hinreichend sein, einen jeden Teilnehmenden zu beruhigen."

Es wird sich freilich herausstellen, daß Wilhelm zu optimistisch gesehen hat, sich vom Idyll des stillen, gewerbefleißigen Tales mit seiner textilen Handarbeit unter dem Schutz der „Guten Schönen" blenden ließ. Lenardo nähert sich erst im fünften Kapitel des dritten Buches der Gesuchten. Er findet eine geläuterte schöne Seele. Zwei Wege führten sie zu dieser Läuterung, die Not und der Wille, sie in Ergebung zu überwinden, und die pietistische Frömmigkeit. Das unbekümmerte Frommsein des Vaters war einst die Ursache alles Elends, das Lenardo, der in solchen Fragen keinen Einfluß auf den ökonomisch denkenden Oheim hatte, weder abwenden noch lindern konnte. Aber nun ist alles gewandelt. Nachodine hat über die Frömmigkeit den Weg zum nützlichen Tätigsein gefunden, sie hat sich damit in den Kreis des „Turmes" begeben. Sie hat ihrer Umwelt Arbeit geschaffen, organisiert und gelehrt, sie gab dem armen Tal materielle Sicherheit in Heimarbeit, für die sie den Verlag besorgte. Freilich steht in der Gegenwart das immer mächtiger werdende Maschinenwesen als drohendes Gespenst im Hintergrund. Aber es schreckt sie noch nicht.

Es ist eine Welt der reinen Zweckmäßigkeit und Nützlichkeit, in der die einstige Nachodine lebt, und eben weil sie Gott und Welt, Frömmigkeit und Tätigkeit in so harmonische Ordnung brachte, wurde sie zur schönen Seele, stärker noch als die des sechsten Buches der „Lehrjahre", weil ihr Glaube und Bindung an Gott zur Tat wurden. Das gerade macht sie zum Musterbild des neuen Menschen, dessen Frömmigkeit bei aller Gebundenheit an Gott doch ganz diesseitig ist, der sich in diesem Leben vollkommen erfüllt. So wurde sie die „Gute-Schöne". Lange ringt Lenardo nach der Wiederbegegnung mit sich selbst. Er versucht, das Wiedererkennen hinauszuschieben. Das einstige lebensvolle nußbraune Mädchen ist abstrakt und blaß geworden, Sinnbild einer sozialen Vorstellung. Erst der strebende Vater findet (III, 12) das entscheidende Wort, als er beider Hände ineinander legt und dazu sagt: „Das soll kein irdisches, es soll ein himmlisches Band sein: wie Bruder und Schwester lebt, vertraut, nützt und hofft einander, so uneigennützig, wie auch Gott helfe!" Lenardo und die „gute-Schöne" stürzten am Bett nieder, „ihre Wangen berühren sich, ihre Tränen vereinigen sich auf seiner Hand." Aber sie weinen nicht nur um den toten Vater, ihre Tränen gelten auch dem Wissen, daß sie einander verloren haben. Der Sterbende behält recht: die Liebenden werden Geschwister.

In der gleich anschließenden Szene verlangt der Gehilfe (Faktor) der „Guten-Schönen", der ihr viel Opfer brachte und ihr uneigennützig treu diente, weil er sie liebte, die Entscheidung. Aber Dankbarkeit ist keine Tugend in der eiskalten Nützlichkeitsatmosphäre des „Turmes". Die Entscheidung fällt gegen ihn aus, die „Gute-Schöne" legt die Hand auf die Brust des Toten und wiederholt: „In die Nähe soll man nicht hoffen, aber in die Ferne." Der Faktor ist nun entschlossen auszuwandern, das Gewerbe, das die „Gute-Schöne" begründet hat, wird sich gegen das Maschinenwesen nicht halten können. Aber auch die Hoffnung in die Ferne erfüllt sich nicht. Die „Gute-Schöne" übergibt dem Gehilfen ihren ganzen Besitz, und dieser heiratet die Tochter eines fachkundigen Mannes, und da er überdies mit dem nötigen Kapital ausgestattet wird, wird es ihm gelingen, in dem bisher auf Handarbeit eingestellten Tal eine zeitgemäße Fabrikation zu beginnen, „die Bewohner des arbeitslustigen Tales werden auf eine andere lebhaftere Weise beschäftigt."

Die „Schöne-Gute" aber verzichtet endgültig. Sie tritt bei Makarie an die Stelle ihrer Gesellschafterin Angela, die einen tüchtigen jungen Angestellten Werners, des Schwagers Wilhelms, der hier ganz am Rande auch in diesem Roman auftaucht, und zwar in der bedeutsamen Rolle des Bankiers, heiratet. „Das Andenken ihres Bräutigams, ihres Gatten und der wechselseitigen Einigung beider sei noch so lebhaft in ihr", so erklärt sie, „nehme noch ihr ganzes Wesen dergestalt völlig ein, daß für Liebe und Leidenschaft kein Raum gedenkbar, auch ihr nur das reinste Wohlwollen, und in diesem Falle die vollkommene Dankbarkeit übrig bleibe." Dabei beruhigte man sich, und auch Lenardo berührte die Sache weiter nicht. Er wandert mit Friedrich nach Amerika aus. Die Entsagung ist endgültig. Schlechta kommentiert dazu: „Vor der – wie krankhaft – überall in die Luft hineinschnippenden Philine ist Nachodinens Verlust noch Gewinn."

## „Wer ist der Verräter?"

Hersilie übersendet Wilhelm zum Abschied die Erzählung „Wer ist der Verräter?" Sie stellte sie als eine Art Gegenstück zur „pilgernden Törin" dar und schreibt bei der Übersendung: „Sie aber, vorübergehender Freund, sind mir als ein solcher (Kenner der Eigenarten der Nationen) erschienen, und wenn sie die Nettigkeit einer vornehm reichen französischen Verirrung zu schätzen wußten, so hoffe ich, Sie werden die einfache treue Redlichkeit deutscher Zustände nicht verschmähen und mir verzeihen, wenn ich nach meiner Art und Denkweise, nach Herkommen und Stellung, kein anmutigeres Bild finde, als wie uns der deutsche Mittelstand in seinen reinen Häuslichkeiten sehen läßt."

Der Inhalt der Novelle ist denkbar einfach. Es gibt zwei Mädchen, die stille, häusliche Lucinde, und die quecksilbrige, wißbegierige, von Geographie und Reiselust besessene Julia. Dazu kommen zwei alte Herren, der Oberamtmann und Vater dieser beiden Schönen, und sein Freund, der Professor, der einen tüchtigen, folgsamen Sohn hat, so wohlerzogen, daß beide Väter ihn, als sie sein Leben auf Akademien beobachten, „ungeduldig brav" nennen, Lucidor geheißen. Diesem ehrenwerten Jüngling fällt es schwer, sich auszusprechen, er ringt nach Worten, wenn er offen seine Meinung und, was er denkt und fühlt, ausdrücken soll. Darum hat er es sich zur Gewohnheit gemacht, seine Gedanken und Gefühle in schwungvollen Monologen, die er in der nächtlichen Stille seiner Kammer hält, auszusprechen. Mit einem solchen Monolog beginnt die Novelle. Der Leser erfährt, daß Lucidor Lucinde liebt. Die Väter aber haben in weiser Voraussicht in aller Heimlichkeit ausgemacht, daß Lucidor und Julia ein Paar werden, und daß Lucidor der Nachfolger des Oberamtmanns in seinem einträglichen und gesicherten Amte werden soll. Mit größter Sorgfalt haben die Väter alles ausgedacht und in die Wege geleitet, im Sinne des „Turmes" alle Schwierigkeiten, die denkbar wären, beseitigt, den Lebensweg Lucidors geregelt und ihn auf das sorgsamste für sein künftiges Amt ausgebildet. Jede Einzelheit ist genau beobachtet und geregelt. Nur mit einem haben die weisen Väter nicht gerechnet, mit der Unberechenbarkeit des menschlichen Herzens, mit der Liebe. Aber da Lucidor sich nur in seinen nächtlichen Monologen ausspricht, wiegen sich die Väter in Sicherheit, sie ahnen nichts von der eingetretenen Verwicklung, und Lucidor ist in größter Not: „Die gesittetsten Ansprüche und die gesittetste Gesellschaft verwirren besser als die gemeine Welt; Umstände und Verhältnisse verschränken sich zu einem schier unüberwindlichen Widerstand." (Schlechta, S. 180). Aber auch Julia ist gegen die von den Vätern geplante Verbindung. Sie „hat eine verkehrte Neigung zu alten Leuten . . . sie hätte den Vater so frischweg geheiratet wie den Sohn." Mit dem Professor, der sie sich als Tochter wünscht, führt sie lange Gespräche über Geographie und fremde Länder, sie neigt ihm mehr zu als dem einsilbigen, nur schwer zum Erzählen zu bringenden Sohn.

Es scheint keinen Ausweg zu geben. In Wirklichkeit hat die gescheite Julia längst die Sache in die Hand genommen. Wo Sitte und gesellschaftliche Form unüberwindliche Hindernisse schaffen, hilft nur noch der Verstoß gegen Sitte und Form, in diesem Falle die Indiskretion. Es gibt einen Verräter, der die Mädchen genau über Lucidors Gefühle unterrichtet. Das ist seine Gewohnheit, Monologe zu halten. Er ist in einem Zimmer untergebracht, aus dem jeder Laut in einem anderen Raum belauscht werden kann. Und so horchten die Mädchen seine Monologe ab und wissen, wie es um ihn steht. Aber Julia nimmt es nicht einfach hin, sich so kalt verschmäht zu sehen, dafür plant sie Rache. Das Ganze wird nun zum hinhaltenden Spiel. Da ist auch noch ein halb erwachsener verzogener Sohn, dessen bedeutendste Leistung darin besteht, daß er der Dorfbevölkerung eine Art Rummelplatz, vielleicht darf man auch an eine Art Turnplatz, wie sie damals Mode waren, denken, geschaffen hat. Dieser „lustige Junker", wie er meistens genannt wird, wird eingeweiht, und er veranstaltet nun gemeinsam mit Julia das grausame Spiel mit Lucidor, das für den Leser allerdings dadurch gemildert und zum Scherz wird, daß er es als Spiel durchschaut. Dazu kommt noch ein Fremder, ein nicht mehr junger, aber würdiger und lebensgewandter Mann, Antoni, der bei Julia gleich den Professor aussticht, weil er als weitgereister Mann sehr gut von fremden Ländern und Völkern zu erzählen weiß und ihre Wißbegier und Reiselust steigert. Der „lustige Junker" treibt nun die Handlung gemeinsam mit der Schwester immer rascher und unerbittlicher voran, bis Lucidor nur noch den Ausweg einer raschen Flucht sieht. Aber auch diese Absicht wurde natürlich belauscht und kann verhindert werden. Lucidor sucht Trost bei einem alten Freund des Hauses, der ihn mit langen historischen Darlegungen aufhält, ohne seine Ungeduld beheben zu können. Aber nun hält der „lustige Junker" die Zeit für gekommen, das Spiel zu beenden. Es schließt mit einem tragikomischen Höhepunkt. Vor den versammelten Angehörigen und Gästen tritt Julia auf Lucidor zu und drückt ihm herzlich die Hand. Da flieht er und bricht im Gartensaal, in dem er sich allein glaubt, hoffnungslos und weinend zusammen. Als er aufblickt, steht Lucinde neben ihm. Endlich findet er die Kraft, sich zu erklären, und Lucinde muß den begriffstutzigen, ehrlichen Liebhaber auf die Wirklichkeit aufmerksam machen: „Lucidor! nicht zu bedauern, wie Sie wohl wähnen. Sie sind mein, ich die Ihre; ich halte Sie in meinen Armen, zaudern Sie nicht, die Ihrigen um mich zu schlagen." Was in Lucidor vorgegangen war drückt der Dichter so aus: „Er umschlang sie und warf sein Haupt hinter das ihre, hing wie am Uferfelsen ein Schiffbrüchiger; der Boden bebte noch unter ihm." Julia aber klärt ihn auf einer improvisierten Spazierfahrt in aller wünschenswerten Weise darüber auf, wieso er diese Rache verdiente: „Ich wollte Sie nicht, das ist wahr, aber daß Sie mich ganz und gar nicht wollten, das verzeiht kein Mädchen." Sie gesteht freilich auch: „Es war schalkischer als billig, und ich verzeihe mir nur, indem ich Ihnen vergebe, und so sei denn alles vergeben und vergessen! Hier meine Hand." Er schlägt ein. Julia aber hat sich längst mit Antoni gefunden, dem weitgereisten Freunde des Hauses. Am Ende stehen zwei glückliche Paare.

Goethe hatte ursprünglich die Absicht, die Gestalten dieser Novelle ebenfalls in den Roman überzuführen. In der ersten Ausgabe (1821) sagt Lenardo, der hier Wilhelm die Erzählung übergibt: „Unser Freund wird mehr Vertrauen als je zu Bund und Band fassen, wenn er abermals treffliche Glieder findet." In der zweiten Fassung des Romans (1829) aber bleibt diese Novelle isoliert, ihre Gestalten treten nicht wieder auf.

### „Die gefährliche Wette"

Wie ein Fremdkörper mutet die Erzählung „Die gefährliche Wette" an, die der kolossale St. Christoph einem Kreis lustiger Gesellen vorträgt. Sie beginnt als Schwank. Eine lustige Gesellschaft junger Wanderer ist in einem Gasthof eingekehrt. Dort trifft ein vornehmer Herr ein, und in übermütiger Laune wettet der Erzähler, daß er diesen Herrn noch am gleichen Tage an der Nase zupfen werde. Da er sehr gestreng aussieht, erscheint allen das Wagnis ungeheuer. Aber es gelingt ihm, indem er sich bei diesem Herrn als Barbier einführt, ihn rasiert und dabei, als er auf der Oberlippe angekommen ist, die Nasenspitze faßt und sie mehrere Male nach links und rechts biegt. Er hat dem Herrn eingeredet, daß er am besten im Freien barbieren kann, und dieser hat keine Einwendungen dagegen gemacht, daß das Fenster geöffnet wurde. So können die Freunde von einem gegenüberliegenden Zimmer aus die Prozedur bequem beobachten. Der Herr ist höchst zufrieden mit ihm, lobt seine saubere Arbeit und seine sanfte Hand, empfiehlt ihm allerdings, in Zukunft Personen vom Stand nicht mehr nach bäuerlicher Gewohnheit an der Nase zu fassen.

Die Wette ist gewonnen, der Schwank ist zu Ende. Aber die lärmende Heiterkeit der Freunde bleibt dem Herrn nicht verborgen, und durch die Geschwätzigkeit des Personals erfährt er, welchen Streich man ihm spielte. In rasender Wut fährt er gegen die lustigen Burschen los, die sich schließlich nur durch kopflose Flucht seiner Rache entziehen können. Der alte Herr aber zieht sich diese Kränkung so zu Gemüte, daß man behauptet, sie habe seinen Tod zur Folge gehabt. Sein Sohn setzt die Rache fort, und da er erfährt, daß einer der Freunde, Raufbold genannt, beteiligt war, fordert er ihn, und im Duell bringt er ihm eine Wunde bei, die den schönen Mann für das ganze Leben entstellt. „Auch seinem Gegner", heißt es, „verdarb dieser Handel einige schöne Jahre durch zufällig sich anschließende Ereignisse." Welcher Art diese für den Barbier so widrigen Ereignisse waren, erfährt der Leser aber nie. St. Christoph schließt seine Erzählung: „Da nun eine jede Fabel eigentlich etwas lehren soll, so ist euch allen, wohin die gegenwärtige gemeint ist, wohl überklar und deutlich." So „überklar" ist diese Lehre freilich nicht, wenn man sie nicht so platt fassen will, daß sie demonstrieren soll, daß man alten und würdigen Leuten keine Streiche spielen darf. Sicherlich streift die absolute Humorlosigkeit des alten Herrn bereits das Krankhafte und Groteske. Dem Leser jedenfalls wird nicht klar. welche Aufgabe diese Erzählung, die als Schwank beginnt und so grausam ernst endet, im Ganzen des Romans haben soll. Manche Herausgeber haben sie ohne Schaden für das Gesamtwerk weggelassen.

## Die lehrhaften Teile des Romans

Diese Novellen mit der Rahmenhandlung bilden nur das Rückgrat des Romanes.

**DIE REIHENFOLGE DER NOVELLEN IM ROMAN**

Sankt Joseph der Zweite I, 1–2
Die Flucht nach Ägypten I, 1
Sankt Joseph der Zweite
Die Heimsuchung I, 2
Der Lilienstengel
Die pilgernde Törin I, 5
Wer ist der Verräter I, 8–9
Das nußbraune Mädchen I, 11; II, 6; III, 13–14
Der Mann von fünfzig Jahren II, 3–5, 7
Die neue Melusine III, 6
Die gefährliche Wette III, 8
Nicht zu weit III, 10

Weitere Teile sind von gelehrten oder lehrhaften Darlegungen ausgefüllt, die alle Probleme der Zeit und der Menschheit erfassen. Dazu gehören die Gespräche Wilhelms mit Montan-Jarno, der die Meinung des „Turmes" vertritt. Die Frage der Erziehung ist in der „Pädagogischen Provinz" behandelt. Dazu kommen die verschiedenen Behandlungen politischer, wirtschaftlicher und gesellschaftlicher Probleme, die erst das Werk zu einem umfassenden Bilde der Zeit des späten Goethe machen. Diese Teile des Romans aber bedürfen besonders Darstellung, die nach einzelnen Gebieten erfolgen soll.

## 5. DIE „PÄDAGOGISCHE PROVINZ"

Der Roman „Wilhelm Meisters Wanderjahre" verdankt seinen Ruhm vor allem der „Pädagogischen Provinz". Spranger vermutet in seinem Werk über „Goethes Weltanschauung", daß zwar die wenigsten seiner Leser den ganzen Roman gelesen haben, daß aber die allermeisten die zwei Kapitel über die „Pädagogische Provinz" (II, 1–2) kennen. Den aus dem Geiste der Aufklärung gewonnenen pädagogischen Optimismus Pestalozzis, des Schwagers der Bärbe Schultheß in Zürich, aus deren Nachlaß die lange als verloren geltende Urfassung des „Wilhelm Meisters", der Roman „Wilhelm Meisters theatralische Sendung" 1911 in einer Abschrift entdeckt wurde, vermochte Goethe nicht unbedingt zu teilen. Als er beauftragt wurde, eine Bildungsanstalt für die beiden illegitimen Söhne des Großherzogs Karl August ausfindig zu machen, kam er in Verbindung mit Philipp Emanuel von Fellenberg (1771–1844), der als Vorkämpfer gegen die nach der Schweiz übergreifende

Französische Revolution aufgetreten war und 1799 auf dem von ihm angekauften Gut Hofwyl eine Erziehungsanstalt begründet hatte. Fellenberg ist ohne Pestalozzis Vorbild nicht denkbar, sein Fortschritt liegt aber darin, daß er nach der Industrieschule für arme Kinder und einer höheren landwirtschaftlichen Schule auch eine „wissenschaftliche Schule", ein Gymnasium, gründete, das ihn auf die Höhe des europäischen Ruhmes brachte. Über den sozialen Gedanken hinaus, der bei Pestalozzi immer im Vordergrund steht, geht also Fellenberg weiter, er befaßt sich auch mit der Problematik der Erziehung von Kindern aus hohen, ja aus höchsten adligen Kreisen. Seine Schule zog damals Zöglinge aus ganz Europa an.

Fellenberg hatte seine Schule als „Konstituierung einer pädagogischen Republik" verstanden. Die schweizerisch demokratisch-kantonale Ordnung war das Vorbild ihrer Organisation. Aber Fellenberg wollte mehr, er wollte seine Erziehungsanstalt zu einem neutralen politischen Boden erweitern, auf dem junge Menschen aus ganz Europa im europäischen Gemeinschaftsgeist erzogen wurden. Er blieb auch als Erzieher Adliger, Diplomat und konservativer Politiker. Gerade deshalb aber mußte Hofwyl Goethes Interesse gewinnen. Auf Fellenbergs Einfluß wird nicht nur die Entstehung der „Pädagogischen Provinz", sondern überhaupt der ganze Roman selbst zurückgeführt. Im Winter 1803/4 war Goethe zum erstenmal mit dem „Pestalozzischen Wesen" in Berührung gekommen. Eine anfängliche Begeisterung hatte rasch einer Entfremdung und schließlich einer Entrüstung Platz gemacht. Der aristokratische Goethe und der demokratische Pestalozzi waren einander im Grunde zu fremd, um zusammenfinden zu können. Aber das Problem der Erziehung blieb. Es würde zu weit führen, hier das Verhältnis Goethes zu Pestalozzi und der pädagogischen Bewegung seiner Zeit in allen Einzelheiten darzulegen, aber über den Umweg über den damals noch verhältnismäßig jungen Fellenberg, der Goethe 1820 in Weimar besuchte, kam der Dichter doch wieder in engen Kontakt mit der pädagogischen Bewegung, die einfach nicht zu übersehen war. Von Fellenberg wurde Goethe zur „Pädagogischen Provinz" angeregt, aber Goethe geht weiter als sein Vorbild, seine pädagogischen Erörterungen werden wieder ganz in die Grundidee des Romans, die Gestaltung des neuen Menschenbildes hinübergeführt.

„Eigentlich hängt so viel Unnützes um uns herum," äußert sich ausgerechnet der sonst so muntere und verspielte Friedrich, der in den „Wanderjahren" so ungemütlich in den Bann der Ideen des „Turmes" geraten ist, „aus Gewohnheit, Neigung, Zerstreuung und Willkür, ein Lumpenmantel zusammengespettelt. Was die Natur mit uns gewollt, das Vorzüglichste, was sie in uns gelegt, können wir deshalb weder auffinden, noch ausüben". Damit ist die Frage umrissen, die der Erziehung gestellt ist. Spranger erkennt in einer Analyse der „Pädagogischen Provinz" vier Prinzipien der Erziehung, die bereits vor Fellenberg entwickelt waren, wieder. Das erste ist das der Lebensnähe, „die Erziehung muß an der Wirklichkeit erfolgen und im Selbsttun bestehen" (S. 177). Damit wendet sich Goethe, Fellenberg folgend, wenigstens teilweise gegen Pestalozzis formale Methodik, von der er selbst allerdings nur sehr fragmentarische Kenntnisse hatte, so daß er hier Fellenberg einfach übernimmt. Das zweite Prinzip ist das der Gemeinschaft, der einzelne wird zur verantwortlichen Leistung für die Gemeinschaft erzogen. Die Arbeit wird Mittel der Erziehung, sie beginnt mit einfacher landwirtschaftlicher Tätigkeit und steigert sich nach der Fähigkeit des Zöglings. Felix steigt so in die „pferdenährende Gegend" auf, er wird zum Stallmeister ausgebildet, was wiederum deutlich auf die adlige Grundhaltung der Erziehung hinweist. Völlig fehlt jeder Hinweis auf eine Erziehung zur Selbstverantwortung des Zöglings; wohl wird eine Art demokratischer Spitze als Haupt der „Provinz" angesetzt, aber der Zögling wird zum Gehorsam erzogen. Die Art und Weise, wie durch Pfeifensignale oder Blasinstrumente, also Signalinstrumente, die Zöglinge zusammengerufen oder zu bestimmten Aufgaben geordnet werden, mag uns reichlich militärisch erscheinen.

Als drittes erzieherisches Prinzip hebt Spranger das Bemühen hervor, an die Individualität des Zöglings anzuknüpfen. Man gibt sich die größte Mühe, seine Neigungen und Anlagen zu erkennen. Daher ergibt sich auch die freie Kleiderwahl. „Der Uniform sind wir durchaus abgeneigt", erklärt der Aufseher. Den Knaben wird Farbe und Schnitt der Kleidung zur Auswahl gestellt, und aus ihrer Wahl schließt man auf ihre Sinnesweise, aber auch auf ihren Nachahmungsgeist, also den Mangel an Individualität und das Bestreben, sich Vorbildern anzuschließen. Dabei ist, gerade weil die Nachahmung oft die freie Wahl beeinträchtigen kann, eine Art gelenkter Wahl überall üblich, wo „die Gemüter sich ins Allgemeine neigen, wo eine Mode sich über alle verbreiten, jede Absonderung sich zur Einheit verlieren wollte." Dann erklärt man den Zöglingen, der Stoff sei gerade ausgegangen, und versucht, sie zur Auswahl unter anderen Stoffen oder Mustern zu bewegen. Man sucht also unbedingt, auch unter Umgehung der im kindlichen Heldenalter natürlichen Neigung Vorbildern zu folgen, die Individualität im Kinde zu erkennen und darauf die Erziehungsarbeit auszurichten. Das vierte Erziehungsprinzip ist das schwerste und wohl auch utopischste. Es gilt, der Hauptneigung jedes Zöglings, die an sich systematisch und sorgfältig gefördert wird, ein völlig andersartiges Gegengewicht zu geben. So befaßt sich Felix, der Stallmeister, mit den Sprachen, der Grammatik, und da er auf diesem ihm eigentlich fernliegenden Gebiet am ehesten Neigung für das Italienische zeigte, ließ man ihn diese Sprache erlernen.

Die „Pädagogische Provinz" bildet eine streng von der Außenwelt abgeschnittene Landschaft, in die „Unbefugten" jeder Zutritt verwehrt ist. Über Stufen innerhalb der geräumigen pädagogischen Landschaft wird der Zögling in sie hineingeführt. Von außen nach innen geht der Weg. Im Innern kann der Fortgeschrittene mit dem Tempel die letzte Stufe erreichen. Der Weg dazu führt über die Erziehung zur Ehrfurcht. Für Goethe bedeutet sie ein sittliches Selbstbewußtsein mit Abstand und Nähe. „Ehrfurcht gehört nicht zu den natürlichen Anlagen des Menschen. Er muß für sie erzogen werden." Sie hat nichts mit Furcht zu tun. Weil aber niemand in das Innere eines Menschen dringen kann, werden in der „Pädagogischen Provinz" für den Ausdruck der Ehrfurcht Symbole gesetzt, die als abgestufte Formen des Grußes Wilhelm sogleich auffallen. Es sind Symbole, die zunächst nur angewandt werden und am Anfang von den Zöglingen nicht immer ernst genommen werden, deren Sinn sich ihnen aber nach und nach erschließt. In drei Stufen der Ehrfurcht vollzieht sich die Entwicklung: Ehrfurcht vor dem, was über uns ist, was uns gleich ist, und vor dem, was unter uns ist: genauer gesagt: Gott, Mensch und Leiden. Nach diesen drei Ehrfurchten gliedert sich auch der Tempel im Innern der Provinz.

Der Mensch lernte zuerst als sittliche Religion die Ehrfurcht vor dem, was über uns ist: himmliche Mächte walten über den Völkern und ihrer Geschichte. Im Tempel symbolisieren Bilder aus der israelischen Geschichte diesen Anfang. Die zweite Stufe bedeutet den Fortschritt der einzelnen zu einer Religion der Weisen, wie sie die religiösen und humanen Erkenntnisse geben, die auch den Menschen als Individuum in seinem Verhaltnis zu Gott einbeziehen. Einer dieser Philosophen ist für die Oberen der „Pädagogischen Provinz" auch Christus, und so wird diese Stufe durch Bilder aus dem neuen Testament versinnbildlicht, aber nicht durch Christi Lebensgeschichte, sondern durch Darstellungen seiner Wunder und der Gleichnisse. „Hier ist die lebendige Lehre ausgesprochen", sagt der Erklärer, „die Lehre, die keinen Streit erregt; es ist keine Meinung über das, was recht oder unwahr ist; es ist das Rechte oder Unrechte unwidersprechlich selbst." Aus diesem bedingungslosen Wissen um Recht und Unrecht erwächst dann auch die sittliche Verantwortung des einzelnen im Vertrauen auf den Verkünder der Wahrheit, der durch Wunder bewies, daß er mehr in der Natur konnte, als auch unserem besten Wissen möglich ist.

Am schwersten faßbar ist die dritte Stufe der Ehrfurcht, vor dem, was unter uns ist, das Leiden und Sterben, die dunklen Mächte, denen auch der Mensch unterworfen ist. Sie wird nur den reifsten Zöglingen, die vor der Entlassung stehen, zugänglich gemacht. Dargestellt wird sie durch die

Lebensgeschichte Christi. Zur Überraschung Wilhelms endet diese bei der Darstellung des Abendmahles. Der Erklärer legt ihm dar, daß man es „für eine verdammungswürdige Frechheit" hält, „jenes Martergerüst und den daran leidenden Heiligen dem Anblick der Sonne auszusetzen, die ihr Antlitz verbarg, als eine ruchlose Welt ihr dieses Schauspiel aufdrang, mit diesen tiefen Geheimnissen, in welchen die göttliche Tiefe des Leidens verborgen liegt, zu spielen, bis das Würdigste gemein und abgeschmackt erscheint." Um das Leiden nicht bis zur Abstumpfung zu bieten, wird es deshalb im für gewöhnlich streng verschlossen und nur an besonderen Tagen wenigen zugänglichen Innersten des Heiligtumes verborgen gehalten. Wilhelm fragt: „Habt ihr denn auch, so wie ihr das Leben dieses göttlichen Mannes als Lehr- und Musterbild aufstellt, sein Leiden, seinen Tod gleichfalls als ein Vorbild erhabener Duldung herausgehoben?" Der Obere erwiderte: „Hieraus machen wir kein Geheimnis, aber wir ziehen einen Schleier über diese Leiden, eben weil wir sie so hoch verehren."

Spranger weist darauf hin, daß diese Erklärung „in ihrem vollen Gewicht genommen werden" muß. Seit seinen Weimarer Anfängen hat sich Goethe immer stärker zu der pantheistischen Anschauung „Gott-Natur" bekannt, die „seinem Sinn für Ordnung und Gesetz, für lebendige Gestalt und bedeutsame Verwandlungen der Gestalten am nächsten liegt." Später hat er gesagt, daß für ihn als Dichter auch polytheistische Motive, also personelle Naturkräfte als Götter und Dämonen, für ihn als sittlichen Menschen aber auch eine theistische Einstellung, also die Annahme eines personenhaften einzigen Gottes, in der religiösen Empfindung durchaus möglich sei. „Daraus spricht religiöse Weitherzigkeit," schreibt Spranger, „aber auch Unabgeschlossenheit seiner Glaubenswelt." In den Kapiteln der „Wanderjahre", die über die drei Ehrfurchten handeln, (II, 1, 2) ist von Gott-Natur nicht mehr die Rede, es wird ein Gott außerhalb der Welt, zu dem wir aufschauen, angesetzt. Goethe nähert sich in seinem Altar wieder christlichen Vorstellungen. Spranger erklärt diese Entwicklung Goethes seit dem Pantheismus: „Er ist seitdem durch Brüche und Leiden hindurchgegangen, auf die der naturalistische Pantheismus keine Antwort gibt. Aber er hat, nach seiner Wesensart, über diese Leiden einen Schleier gezogen. Er hat von ihnen geschwiegen, bis er sie in dichterischem Schaffen wieder geheilt hatte. Über das Christliche in seinem Innern, das in der Jugend so tief eingewurzelt war, hat er geschwiegen. Man könnte ein ganzes Buch über Goethes Schweigen schreiben. Wie das christliche Motiv in der Stille wuchs und wieder zur Macht gelangte, läßt sich nur mit „Ehrfurcht" ahnen."

Besonderes Gewicht legt die „Pädagogische Provinz" auch auf die Künste, und hier gilt der Grundsatz, alle Künste gleichmäßig zu entwickeln und zu fördern. So werden beispielsweise bildende Kunst und Poesie vereint, der Poet muß besingen, was der Baumeister schafft und umgekehrt. Am Anfang steht für alle der Gesang. Als rhythmische Weise begleitet er jede Arbeit, die notwendigen Lehren werden im gesungenen Liede geboten. Dabei erweist sich die Musik der Poesie überlegen, stärker als sie, die erst aus ihrer Rhythmik und Melodie erwächst. Die bildenden Künstler, Bildhauer, Steinmetzen, Baumeister und Maler werden von vornherein zu enger Zusammenarbeit erzogen, alle müssen ihre eigene schöpferische Leistung in den großen Plan des Meisters einordnen lernen. Dabei wird kein Unterschied zwischen den Leistungsstufen gemacht, jeder wird nach seiner Fähigkeit am Werk selbst eingesetzt, es gibt keine unfruchtbaren Übungen um ihrer selbst willen. Völlig abgetrennt liegen die Wohnungen der Musiker, damit die Mißtöne der Anfänger nicht dauernd die Ohren belästigen, vor allem aber auch, damit nicht durch das Abhören der Übungen der Musiker, die ebenfalls nur im gemeinsamen Musizieren tätig werden, die Zuhörer abgestumpft werden. Das Auftreten der Musiker, das Erlebnis der dargebotenen Musik muß immer ein Fest im Leben des einzelnen sein, des Musikers selbst, der dabei das Letzte, was ihm möglich ist, konzentriert, und auch des Zuhörers.

Völlig verbannt aber ist aus der „Pädagogischen Provinz" das Theater, weil es „eine müßige Menge voraussetzt, vielleicht gar einen Pöbel, dergleichen sich bei uns nicht findet." In der „Pädagogischen Provinz" ist alles einer nützlichen Tätigkeit zugeführt, das Theater aber ist seinem Wesen nach unnütz, modern gesagt, nicht in irgendeiner Form in den Produktionsprozeß einzugliedern, da es seinem Wesen nach ja Spiel ist. „Wer unter unseren Zöglingen", fragt der Aufseher, „sollte sich leicht entschließen, mit erlogener Heiterkeit oder geheucheltem Schmerz ein unwahres, dem Augenblick nicht angehöriges Gefühl in der Masse zu erregen, um dadurch ein immer mißliches Gefallen abwechselnd hervorzubringen? Solche Gaukeleien finden wir durchaus gefährlich,und wir konnten sie mit unserem Zweck nicht vereinen." Der Aufseher führt dann aber aus, daß man, wenn man ein ausgesprochen mimisches Talent unter den Zöglingen entdeckt, diesen an eins der großen Theater, mit denen die „Pädagogische Provinz" in allen Nationen in Verbindung steht, abschickt, „damit er dort wie die Ente auf dem Teiche, so auf den Brettern seinem künftigen Lebensgewackel und Geschnatter eiligst entgegen geleitet werde."

Wilhelm zeigt sich nicht gerade erbaut über diese Ansichten vom Theater, dem er so viele Jahre ernsten Strebens gewidmet hat und dem er wichtige Beiträge zu seiner Bildung zu verdanken glaubt. An dieser Stelle schaltet sich der Dichter selbst mit einer Art Rechtfertigung ein: „Mag doch der

Redaktor dieser Bogen hier selbst gestehen, daß er mit einigem Unwillen diese wunderliche Stelle durchgehen läßt. Hat er nicht auch in vielfachem Sinn mehr Leben und Kräfte als billig dem Theater zugewendet? und könnte man ihn wohl überzeugen, daß dies ein unverzeihlicher Irrtum, eine fruchtlose Bemühung gewesen?" Die Ironie dieser „Rechtfertigung" zeigt, daß Goethe selbst dort, wo er glaubt, Ideen konsequent durchführen zu müssen, seine persönlichen Vorbehalte macht, das Sachliche und das Persönliche trennt.

Die Darlegungen über die „Pädagogische Provinz" (II, 1–2, 7–8) geben viele Einzelheiten, aber sie enthalten dennoch mehr Ideen als feste Vorstellungen oder gar praktische Möglichkeiten. Nicht die Methode interessierte den Dichter, sondern allein das Ziel: der neue Mensch. Im Grunde ist die „Pädagogische Provinz" Utopie, die gegenwärtige und künftige Möglichkeiten aus den verschiedensten Gebieten verbindet, aber keine brauchbare Anweisung für die Erziehung gibt. Im letzten mündet die Arbeit der „Pädagogischen Provinz" in die Pläne des „Turmes" ein, Menschen zu erziehen, die auf einem Gebiet etwas Hervorragendes leisten, zur Gemeinschaft und steten Tätigkeit erzogen sind, und so im bürgerlichen Leben ihren begrenzten Platz zum Wohle aller richtig ausfüllen können.

Es bleibt im Grunde als treffendste Vorstellung von der Erziehung die Jarnos, der sie am Bilde des Kohlenmeilers demonstriert. Die natürlichen Anlagen müssen erkannt und entwickelt werden. Dann aber werden sie gedämpft, bis sie nur so viel von ihrer Eigenart noch behalten, daß sie geeignet sind für die Zwecke der menschlichen Gemeinschaft. Erziehungsarbeit ist eine Art Veredelungsprozeß, der nur so weit geführt wird, wie er dem praktischen Zweck dienlich ist. Da der Mensch aber nicht nur „Organ", Werkzeug ist, bedarf er auch der Einordnung in eine höhere Weltordnung. Dazu gibt die „Pädagogische Provinz" eine Methode, nämlich die Erziehung zu den drei Ehrfurchten. Sie gibt aber kein abschließendes und allgemein gültiges Weltbild, weil sie im Bannkreis des „Turmes" stecken bleibt.

## 6. DIE WANDERER

„Die vernünftige Welt ist als ein großes unsterbliches Individuum zu betrachten, das unaufhaltsam das Notwendige bewirkt und dadurch sich sogar über das Zufällige zum Herrn macht", heißt eine der „Betrachtungen im Sinne der Wanderer". Vorher findet man die Sprüche: „Wie kann man sich selbst kennenlernen? Durch Betrachtungen niemals, wohl aber durch Handeln.

Versuche deine Pflicht zu tun, und du weißt gleich, was an dir ist," und ferner: „Was aber ist deine Pflicht? Die Forderung des Tages."

Das sind die Vorstellungen, die den Bund der Handwerker bestimmen. Lenardo, der mit Friedrich und dem zuerst als „der Fremde" auftretenden Odoardo eines der Häupter dieses Bundes ist, hält dem „memento mori" der Trappisten sein „Gedenke zu wandern" als das zeitgemäße Motto entgegen. „Dabei ist aber wohlgetan", sagte er, „mit Maß und Heiterkeit dessen zu erwähnen, was man entweder willig unternimmt, oder wozu man sich genötigt glaubt. Ihr wißt am besten, was unter uns fest steht und was beweglich ist." Der Ausdruck dieses Wissens aber wird das Lied:

„Bleibe nicht am Boden haften,
Frisch gewagt und frisch hinaus,
Kopf und Arm mit heiteren Kräften
Überall sind wir zu Haus:
Wo wir uns der Sonne freuen,
Sind wir jede Sorge los:
Daß wir uns in ihr zerstreuen,
Darum ist die Welt so groß."

Und unter diesem Chorgesang ziehen die jungen Burschen hinaus an die Stelle, die ihnen für den Augenblick zur Arbeit zugewiesen ist. Goethe versäumt nicht, daran die ironische Beobachtung anzuknüpfen, daß auch der Amtmann, der das gräfliche, zwischen zwei Standesherrschaften liegende Schloß für die Gesellschaft, so lange sie hier weilt, eingeräumt hat, sich einfand, und geschickt verstand, daraus ein Geschäft zu machen, indem er seine Fruchtböden auftat und für entsprechende Bezahlung die Versorgung übernahm, was dem Besitz seines Herrn wiederum sehr nützlich war.

Goethe zieht die Bilanz seiner Zeit und ihrer bedrohlichen Entwicklung. Die Revolution in Frankreich, die sozialen und wirtschaftlichen Umwälzungen der Epoche Napoleons, die Sorge um die handwerkliche Existenz im Schatten des immer mächtiger werdenden Maschinenwesens und die auf der Übervölkerung, der die ausgleichende verbesserte wirtschaftliche Methode nicht schnell genug folgen konnte, beruhende Not weitester Kreise, ergeben ein düsteres Bild der Gegenwart und kein erfreulicheres für die Zukunft. Es gibt nur einen Ausweg, Tätigkeit und Ungebundenheit. Sinn des Wanderns ist, diese Freiheit zu gewinnen. „Der Mensch lerne sich ohne dauernden Bezug zu denken; er suche das Folgerechte nicht an den Umständen, sondern in sich selbst . . . Er wird sich ausbilden und einrichten, daß er überall zu Hause sei", sagte Lenardo, und an entscheidender Stelle führt er es weiter aus (III, 9): „Man hat gesagt und wiederholt: Wo mir's gut geht, ist mein Vaterland! Doch wäre dieser tröstliche Spruch noch besser ausgedrückt, wenn es hieße: Wo ich nütze, ist mein Vaterland! Zu Hause kann einer unnütz sein, ohne daß es eben sogleich bemerkt wird; außen in der Welt ist der Unnütze gar bald offenbar. Wenn ich nun sage: Trachte jeder überall sich und andern zu nutzen! so ist dies nicht etwa Lehre noch Rat, sondern der Ausspruch des Lebens selbst."

Nur das völlig aus allen Bindungen gelöste, genauer gesagt entwurzelte Individuum ist also das brauchbare Werkzeug der neuen Gesellschaft. Der einzelne bedeutet nichts mehr, er wird zum Rädchen in einer überall glatt funktionierenden Maschinerie, die an jedem Platz der weiten Welt angesetzt werden kann, Handwerk in seiner Beschränkung, aber eben aus dieser Beschränkung wiederum vollkommenen Beherrschung, modern ausgedrückt ein konsequentes Spezialisten- oder enges Facharbeitertum ist das eine Prinzip dieser neuen Gesellschaft. Das andere aber ist das Wandern als Bestandteil einer neuen Weltordnung. So machen sich die Kolonnen mit frischen Marschliedern auf den Weg:

„Bleibe nicht am Boden haften,
Frisch gewagt und frisch hinaus!
Kopf und Arm mit heitern Kräften,
Überall sind wir zu Haus . . .

oder: Bleiben, Gehen, Gehen, Bleiben,
Sei fortan dem Tücht'gen gleich;
Wo wir Nützliches betreiben,
Ist der werteste Bereich."

Nahezu alle Gestalten der „Wanderjahre" sind Wanderer geworden oder werden es. Sie verpflichten sich, nicht an Vergangenes und Künftiges zu denken oder wenigstens nicht darüber zu sprechen, nur die Gegenwart darf sie beschäftigen. Nur Wilhelm macht einmal eine Ausnahme, als er in dem ausführlichen Bericht an Natalie zu Ende des zweiten Buches von dem Kindheitserlebnis mit dem unglücklichen, bei allzu gründlicher Ausübung des Befehls der Pfarrerin, Krebse zu fangen, ertrunkenen Fischerknaben erzählt. Noch einmal steht der alte Wilhelm vor uns, der nicht von Vernunft, sondern von unablässigem Streben regiert wird, und der in dem plötzlich ausbrechenden Erlebnis der ästhetische Bewunderung und subtile Früherotik verbindenden Kinderliebe tiefere Einblicke in das menschliche Wesen gewinnt, als sie alle Vernunft des „Turmes" vermitteln könnte. Aber er erzählt davon nur, um sich zu befreien, er fügt sich ganz in die Pläne des „Turmes" ein, er gibt sich selbst auf, wie wir es heute sehen, was aber gewiß nicht Goethes Intention entspricht. Man muß den alten Wilhelm vergessen, wenn man die „Wanderjahre" richtig deuten will, und vergessen werden muß auch Lotharios feste Entschlossenheit, die er äußerte, als er aus Amerika heimkehrte, sich auf ererbtem Besitz festsetzte und ausrief: „Hier oder nirgend ist Amerika!"

Jetzt ist der Weltbund begründet. „Einfach groß ist der Gedanke, leicht die Ausführung durch Verstand und Kraft", sagt Lenardo, „wer sich dem Notwendigen widmet, geht überall am sichersten zum Ziel; andere hingegen das Höhere, Zartere suchend haben schon in der Wahl des Weges vorsichtiger zu sein. Doch was der Mensch auch ergreife und handhabe, der einzelne ist sich nicht hinreichend, Gesellschaft bleibt eines wackeren Mannes höchstes Bedürfnis. Alle brauchbaren Menschen sollen in Bezug untereinander stehen, wie sich der Bauherr nach dem Architekten und dieser nach Maurer und Zimmermann umsieht." Sicherheit also ist das erste Ziel, Sicherheit in unablässigem Schaffen: „Und so ist denn allen bekannt, wie und auf welche Weise unser Bund geschlossen und gegründet sei; niemand sehen wir unter uns, der nicht zweckmäßig seine Tätigkeit jeden Augenblick üben könnte, der nicht versichert wäre, daß er überall, wohin Zufall, Neigung, ja Leidenschaft ihn führen könnte, sich immer wohl empfohlen, aufgenommen und gefördert, ja von Unglücksfällen möglichst wieder hergestellt finden werde."

Das alles wiederholt in gewisser Variation noch einmal Odoardo in seiner letzten Ansprache vor der großen Auswanderung. Er verkündet das neue Gesetz. Sobald der neue Boden erreicht ist, werden alle Handwerke für Künste erklärt. Durch die Bezeichnung „strenge Künste" werden sie von den „freien" entschieden getrennt und abgesondert. Die „freien" Künste mögen lässig und unvollkommen ausgeübt werden, sie können damit dem Ganzen nicht schaden. Anders ist es bei den strengen Künsten: „Wer herantritt, weiß, daß er sich einer strengen Kunst ergibt, und er darf keine läßlichen Forderungen von ihr erwarten; ein einziges Glied, das in einer großen Kette bricht, vernichtet das Ganze. Bei großen Unternehmungen wie bei großen Gefahren muß der Leichtsinn verbannt sein. „Gerade hier muß die strenge Kunst der freien zum Muster dienen und sie zu beschämen trachten." Odoardo faßt zusammen: „Betrachten wir aber die beiden, sowohl die freien als die strengen Künste in ihren vollkommensten Zuständen, so hat sich diese vor Pedanterei und Bocksbeutelei, jene vor Gedankenlosigkeit und Pfuscherei zu hüten. Wer sich zu leiten hat, wird hierauf aufmerksam machen, Mißbräuche und Mängel werden dadurch verhütet werden. Ich wiederhole mich nicht, denn unser ganzes Leben wird eine Wiederholung des Gesagten sein; ich bemerke nur noch folgendes: Wer sich einer strengen Kunst ergibt, muß sich ihr für's Leben widmen. Bisher nannte man sie Handwerk, ganz angemessen und richtig; die Bekenner sollten mit der Hand wirken, und die Hand, soll sie das, so muß ein eigenes Leben sie beseelen, sie muß eine Natur für sich sein, ihre eigenen Gedanken, ihren eigenen Willen haben, und das kann sie nicht auf vielerlei Weise."

Vor ihrem Ausmarsch bilden die Gewerke einen Kreis um ihre Oberen, gedruckte Blätter werden an jeden verteilt, wonach sie „nach einer bekannten Melodie, mäßig munter ein zutrauliches Lied" singen, in dem es unter anderem heißt:

„Dir zu folgen wird ein leichtes,
Wer gehorchet, der erreichet es,
Zeig ein festes Vaterland,
Heil dem Führer! Heil dem Band!"

Und in der letzten Strophe:

„Wo an wohlgebahnten Straßen
Man in neuer Schenke weilt;
Wo dem Fremdling reicher Maßen
Ackerfeld ist zugeteilt,
Siedeln wir uns an mit andern,
Eilet, eilet, einzuwandern
In das feste Vaterland.
Heil dir Führer! Heil dir Band!"

Wir müssen uns hüten, unsere modernen Erfahrungen in diese Worte Goethes zu mischen. Manche könnten unbedenklich einem Funktionär heutiger oder jedenfalls sehr junger politischer Richtungen unterschoben werden, und seine Zuhörer würden keineswegs auf den Gedanken kommen, daß sie bereits 1829 veröffentlicht wurden. Aber das hieße doch, der Dichtung einen veränderten Sinn unterschieben, der Gleichklang ist mehr zufällig. Goethe ging es um etwas anderes, um die Überwindung der immer sichtbarer werdenden Zeichen des sozialen und wirtschaftlichen Verfalls in seiner Zeit, und er konnte kein anderes Mittel finden, als seine Zeit ihm zu bieten vermochte. Es geht auch nicht um ein Primat der Politik bei Goethe, für ihn war Politik immer nur Mittel zum Zweck, niemals Selbstzweck. Grundsätzlich war er nur so weit an ihr interessiert, wie er als Staatsmann mit ihr zu tun hatte. Sein Ziel aber war ein humanitäres, der echte Fortschritt für die Allgemeinheit. Die Welt aber war damals noch unendlich weit, und die Auswanderungswelle des vorigen Jahrhunderts hatte gerade zu der Zeit, als er an den „Wanderjahren" arbeitete, einen Höhepunkt erreicht. Darüber hinaus aber geht es Goethe um das soziale Ethos, das vom Christlichen her bestimmt wird, ohne den Gedanken der Toleranz aufzugeben. Nur von diesen Gesichtspunkten her können wir seine Auswanderer richtig sehen.

## 7. DER NEUE STAAT

Über die Einrichtungen des neuen Staates, der mit Hilfe der Auswanderer geschaffen werden soll, gibt Friedrich, der zu einer Art Verfassungssekretär geworden ist, Wilhelm in einem Gespräch Auskunft, nicht erschöpfend, aber dennoch in allen Grundzügen, soweit sie Goethe wichtig waren. Die Hauptsache, meint er, müsse sich erst an Ort und Stelle machen. Leitender Gesichtspunkt ist der Grundsatz, daß der neu zu gründende Staat auf der Arbeitskraft beruht, und daß jeder durch seine Arbeit gleichberechtigt ist, unter Aufhebung aller in Europa geltenden Standesunterschiede. Für die Religion gilt, daß diese dazu beitragen muß, „daß der Mensch ins Unvermeidliche sich füge." Darauf dringen alle Konfessionen, alle wären also eigentlich gut genug. Als besonders praktisch aber erweist sich das Christentum, es „hilft durch Glaube, Hoffnung und Liebe gar anmutig nach; daraus entsteht dann die Geduld, ein süßes Gefühl, welch eine unschätzbare Gabe das Dasein bleibe, auch wenn ihm, anstatt des gewünschten Genusses, das widerwärtigste Leiden aufgebürdet wird." Diese Religion wird allerdings noch auf eine eigene Weise benutzt. Die Kinder werden zuerst sehr gründlich über alle Vorteile unterrichtet, welche die christliche Religion gebracht hat. Von ihrem Ursprung, von ihrem Verlauf wird zuletzt Kenntnis gegeben. „Alsdann wird uns der Urheber lieb und wert," sagt Friedrich, „und alle Nachricht, die sich auf ihn bezieht, wird heilig." Juden können in diesem neuen Staat nicht geduldet werden, weil sie die offizielle Religion, die als höchste Kultur gilt, nicht anerkennen. Die Sittenlehre wird von der Religion ganz abgesondert. Sie besteht aus wenigen Geboten: „Mäßigung im Willkürlichen, Emsigkeit im Notwendigen." Friedrich kommentiert: „Nun mag ein jeder diese lakonischen Worte nach seiner Art im Lebensgange benutzen, und er hat einen ergiebigen Text zu grenzenloser Ausführung." Tugend offenbart sich also in zweckmäßiger Tätigkeit, im Nützlichsein, das Laster offenbart sich als Nachlässigsein oder gar, was das schlimmste ist, als Leben nach eigenen Vorstellungen und Wünschen. Man hat einen untrügerischen Sinn bei den Oberen für den Zusammenhang von Moral, Toleranz und Arbeit und setzt deshalb auch bei sonstiger Großzügigkeit im Bedarfsfalle enge Grenzen. „Nur strenge Grundsätze in puncto Moral und Toleranz machen uns für das absolute Tun geeignet" (Schlechta S. 80). Odoardo sagte es in seiner Ansprache vor den Auswanderern in aller wünschenswerten Deutlichkeit: wer zu gehorchen weiß, dem geht es gut.

„Der größte Respekt wird allen eingeprägt für die Zeit als für die höchste Gabe Gottes und der Natur und die aufmerksamste Begleiterin des Daseins," sagt Friedrich. Darum werden, wie schon beim Oheim, überall Uhren angebracht, die Uhren „vervielfältigt", die mit Zeiger und Schlag auch die Viertelstunden andeuten. Geistvolle Vorrichtungen der Nachrichtenübermittlung sorgen weiter dafür, daß auch der Mann im entlegensten Winkel jederzeit genau weiß, was die Uhr geschlagen hat. Dringt die Sittenlehre des neuen Staates auf Besonnenheit, so wird diese, nach Friedrichs Meinung, durch „Einteilung der Zeit, durch Aufmerksamkeit auf jede Stunde höchlichst gefördert. Etwas muß getan sein in jedem Moment, und wie wollt' es geschehen, achtete man nicht auf das Werk wie auf die Stunde?"

Auf die Familienkreise soll großer Wert gelegt werden: „Den Hausvätern und Hausmüttern denken wir große Verpflichtungen zuzuteilen." Welcher Art diese Verpflichtungen sind, wird aber nicht gesagt, und die ganze Bemerkung dazu hat insofern eine sehr wesentliche Einschränkung, als sie unter dem Vorbehalt steht: „In Betracht, daß wir erst anfangen." Es scheint also, als ob eine Art von Familienleben nur für den Anfang zugelassen werden soll, daß aber später, wenn die Gründung gefestigt ist, eine Art gemeinschaftlichen Lebens eingeführt werden soll, das zweifellos eine bessere Überwachung aller ermöglicht. Spranger hat darauf hingewiesen (S. 176), daß weniger Plato selbst als der Neuplatoniker Thomas Campanella (1568–1639) für die „Pädagogische Provinz" und auch für die Thesen des Auswandererstaates wichtig geworden ist. Als Gegner der spanischen Herrschaft in Neapel war Campanella 27 Jahre lang eingekerkert, im Gefängnis hat er 1602 die „Citta del Sole", den „Sonnenstaat" geschrieben. Darin tritt er für eine Art kommunistischer Utopie ein. Alle sind absolut gleich, jegliches Privateigentum ist abgeschafft, ebenso sämtliches Familienleben. Der einzelne Bürger dieses „Sonnenstaates" ist verpflichtet, täglich vier Stunden zu arbeiten, gegen Goethes oder des „Turmes" Forderung unablässiger Tätigkeit ist Campanella also sehr bescheiden. Das Leben des einzelnen wie der Gemeinschaft ist geordnet. Die Führung haben die Oberen, ein priesterlicher Herrscher und drei Minister, die Macht, Weisheit und Liebe verkörpern. sie regeln alles, den Tagesablauf des einzelnen wie des Ganzen, Arbeit und Feier, Freude und Trauer. Sie schreiben vor, welche Menschen zu einander passen, um den Staat fortzusetzen. Damit die Ordnung, das Verhältnis von Erzeugung und Verbrauch, aber auch von anfallender Arbeit und Arbeitskräften gewahrt bleibt, wird auch von den Oberen die Frage des Nachwuchses der Zweckmäßigkeit entsprechend geregelt. Die Behörden ordnen an, wann Kinder zu zeugen sind und wann Enthaltsamkeit geübt werden muß.

Campanella schwebte also ein strenger Obrigkeitsstaat aus lauter gleichen Untertanen auf einer Art christlicher Grundlage vor. Aber die Macht steht bei ihm an erster Stelle, soziale Gerechtigkeit ist bei ihm Gleichmacherei, die nicht möglich wäre, wenn die Menschen nicht in stramme Zucht genommen würden.

Es ist sicher, daß Goethe Campanellas Werk oder wenigstens dessen Ideen in ihren Hauptzügen gekannt hat, und zweifellos hat er manches von ihm übernommen. Aber es kommen auch andere Vorbilder hinzu, von Fellenberg war schon bei der „Pädagogischen Provinz" die Rede, die lebhafte pädagogische Bewegung insbesondere in der Schweiz, aber auch in anderen Teilen Deutschlands gab ebenso Anregungen wie die verbreitete Diskussion über politische Tagesfragen, insbesondere die seit dem Ende Napoleons nicht mehr ruhende Frage der demokratischen Mitverantwortung des Staatsbürgers. Goethe plant hier Umrisse eines Musterstaates, bleibt aber zu sehr im Banne überkommener Vorstellungen und literarischer Vorbilder. Vor allem wirkt sich seine entschiedene Abneigung gegen alles Revolutionäre aus, seine Überzeugung, daß echter Fortschritt nur schrittweise erreicht werden könne, und daß alle Verbesserung der Lebensverhältnisse auch die sittliche Besserung der Menschen voraussetze. Dazu kam aber auch sein Mißtrauen und sein Widerwillen gegen jede Art „Pöbel", sein Sinn für Form und Maß.

Trotz Campanella aber will Goethe, wenigstens für den Anfang, in seinem neuen Staat etwas wie Familienleben zugelassen wissen. Die Hauptaufgabe, die der Familie zugewiesen werden soll, scheint die Erziehung zu sein. Auch dabei ist ausschließlich die Nützlichkeitserwägung maßgeblich: „Die Erziehung wird bei uns umso leichter, als jeder für sich selbst Knecht und Magd, Diener und Dienerin stehen muß." Es soll also Erziehung mit praktischer Arbeit verbunden sein, wie es auch in der „Pädagogischen Provinz" der Fall war. Öffentlichen Unterricht gibt es nur für wenige Gebiete: Lesen, Schreiben, Rechnen, die nach einer gewissen gleichförmigen Einheit gelehrt werden müssen. Das übernimmt der Abbé, der die Methode des „wechselweisen Unterrichts," bei dem also ältere Schüler als „Mentoren" die jüngeren unterrichten, praktizieren wird, wobei Lehrer eingespart werden. An irgendetwas wie höhere Bildung, an etwas wie kulturelle Institute, ist nicht gedacht, wahrscheinlich will der neue Staat ganz darauf verzichten. Zum mindesten für das Volk, das hier vor allem arbeiten soll, ist solche Bildung und Kulturpflege auch nur Ablenkung vom einzigen, was nottut: immerfort tätig zu sein.

Für Friedrich jedenfalls ist die militärische Ausbildung, die Übung „anzugreifen und sich zu verteidigen" wichtiger als die Schule. Das ist Lotharios Feld. Seine Manöver haben, wie Friedrich sagt, „etwas Ähnliches von unseren

Feldjägern". Es handelt sich also um eine Taktik in aufgelockerten Linien anstelle der bei den stehenden Heeren üblichen starren Formationen. Da es sich um eine Miliz aus lauter Freiwilligen handelt, ist diese Taktik möglich; es besteht keine Gefahr, daß die Männer desertieren. Freiwilliger aber ist in diesem Staate jeder, sobald nur befohlen wird. Dabei fehlen im bürgerlichen Leben die Glocken. Ihr rein mechanischer, dröhnender Klang ist nach Goethes Meinung der Würde der menschlichsten Feier zuwider. Im soldatischen Leben fehlen die Trommeln, die der Dichter primitiv und barbarisch, deshalb Menschenunwürdig fand. Die Menschenstimme, verbunden mit Blasinstrumenten ist im Bürgerlichen wie im Soldatischen hinreichend.

Goethes Auffassung vom Staat war, daß er die widerspenstige Masse in Ordnung zu halten habe. Der Mensch an sich sträubt sich gegen die Unterordnung, nur einem mächtigen Staat fügt er sich. Autorität ist das Grunderfordernis eines guten Staates. So gilt auch für das Utopien der Auswanderer: „Das größte Bedürfnis eines Staates ist das einer mutigen Obrigkeit." Daran soll es nicht fehlen, meint Friedrich, alle zur Leitung des Staates Vorausbestimmten sind ungeduldig, das Geschäft anzutreten. An Justiz denkt man vorerst nicht, sie ist nie zeitgemäß und ihrem Wesen nach ungeeignet, den realen Verhältnissen zu entsprechen. Völlig unbrauchbar aber ist sie in einem neuen und werdenden Staat, der auf Neuland gegründet ist und seine eigenen Lebensgesetze erst herausfinden und erproben muß. Wenn später von „Gesetzen" gesprochen wird, so ist das kein Widerspruch zur Ablehnung der Justiz, denn diese Gesetze, die Friedrich zitiert, sind praktisch nicht mehr als allgemeine Regeln für die Übergangszeit einer noch unvollendeten Gemeinschaft.

Will man also keine Justiz, so wird umso mehr Wert auf eine starke Polizei gelegt. Sie muß sehr wachsam sein. In jedem Bezirk gibt es drei Polizeidirektoren. Vielleicht schwebte Goethe dabei das Institut der Bezirkssheriffs in Pennsylvanien vor, das in sechs solcher Bezirke eingeteilt war. Die Polizeidirektoren wechseln alle acht Stunden, „schichtweise wie ein Bergwerk, das auch nicht stillstehen darf." Auch bei Nachtzeit wird immer einer der Oberen bei der Hand sein. Die Behörden haben das Recht „zu ermahnen, zu tadeln, zu schelten und zu beseitigen." Wenn sie es für nötig halten, können sie mehr oder weniger Geschworene zusammenrufen. Eine originelle Lösung gibt es bei Stimmengleichheit, dann entscheidet nicht der Vorsitzende, es wird vielmehr das Los gezogen, „weil man überzeugt ist, daß bei gegeneinander stehenden Meinungen es immer gleichgültig ist, welche befolgt wird." Im übrigen distanziert sich Friedrich sehr entschieden von einer der Grundlagen der Demokratie, der Majorität: „Wegen der Majorität haben wir ganz eigene Gedanken; wir lassen sie freilich gelten im notwendigen Weltlauf, im höheren Sinne haben wir aber nicht viel Zutrauen auf sie." Hier spricht Goethes Abneigung gegen die Despotie der Menge, die gar zu leicht von gewissenlosen Demagogen, geltungsbedürftigen Schreiern oder ehrsüchtigen Verführern beeinflußt und mißbraucht wird. Goethe dachte aristokratisch, er wollte die Menschen gewogen, nicht gezählt wissen.

Bewußt gibt man dem neuen Staat keine Hauptstadt. Wie einst die deutschen Kaiser sollen die Oberen umherziehen, um immer in engster Verbindung mit den Regierten zu bleiben und rechtzeitig eingreifen zu können. Aber es zeichnet sich bereits in der Besitzung der Punkt ab, „wo die größte Anzahl von Menschen zusammenhalten wird." Vielleicht wird das einmal die Hauptstadt, aber das wird vorläufig geheimgehalten. Man hält überhaupt viel geheim. Das allermeiste, meint Friedrich, müsse sich an Ort und Stelle finden. Darum ist das neue und vorläufige Gesetz noch läßlich, gelind. Da „strenge Gesetze sich sehr bald abstumpfen und nach und nach lose werden", soll es hier umgekehrt gehen, anfangs sind die Gesetze lose, mit der Festigung des Staates können sie dann, je nach Erfahrung, fester oder auch noch loser werden. Die Strafen sind milde: „Ermahnung darf sich jeder erlauben, der ein gewisses Alter hat; mißbilligen und schelten nur der anerkannte Älteste, bestrafen nur eine zusammenberufene Zahl." Die schwerste Strafe besteht in einer zeitweiligen mehr oder weniger strengen Absonderung von der Gemeinschaft. Wenn einmal der Besitz der neuen Staatsbürger gewachsen ist, kann man auch Geldstrafen verhängen, die besonders wehe tun, weil sie vom mühsam Erarbeiteten abgezwackt werden. „Die Hauptsache bleibt nur immer", sagt Friedrich, „daß wir die Vorteile der Kultur mit hinüber nehmen und die Nachteile zurücklassen. Branntweinschenken und Lesebibliotheken werden bei uns nicht geduldet." Das Branntweinglas und das Buch sind also gleich schädlich für ein tätiges Leben, sie lenken von dem ab, was man einzig und allein zu tun hat: zu arbeiten.

Niemand wird annehmen, daß bei diesem recht lückenhaften und unzulänglichen Entwurf eines neuen Staates in der Neuen Welt an eine demokratische Regierungsform gedacht ist. So fragmentarisch Friedrichs Angaben sind, er hätte sicher nicht vergessen, es zu erwähnen, wenn man eine Art von Volksvertretung, wie sie William Penn sofort in seiner Kolonie Pennsylvanien eingeführt hatte, die Goethe öfters als Vorbild dient, geplant hätte. Auch von Steuern und Finanzen ist keine Rede. Ohne Geld aber kann kein Staat regiert werden, wir haben hier die gleiche Beschränkung oder auch Beschränktheit wie beim Oheim, der glaubte, das ersparte Kapital nicht angreifen zu dürfen. Ohne Investitionen wäre eine solche Kolonie von vornherein zu Stagnation, wenn nicht gar zum Scheitern verurteilt. Aber ein solcher Gedanke gehört erst dem liberalen Wirtschaftsdenken des 19. Jahrhunderts an, er war der Zeit und Welt Goethes fremd, für sie war das Geld noch ein Wert an sich und nicht Mittel zum Zweck.

Hier scheint es, als ob Lothario und Lenardo gar nicht daran dächten, die umfangreichen Ländereien, die sie aufgekauft hatten, unter die Siedler aufzuteilen, sie vielleicht selbst durch Sklaven oder bereits vorhandene Arbeitskräfte bewirtschaften lassen zu wollen. Aber das bleibt Vermutung, in einem der Lieder der Wanderer war immerhin einmal vom zugeteilten Land die Rede. Aber es bleibt auffallend, daß nur Künstler und Handwerker hinübergeführt werden. Wie in der „Pädagogischen Provinz" hängt auch in der neuen Kolonie alles utopisch in der Luft, und wo eine klare Stellungnahme zu irgendeiner Frage nicht möglich ist, hat Friedrich immer die bequeme Ausrede: „Darüber darf ich mich nicht weiter auslassen." Goethes Absicht war wohl nur, einige politische Grundgedanken darzustellen, die sich allerdings manchmal widersprechen und nicht zur Deckung bringen lassen. Jedenfalls sind die Siedler nicht zu beneiden, die in einen solchen Obrigkeits- und Polizeistaat mit ständiger gegenseitiger Überwachung und dazu noch der Forderung unablässiger Tätigkeit bei scharfer Enschränkung der persönlichen Freiheit kommen. Aber es ist nur ein Utopien, das Goethe darstellt. Wie für den ganzen Roman gilt auch hier, daß man sich an die Einzelheiten halten muß und nicht einfach das von Friedrich vorgeführte Gedankengebäude als fertiges Ganzes annehmen darf, das sowieso nur Konstruktion aus unvollkommenem Stückwerk werden kann. Aber wenn auch unter den Einzelgedanken manches wertvoll ist, einen Fortschritt bedeutet es nur selten.

## 8. DIE SITTLICHE ASTROLOGIE MAKARIES

Manche Kommentatoren der „Wanderjahre" erliegen der Gefahr, einseitig nur die politisch-sozialen Probleme, die darin abgehandelt werden, zu sehen und darzustellen. Spranger schreibt: „Man könnte „Wilhelm Meisters Wanderjahre" den Roman der menschlichen Erdgebundenheit nennen. Er rühmt die veredelnde Kraft des nützlichen Tuns im Landbau, Handwerk, Medizin und schätzt auch den Wert der Künste nach ihrer Einbettung in Alltag und Feier des wirklichen Lebens. Das Ethos des Berufes empfängt von den mannigfachsten Perspektiven her seine Beleuchtung. Ein großes gemeinsames Kolonisationswerk, gleichviel, ob über See oder im alten Erdteil, bildet die Krönung des Ganzen." Spranger stellt dann die Frage: „Handelt es sich in den „Wanderjahren" wirklich nur um das bedürftige Diesseits?" Diese Frage stellen heißt, sie notwendig verneinen. Dagegen spricht die Lehre von den drei Ehrfurchten, die Grundlage der Erziehung in der „Pädagogischen Provinz" ist, weit darüber hinaus führt schließlich die Gestalt Makaries, eine der eigenartigsten und sicher auch schwerverständlichsten Gestalten, die Goethe je geschaffen hat. Spranger hat eingehend ihre Stellung in Goethes Weltanschauung untersucht, wir folgen hier im wesentlichen seiner Darstellung.

Er stellt sie als Gegenpol zu Montan-Jarno auf, der als Bergmann und Geologe das terrestrische Prinzip vertritt. Aber selbst der ironische „Timon" Montan, der an keine Gesamterkenntnis glauben will, der zufrieden ist, wenn er in der Einzelerkenntnis der Erscheinungen fortschreitet und sie der menschlichen Tätigkeit nützlich machen kann, greift am Ende ins Geheimnisvolle. Er fand eine Frau, die in einer Art geheimer Verbindung zu den Kräften der Erde steht, die aus unerklärlichen Fähigkeiten, gewiß nicht aus dem Verstand, der dieser derbbäuerlichen, ganz ungebildeten Person fehlt, die verborgenen Dinge der Erde, Wasseradern, Erze und alle Schätze der Erde aufzufinden weiß, und die er mitnimmt nach Amerika, wo ihre Fähigkeiten bei der Erschließung bergbaulicher Vorkommen sicher sehr nützlich sein werden. Auch Montan weiß, daß alles Verstandesmäßige allein nicht immer genügt, vor ihm liegen Geheimnisse, die nur zu erahnen, nicht aber zu enträtseln sind.

Makarie aber vertritt das siderische, das kosmische Prinzip. „Wir ahnen durch sie", schreibt Spranger, „den Zusammenhang des sittlichen Geschehens mit dem, was die Sterne wollen" (S. 193). Sie lebt in geheimnisvoller Verbindung mit der Sternenwelt. Zunächst aber wird sie als die Tante Juliettes und Hersilies eingeführt, erst im Verlauf des Romans wird auch ihre weltweite Verbindung mit den Kräften des „Turmes" klar, und erst in einem der letzten Kapitel (III, 15) wird ihr wahres Wesen dargelegt. In der Fassung des Romans von 1821 bleibt sie ganz im Hintergrund, sie stand nur im Mittelpunkt eines Briefwechsels, der um Familiensorgen ging. Der Name Makarie, die Selige, kommt erst in der letzten Fassung, der von 1829, vor. Er erinnert an eine Wesenheit, die in der Äonenwelt der alten Gnostiker vorkommt, an eines der höchsten dämonischen Wesen, die den Erlösten die Verbindung zur Gottheit erleichtern helfen. Anfangs wird sie auch in der Fassung von 1829 nur als die erfahrene Beraterin in Seelennöten und schwierigen Lebenslagen genannt. Man liest auch von Krankheitszuständen, die ihr zu schaffen machen.

Den Höhepunkt des ersten Buches bildet Wilhelms Besuch bei Makarie, als deren Hausgenossen er die treue Angela (weiblicher Engel) und den Astronomen, der gleichzeitig auch Arzt und Gesellschafter ist, vorfindet. Ihr erster Auftritt wird wie der einer Heiligen geschildert: „ein grüner Vorhang zog sich auf; und eine ältliche, wunderwürdige Dame ward auf einem Lehnsessel von zwei hübschen jungen Mädchen hereingeschoben" (I, 10). In der Nacht weilt Wilhelm beim Astronomen auf der Sternwarte. Das Fernrohr wird dabei mit Bewunderung beschrieben. Goethe macht durch Wilhelm aber auch seine Abneigung „gegen alle künstlichen Gläser, die sich zwischen das lebendige Auge und die Fülle der Welt drängen wollen." kund. Wilhelm beobachtet den Jupiter. Da bis zum Aufgang des Morgensterns noch ziemlich viel Zeit bleibt, schlägt der Astronom Wilhelm vor, die Zwischenzeit zu verschlafen. In diesem Schlaf hat Wilhelm einen seltsamen Traum. Der grüne Vorhang öffnet sich wieder, Makarie tritt hervor, ihre Gewänder sind ganz priesterlich und glänzen golden, Wolken entwickeln sich um ihre Füße und tragen ihre heilige Gestalt empor. An Stelle ihres herrlichen Angesichtes sieht Wilhelm zwischen den sich teilenden Wolken einen Stern blinken, der immer weiter aufwärts getragen wird, bis er sich mit dem ganzen Sternenhimmel vereinigt, der sich immer mehr verbreitert und alles zu umschließen scheint. In diesem Augenblick weckt ihn der Astronom und zeigt ihm den Morgenstern „von gleicher Schönheit, obschon vielleicht nicht von gleicher strahlender Herrlichkeit."

„Wunder, ja Wunder!" ruft der Astronom aus, als Wilhelm ihm diesen Traum berichtet, „Sie wissen selbst nicht, welche wundersame Rede Sie führen. Möge uns nur dies nicht auf den Abschied der Herrlichen hindeuten, welcher früher oder später eine solche Apotheose beschieden ist." Beim Abschied erzählt Wilhelm auch Angela diesen Traum, und sie klärt ihn auf, daß sie bereits vom Astronomen davon weiß. Makarie steht, so erläutert sie ihm, in einem ganz eigenartigen Verhältnis zu den Gestirnen, die Verhältnisse des Sonnensystems sind in ihr von Anfang an „erst ruhend, sodann sich nach und nach entwickelnd, fernerhin sich immer deutlicher belebend, gründlich eingeboren." Sie litt anfangs unter diesen Erscheinungen, die auch jetzt noch von ihren Verwandten geheim gehalten und als Krankheit entschuldigt werden. Erst die Hilfe des Astronomen brachte ihr selbst Klarheit. Durch seine Berechnungen konnte er die Übereinstimmung ihrer Erscheinungen mit der Wirklichkeit feststellen, und er erkannte, „daß sie nicht sowohl das ganze Sonnensystem in sich trage, sondern daß sie sich vielmehr geistig als ein integrierender Teil darin bewege." Er verfuhr nach dieser Voraussetzung und seine Berechnungen wurden auf eine unglaubliche Weise durch ihre Aussagen bestätigt.

Makarie lebt aber keineswegs nur in jener Welt. Sie unterhält eine Stiftung zur Erziehung von jungen Mädchen, die als Gärtnerinnen tätig sind. Tätigkeit als Prinzip der Erziehung nach den Auffassungen des „Turmes" gibt es also auch hier. Felix hat sich frühmorgens weggeschlichen, um den hübschen Mädchen im Garten zuzusehen. Angela klärt Wilhelm, der seinen Sprößling suchen ging und richtig auf der Spur der Mädchen fand, darüber auf, daß diese Kolonie nie ausstirbt, sondern immer dieselbe bleibt, weil es nie an Nachwuchs fehlt. Mit dem zwanzigsten Lebensjahr scheiden die Mädchen aus der Stiftung aus, um ins tätige Leben zu treten, und das bedeutet bei den meisten von ihnen in den Ehestand. Bei den jungen Söhnen der Nachbarschaft, die sich eine wackere Gattin wünschen, sind die Mädchen wegen ihrer Tüchtigkeit und guten Erziehung als Gattinnen sehr begehrt. Die jungen Mädchen ihrerseits sind keineswegs eingesperrt, „sie haben sich schon auf manchem Jahrmarkt umgesehen, sie sind gesehen worden, gewünscht und verlobt. Schon warten viele Familien darauf, daß Goethe hier an ein weibliches Gegenstück zur männlichen „Pädagogischen Provinz" dachte, sie aber nicht ausführte. Im Roman begegnet uns Makarie immer wieder als die kluge Beraterin, an die sich nicht nur ihre Verwandten, sondern auch die führenden Männer des „Turmes" in schwierigen Fragen wenden. Sie ist also keineswegs weltabgewandt, sie steht mitten im Leben, nimmt am Geschick anderer Anteil, empfängt sogar die „reizende Sünderin" Philine, die ihr allerdings mit ihren Kindern und ihrer ewig schnippenden Schere offenbar auf die Nerven fällt, und stiftet manchmal auch Unheil durch ihre allzu große Offenheit und durch die Unbekümmertheit, mit der sie mit vertraulichen Briefen umgeht. Schlechta, der sie ganz im Zusammenhang mit dem „Turm" sieht, nennt sie geradezu „ein Muster der Indiskretion" (S. 95). Aber auch der takt- und respektvollen Hersilie entfährt in einem Briefe einmal die spöttische Bemerkung: „Sie machen andere viel leiden, indem Sie leiden und blind sind".

Erst gegen Ende des Romans wird Makarie und ihre Einmaligkeit eingehend dargestellt (III, 15). Alle, die vor dem Aufbruch nach Amerika stehen außer Lothario, haben sich mit ihren Frauen um sie versammelt, und sie weiß für jeden, was recht und nötig ist. Jetzt endlich wird auch ihr Verhältnis zum Kosmos erläutert. Der Astronom stellt durch seine Berechnungen fest, daß ihre Angaben über die Sternenkunde richtig waren. Was er mühsam errechnete, trägt Makarie aus geheimnisvoller Sympathie in sich. Wo Zweifel in den Berechnungen bestanden, mußte der Astronom erkennen, daß Makarie nicht von der Erde aus sondern als Morgenstern, als den sie Wilhelm im ebenso geheimnisvollen sympathischen Traum sah, beobachtete. Sie ist mit dem Morgenstern der Venus, dem Stern der Liebe geradezu identisch. Manchmal sieht sie Konstellationen, die der Astronom erst nach umständlichsten Berechnungen erkennen kann, die nur möglich sind, wenn ihr Standort auch ein anderer Stern als die Venus ist. So wie die geheimnisvolle Frau, die Montan-Jarno ausfindig machte, durch Sympathie geheimnisvolle Wasserstellen ahnt, so ahnt Makarie in gleicher wunderbarer Weise den Lauf der Gestirne in immer steigender Vollendung.

Wenn Goethe, der allem Okkulten abhold war, Makarie solche Fähigkeiten zuschreibt, so handelt es sich nach Sprangers Meinung um eine sittliche Astrologie. Bei der Beerdigung Wielands sagt Goethe zu Falk, daß der bedeutende Mensch, der schon hier in Sympathie mit dem Universum gelebt habe, sich schließlich auf einen anderen Stern entfernen mag. „Wenn man beachtet", kommentiert Spranger, „wie die Sterne bei der Geburt eines Menschen stehen, so vermag man daraus zwar keine für uns verständlichen Schlüsse auf sein Wesen und Schicksal zu ziehen. Aber es ist ein kosmisches Symbol für das innere Gesetz, mit dem ein Mensch seine Lebensbahn antritt und „seine vorgeschriebene Reise" vollendet."

So dichtet Goethe über die unsterbliche Seele Makarie, die schon im Leben mit dem Morgenstern identisch ist, daß sie den Jupiter zunächst in seiner ungeheueren Herrlichkeit sah. Sie beobachtete das Spiel der Monde um ihn. Dann aber sah sie ihn auf wundersame Weise als abnehmenden Mond, und zwar umgewandt, wie uns der wachsende Mond erscheint. Daraus wurde geschlossen, daß sie ihn von der Seite sah, und wirklich im Begriff sei, über dessen Bahn hinauszuschreiten und in dem unendlichen Raum dem Saturn entgegen zu gehen. Dazu heißt es bei Goethe: „Dorthin folgt ihr keine Einbildungskraft, aber wir hoffen, daß eine solche Entelechie (unsterbliche Seinsform) sich nicht ganz aus unserem Sonnensystem entfernen, sondern wenn sie an dessen Grenzen gelangt ist, sich wieder zurücksehnen werde, um zu Gunsten unsrer Urenkel in das irdische Leben und Wohltun wieder einzuwirken." Spranger erläutert dann, wie in drei besonderen Gedanken sich dieser astrologische Traum gestaltet. Erstens beruht das seelische Ahnungsvermögen, mit dem reiche Naturen ausgestattet sind, das eindringliche Verstehen anderer Menschen auf dem geheimen Zusammenhang mit dem Universum. „Jede höhere Psychologie ist eine solche Antizeption auf Grund innerster Gleichgesetzlichkeit, die freilich nicht auf Formeln zu bringen ist". Eine analogische Einbildungskraft erschließt die verborgensten Bewegungen in der Seele des Mitmenschen. „Für Makarie ist nichts in dem Leben ihrer Nächsten – Lenardo und Hersilie, schließlich auch in Philine und Lydie – verborgen. Und Wilhelm in seinem Traum sympathisiert wieder mit Makaries Wesen."

Von hier aus ergibt sich eine enge Beziehung zu Goethes naturwissenschaftlichen Schriften. Der Geist- und Sinnforscher ist auf solche Gaben angewiesen, aus solchen Quellen fließt auch Goethes Naturwissenschaft, soweit sie nicht mathematisch bedingt ist. In Makarie sucht Goethe, nach Spranger, auch seinen eigenen Denktypus zu rechtfertigen. „Trennen und Zählen lag nicht in meiner Natur", sagte er von sich selbst. Aber auch ohne Mathematik kann man in das Gesetz der Dinge eindringen, „ja sogar noch tiefer, nämlich auf dem Wege der **Anverwandlung** des eigenen Selbst an die Ordnung und den Rhythmus der Natur." Goethe ergründete Bildung und Umbildung der Pflanze vermöge der ihm selbst, in innerer Anschauung sich verwandelnden Bilderwelt. Im Studium der Urphänomene spürt er unmittelbar Wesen und Weben der Gottheit: „Wer bloß rechnet, wird nie in diese Tiefen gelangen. Wer sich dem Ahnungsvermögen der gesetzlich verfahrenden Einbildungskraft anvertraut, wird in ihr das Vermögen finden, sich und sein Inneres dem Verfahren der Natur anzugleichen. Denn es besteht da eine geheime Identität." (S. 202)

Es ergibt sich danach zum zweiten, daß die Gabe des Dichters auf denselben Kräften beruht. Spranger zitiert Goethe: „Wenn man von dem Dichter sagt, die Elemente der sittlichen Welt seien in seiner Natur innerlichst verborgen und hätten sich nur **aus ihm** nach und nach zu entwickeln, so daß ihm nichts in der Welt zum Anschauen komme, was er nicht vorher in der Ahnung gelebt: – ebenso sind, wie es scheinen will, Makarien die Verhältnisse unsres Sonnensystems von Anfang an gründlich eingeboren. „Gründlich eingeboren heißt aber: in den Seelengrund eingepflanzt. In dieser Tiefe, von der die deutschen Mystiker sprachen," kann man die Gesetze des Universums vorwegnehmend ahnen. Man kann also von einem „mystischen Apriori" sprechen. Kants Lehre von der produktiven Einbildungskraft oder „Vorbildungskraft" ist diesem „mystische Apriori" nahe verwandt. Jede Monade stellt, nach Leibniz, das ganze Universum vor, wenn auch oft nur in Verworrenheit. Tante Makarie ist die begnadete oder wenigstens teilweise vollkommene Monade, die eins wird mit einem Stern des Universums, und die deshalb Einblicke hat, die andere nur in mühsamen Berechnungen unvollkommen gewinnen können. Vor allem aber hat sie aus ihrem kosmischen, der Ewigkeit näheren und deshalb auch Vergangenheit und Zukunft universell überblickenden Standpunkt am gestirnten Himmel Einblicke in die menschlichen Schicksale, die unserem endlicheren Blick verborgen bleiben müssen. Ihre Ratschläge entstammen so nicht nur einer größeren Lebensreife und weisen Lebensanerfahrung, sie kommen aus tatsächlichem Wissen um den Menschen notwendig verborgene Tatsachen.

Zum dritten aber ergibt sich, daß so wie der Kosmos eine Ordnung hat, die ihn durchwaltet, auch die sittliche Welt Maß und Gesetz hat. Für den Menschen sind gleichsam zwei Kosmen ineinander gefügt, Makro- und Mikrokosmos: „Der bestirnte Himmel über mir, das moralische Gesetz in mir." Hier begegnen sich Kant und Goethe, jede der beiden Welten hat ihren Mittelpunkt: die äußere die Sonne, um die Makarie als Stern kreist, die innere das Gewissen, das sittliche Bewußtsein:

„ . . . das selbständige Gewissen
Ist Sonne deinem Sittentag."

Zunächst, so führt Spranger aus, erschauert der Mensch vor der Unermeßlichkeit der Sternenwelt. Jedenfalls war es zu Goethes Zeit noch so. Unser Zeitalter der beginnenden Astronautik ist leicht in Gefahr, diese Ehrfurcht, die so alt ist wie das Menschengeschlecht, zu verlieren. Vor dem Unermeßlichen aber müßte sich der Mensch klein und verloren fühlen, wenn er nicht auch seine eigene Würde hätte. Als Wilhelm auf der Sternwarte den Blick ins All tat, grübelte er: Was bin ich denn gegen das All? – Wie kann ich in seiner Mitte stehen?" Aber nach kurzem Nachdenken fährt er fort: „Wie kann sich der Mensch gegen das Unendliche stellen, als wenn er alle geistigen Kräfte, die nach vielen Seiten hingezogen werden, in seinem Innersten, Tiefsten versammelt, wenn er sich fragt: darfst du dich in der Mitte dieser ewig lebendigen Ordnung auch nur denken, sobald sich nicht gleichfalls in dir ein herrlich Bewegtes um einen reinen Mittelpunkt hervortut?" Goethe führt so zu uralten Vorstellungen zurück, zum geheimnisvollen Gleichklang von Kosmos und Gewissen. Alles steht unter gleichen Gesetzen, nur wenigen ist aber gegeben, sie zu erkennen. Doch verborgen trägt jeder in sich den kosmischen Mittelpunkt, der dem des großen Kosmos, der Sonne analog ist:

„Sofort nun wende dich nach innen:
Das Zentrum findest du da drinnen,
Woran keine Edler zweifeln mag."

In Makarie symbolisiert Goethe den Zusammenklang von Irdischem und Himmlischem, ausdrücklich sagt er von ihr, „daß sie allen äußeren Verhältnissen zu genügen wußte, und indem ihr Herz, ihr Geist ganz von überirdischen Gesichten erfüllt war, doch ihr Tun und Handeln immerfort dem edelsten Sittlichen gemäß blieb. Wie sie heranwuchs, überall hilfreich, unaufhaltsam in großen und kleinen Diensten, wandelte sie wie ein Engel Gottes auf Erden."

Goethe liegt jede Schwärmerei fern, der „realistisch Tic", den er einmal in einem Brief an Schiller als Grundzug bei der Niederschrift des „Wilhelm Meister" nannte, bleibt im Grunde selbst hier, wo die Grenze des verstandesmäßig Faßbaren überschritten wird, wirksam. Alles will begründet sein. Der Mensch hat seine unaufhaltbare Doppelstellung im Universum: er ist dem Boden verhaftet, „angebannt." Er ist aber auch zum Geistigen und damit zum Überirdischen berufen durch die Kräfte der „Idee und Liebe", von denen in „Makariens Archiv" die Rede ist:

„Der echte Schüler lernt aus dem Bekannten das Unbekannte entwickeln und nähert sich damit dem Meister.

Aber die Menschen vermögen nicht leicht aus dem Bekannten das Unbekannte zu entwickeln; denn sie wissen nicht, daß ihr Verstand eben solche Künste wie die Natur betreibt.

Denn die Götter lehren uns ihr eigenstes Werk nachahmen; doch wissen wir nur, was wir tun, erkennen aber nicht, was wir nachahmen.

Denn das Gesetz haben die Menschen sich selbst auferlegt, ohne zu wissen, über was sie Gesetze gaben; aber die Natur haben alle Götter geordnet.

Was nun die Menschen gesetzt haben, das will nicht passen, es mag recht oder unrecht sein; was aber die Götter setzen, das ist immer am Platz, recht oder unrecht.

Ich aber will zeigen, daß die bekannten Künste der Menschen natürlichen Begebenheiten gleich sind, die offenbar oder geheim vorgehen.

Von der Art ist die Weissagekunst. Sie erkennt aus dem Offenbaren das Verborgene, aus dem Gegenwärtigen das Zukünftige, aus dem Toten das Lebendige, und den Sinn des Sinnlosen."

Im übrigen ist in diesem Band davon Abstand genommen, die Aphorismensammlung „Aus Makariens Archiv" zu analysieren. Man kann diese Sprüche auf keinem Fall als Äußerungen der geheimnisvollen Frau, die Goethe gestaltet, ansehen. Nur aus drucktechnischen Gründen, um die vorgesehenen Druckbogen zu füllen, sind sie dem Werk angefügt, zu dem sie keine Beziehung haben. Erst nachträglich wurde dieser aus mehr oder weniger zufälligen Einfällen zusammengestellten Sammlung der jetzige Titel gegeben, um den Abdruck an dieser Stelle zu rechtfertigen. Man kann nicht sagen, daß das Werk unvollständig ist, wenn der Herausgeber die ganze Aphorismensammlung wegläßt. Die Auffassungen mancher Literaturhistoriker, die für diese Aphorismen sowie die angehängten Gedichte eine innere Rechtfertigung aus dem Werk suchten, vermögen nicht zu überzeugen, sie haben als gewichtigsten Gegenzeugen auch Goethe selbst.

## 9. ZITIERTE LITERATUR

Auf ein Literaturverzeichnis wurde verzichtet, da es unvollständig sein müßte und die einschlägigen Werke leicht in den Standardwerken der Literatur über Goethe nachgeschlagen werden können.

Textzitate und Seitenangaben erfolgen nach der heute am meisten benutzten Ausgabe des Deutschen Taschenbuch-Verlages, München, Band 2026: Goethe, Wilh. Meisters Lehrjahre.

Eine billige Schulausgabe der „Wanderjahre" gibt es vorläufig noch nicht. Zitiert wurde nach der von Ernst Beutler besorgten und kommentierten Ausgabe des Artemis Verlages Zürich 1949. Weiter wurde die im Auftrage der Goethe-Gesellschaft benutzte Goethe-Ausgabe des Insel Verlages 1950 und die des Standard Verlages Hamburg benutzt.

Wörtlich zitiert wurde aus:


Gerhard **Fricke:** Studien und Interpretationen, Frankfurt a. M. 1956;
Hans-Egon **Hass:** Goethes Wilhelm Meisters Lehrjahre. In: Der deutsche Roman. Vom Barock bis zur Gegenwart. Düsseldorf 1963.

Arthur **Henkel:** Nachwort zur Ausgabe des Deutschen Taschenbuch-Verlages München 1962 Band 16;
Joachim **Müller:** Der Augenblick ist Ewigkeit, Goethestudien; Leipzig 1960.
Karl **Schlechta:** Goethes Wilhelm Meister. Frankfurt a. M. 1953

Eduard **Spranger:** Goethes Weltanschauung, Reden und Aufsätze. Wiesbaden 1946;

Ernst Leopold **Stahl:** Shakespeare und das deutsche Theater, Stuttgart 1946;

Emil **Staiger:** Goethe, Zürich 1956 (2 Bände);

Oskar **Walzel:** Deutsche Dichtung von Gottsched bis zur Gegenwart. Leipzig 1927–30;
Benno von **Wiese:** Der Mensch in der Dichtung. Düsseldorf 1958

Gustav **Würtemberg:** Shakespeare in Deutschland – Deutsche Schulausgaben 45, Bielefeld o. J.

# CHEMIE

Th. Bokorny

## Chemie-Gerüst

Wegweiser und Ratgeber für Schüler und Abiturienten. 13., überarb. Auflage

128 Seiten **Bestell-Nr. 0674–2**

Dieses kurze in Tabellenform abgefaßte Vademecum der Chemie soll kein Lehrbuch oder Lexikon sein, sondern die großen Linien und wissenswerten Teile der modernen Chemie übersichtlich klar und einprägsam veranschaulichen und in Erinnerung bringen.

# DEUTSCH

Christian Floto

## Basisinterpretationen für den Literatur- und Deutschunterricht I

**– Ausgewählte Stücke und Prosa von Shakespeare bis Ionesco –**

96 Seiten 2. Auflage **Bestell-Nr. 0589–4**

Nach einer kurzen Skizzierung der Literaturepoche werden anhand häufig gelesener Stücke Basisinterpretationen gegeben. Alle Beispiele entstanden im Unterricht der Sekundarstufen.
Folgende Stücke werden u. a. behandelt:
Shakespeare, Hamlet – Lessing, Nathan – Schiller, Wallenstein – Goethe, Iphigenie – Kleist, Marquise von O/Die Verlobung ... – Fontane, Effi Briest – Dostojewski, Der Spieler – Hauptmann, Rose Bernd – Mann, Tonio Kröger – Döblin, Berlin Alexanderplatz – Kafka, Der Prozeß – Brecht, Sezuan – Kipphardt, Oppenheimer – Frisch, Homo Faber – Frisch, Biedermann u. Br. – Ionesco, Die Stühle.

Christian Floto

## Basisinterpretationen für den Literatur- und Deutschunterricht II

**– Ausgewählte Stücke und Prosa „moderner" Autoren in der ersten Hälfte des 19. Jahrhunderts. –**

108 Seiten **Bestell-Nr. 0593-2**

Literaturgeschichtlicher Abriß, Biographische Stationen, Aufbauprinzipien von Novelle und Drama; problemorientierte Bezüge zur modernen sozialpsychologischen Lebenssituation. Folgende Stücke werden u. a. behandelt:
Büchner, Woyzeck – Grabbe, Scherz, Satire, Ironie ...; Kleist, Der zerbrochene Krug/Prinz von Homburg/Michael Kohlhaas/Erdbeben in Chili.

Bernd Matzkowski

## Basisinterpretationen für den Literatur- und Deutschunterricht III

**Untersuchungen und didaktische Hinweise zum Volksbuch Till Eulenspiegel.**

Hinweise auf den Schelmenroman.

80 Seiten, kart. **Bestell-Nr. 0598–3**

Sachanalyse – Ausgewählte Historien – Motivquerverbindungen zu Schelmenromanen des 16. und 17. Jahrhunderts – Vorschläge für die Behandlung im Unterricht u. a.

Bernd Matzkowski/Ernst Sott

## Basisinterpretationen für den Literatur- und Deutschunterricht IV

**36 moderne deutsche Kurzgeschichten mit Arbeitsfragen.**

112 Seiten, kart. **Bestell-Nr. 0599–1**

Interpretation der Kurzgeschichten **mit Arbeitsfragen** zu
ARBEITSTEXTE FÜR DEN UNTERRICHT (Reclam)
Deutsche Kurzgeschichten 11.–13. Schuljahr
und Pratz/Thiel:
NEUE DEUTSCHE KURZGESCHICHTEN
(Diesterweg)

Karin Cohrs/Martin H. Ludwig

## Basisinterpretationen für den Literatur- und Deutschunterricht V

**Romane und Novellen des 19. Jahrhunderts**

120 Seiten, kart. **Bestell-Nr. 0631–9**

**Aus dem Inhalt:**
**Einleitung, Politik und Kultur des 19. Jahrhunderts – Interpretationen ausgewählter Romane und Novellen.**
Kurzbiographie des Dichters – Entstehung des Werkes – Inhalt – Charaktere – Situationen – Erschließung des Textes (stilistische Besonderheiten, literaturhistorischer Rahmen, gesellschaftliche und politische Bezüge usw.), Arbeitsfragen.
Hoffmann, Das Fräulein von Scuderi – Kleist, Das Erdbeben in Chili – Mörike, Maler Nolten – Gotthelf, Wie Uli der Knecht glücklich wird – Storm, Immensee – Droste-Hülshoff, Die Judenbuche – Raabe, Die Akten des Vogelgesangs – Fontane, Der Stechlin – Eichendorff, Aus dem Leben eines Taugenichts – Keller, Die drei gerechten Kammacher – Storm, Hans und Heinz Kirch – Raabe, Die schwarze Galeere – Fontane, Schach von Wuthenow – Hauptmann, Bahnwärter Thiel.

Rüdiger Giese/Christian Floto

## Basisinterpretationen für den Literatur- und Deutschunterricht VI

**Romane und Novellen aus dem 20. Jahrhundert**

112 Seiten, Kart. **Bestell-Nr. 0473**

Schnitzler, Leutnant Gustl – Mann, Tod in Venedig – Kafka, Die Verwandlung – Hesse, Der Steppenwolf – Kästner, Fabian – Mann, Mephisto – Zweig, Schachnovelle – Böll, Haus ohne Hüter – Wolf, Der geteilte Himmel – Kempowski, Tadellöser und Wolff

## Bausteine – Deutsch

stellt detaillierte Unterrichtsstunden zur Behandlung unterschiedlichster Texte für die Sekundarstufen I und II vor.

Anordnung der Stunden als Sequenzen – Texte und Textanalysen – Didaktisch-methodische Arbeitshinweise – praktisch zu handhaben.

Angesprochen sind Lehrer und Lehramtsanwärter aller Schulformen.

**Autoren sind:** Praktiker – Ausbilder – Fachwissenschaftler aus allen Schulformen.

### Bausteine Lyrik I

Spiel mit Sprache/Lyrischer Humor/Konkrete Poesie

160 Seiten, kart. **Bestell-Nr. 0650–5**

**Bausteine Lyrik II**
Ballade/Modernes Erzählgedicht/Chanson/ Politische Lyrik/Thema- und Motivverwandtschaft
164 Seiten, kart. **Bestell-Nr. 0651–3**

**Gerhart Hauptmann:** Die Weber
**Bestell-Nr. 652**

**Max Frisch:** Homo Faber
**Bestell-Nr. 653**

**Theodor Storm:** Pole Poppenspäler
**Bestell-Nr. 654**

**Albert Camus:** Die Pest
**Bestell-Nr. 655**

**George Orwell:** 1984/Animal Farm
**Bestell-Nr. 656**

**Thomas Mann:** Tonio Kröger
**Bestell-Nr. 657**

**Goethe-Plenzdorf:** Werther
**Bestell-Nr. 658**

**Storm:** Der Schimmelreiter
**Bestell-Nr. 659**

**Lessing:** Nathan der Weise
**Bestell-Nr. 660**

**Dürenmatt:** Der Richter und sein Henker
**Bestell-Nr. 661**

**Goethe:** Faust I/II
**Bestell-Nr. 662**

**Eichendorff:** Taugenichts
**Bestell-Nr. 663**

**Hesse:** Der Steppenwolf
**Bestell-Nr. 664**

## Dichtung in Theorie und Praxis

### Texte für den Unterricht

Jeder Band ist – wie der Reihentitel bereits aussagt – in die Teile Theorie und Praxis gegliedert; darüber hinaus werden jeweils zahlreiche Texte geboten, die den Gliederungsstellen zugeordnet sind. Ein Teil Arbeitsanweisungen schließt sich an, der entweder Leitfragen für die einzelnen Abschnitte oder übergeordnete oder beides bringt.

**Bestell-Nr.**

**450 Die Lyrik**
**451 Die Ballade**
**452 Das Drama**
**453 Kriminalliteratur**
**454 Die Novelle**
**455 Der Roman**
**456 Kurzprosa** (Kurzgeschichte, Kalendergeschichte/Skizze/Anekdote)
**457 Die Fabel**
**458 Der Gebrauchstext**
**459 Das Hörspiel**
**460 Trivialliteratur**
**461 Die Parabel**
**462 Die politische Rede**
**463 Deutsche Lustspiele und Komödien**

Weitere Bände in Vorbereitung

Egon Ecker

## Wie interpretiere ich Novellen und Romane?

Methoden und Beispiele
180 Seiten **Bestell-Nr. 0632–7**

Notizen zur Betrachtung eines dichterischen Textes – Zur Technik der Interpretation.

**Beispiele:**
Keller, Drei gerechte Kammacher

**Novellen:**
Büchner, Lenz – Storm, Schimmelreiter – Andres, Die Vermummten

**Romane:**
Mann, Königl. Hoheit – Frisch, Homo Faber – Andres, Knabe im Brunnen – Andersch, Sansibar.
Zur Theorie der Novelle – Zur Theorie des Romans – Gliederungsvorschläge – Themenvorschläge – Literaturverzeichnis.

Egon Ecker

## Aufsatz mit Grammatik

### 3./4. Jahrgangsstufe

mit zahlreichen Abbildungen
88 Seiten **Bestell-Nr. 0578–9**

Für die vorbereitenden Übungen auf den Besuch von weiterführenden Schulen soll den Schülern und deren Eltern hier ein Hilfsmittel gegeben werden, welches den neuesten Erfordernissen gerecht wird.

**Inhalt:** Bericht – Schilderung – Beschreibung – Erzählung – Wortfamilien und Wortfelder – Lösungsvorschläge u. v. a.

Egon Ecker

## Rechtschreibung und Diktate

### 3./4. Jahrgangsstufe

2. Auflage, 112 Seiten **Bestell-Nr. 0579–7**

Als Band für die Vorbereitung des Übertritts in andere Schularten gibt der Autor ein Hilfsmittel zur richtigen Schreibweise und Anwendung der deutschen Sprache.

**Inhalt:** Groß- und Kleinschreibung – Gleich und ähnlich klingende Laute – Dehnung – Schärfung – Silbentrennung – Sprachlehre – Satzmodelle – Diktatstoffe – Lösungen u. v. a.

Anhand von Texten werden den Lernenden Übungsstoffe und Anweisungen zur richtigen Formulierung und Schreibweise schwieriger Wörter und Wortfamilien gegeben.

## Epochen deutscher Literatur

Kurzgefaßte Abhandlungen für den Deutschunterricht an weiterführenden Schulen.

**Bestell-Nr. 0480**
**Die deutsche Romantik I**
Frühromantik

**Bestell-Nr. 0481**
**Realismus des 19. u. 20. Jahrhunderts**

**Bestell-Nr. 0482**
**Impressionismus und Expressionismus**

**Bestell-Nr. 0483**
**Sturm und Drang**

**Bestell-Nr. 0484**
**Die deutsche Romantik II**
Spätromantik

**Bestell-Nr. 0485**
**Die deutsche Klassik**

Gerd Eversberg

## Wie verfasse ich ein Referat?

Hinweise für die Informationsbeschaffung und -verarbeitung für den Literaturunterricht.
2. Auflage, 116 Seiten **Bestell-Nr. 0582–7**

Dieser Band soll den Schülern transparentes Arbeiten lehren. Das Themenbeispiel orientiert sich an der Schulpraxis und wurde auch erfolgreich erprobt.

**Inhalt:** Bibliographieren – Zitieren – Materialsammlungen – Bibliotheksbenutzung – Entleihen – Fernleihverkehr – Verlagskataloge und Buchhandlung – Manuskriptgestaltung – Referieren – Diskutieren.

Gerd Eversberg

## Deutsch – Sekundarstufe II Kollegstufe

Diese neue Reihe bietet Schülern der gymnasialen Oberstufe Arbeitshilfen für die selbständige Erweiterung ihrer Fähigkeiten in den Lernbereichen Umgang mit Texten, mündliche und schriftliche Kommunikation sowie Reflexionen über Sprache.
An die Stelle des traditionellen Aufsatzunterrichts früherer Jahre tritt heute eine Fülle schriftlicher und mündlicher Äußerungen, die auf die Fähigkeit der Schüler zielen, sich erfolgreich in sämtlichen Bereichen der deutschen Sprache auszukennen.
Die vorliegenden Themen orientieren sich an den Anforderungen, die in den Richtlinien der verschiedenen Bundesländer zur Ausbildung im Fach Deutsch formuliert werden.

## Textanalyse 1 Umgang mit fiktionalen (literarischen) Texten

152 Seiten **Bestell-Nr. 0641–6**

Aus dem Inhalt:
I. Der Begriff des fiktionalen Textes: Das „Ästhetische" der Literatur – Betrachtungsweisen von Literatur – Literarische Wertung.
II. Probleme der Interpretation: Der Prozeß des „Verstehens" – Methoden der Literaturinterpretation – Arbeitstechniken (Textwiedergabe / Texterarbeitung / Texterörterung).
III. Beispiele für Interpretationen: Epische Texte – Dramatische Texte – Gedichte.
IV. Massenliteratur.

## Textanalyse 2 Umgang mit nichtfiktionalen (Gebrauchs-)Texten

144 Seiten **Bestell-Nr. 0642–4**

Aus dem Inhalt:
I. Der Textbegriff.
II. Eine Typologie von Gebrauchstexten.
III. Bedingungen der Textanalyse.
IV. Methoden der Textanalyse: Textwiedergabe – Textbeschreibung – Texterörterung.
V. Beispiele für Textanalysen: Darstellende Texte (Sachtexte/Wissenschaftliche Texte) – Werbende Texte (Werbetexte/Politische Reden) – Gesetzestexte.

## Gebrauchstextanalysen

– Methoden und Beispiele –
2. Auflage, 80 Seiten **Bestell-Nr. 0588–6**

Herausgegeben von einem Arbeitskreis der Pädagogischen Akademie Zams.
Aus dem Inhalt:
**I. Warum Textuntersuchung? Begriffserklärungen.**
**II. Textanalyse – Textkritik**
Vorgestellt werden nur drei Möglichkeiten einer Analyse:
a) Kommunikationstheoretischer Aspekt
b) stilistischer Aspekt
c) soziologischer Aspekt
**III. Gebrauchstexte verschiedener Art, die auf o. a. Aspekte hin untersucht, bzw. kritisiert wurden.**
**Ordnung der Texte nach Themenkreisen:**
Werbetexte – Ferienprospekte – Kinoprogramme – Diverse Jugendzeitschriften (Bravo u. a.) – Illustrierte und Frauenzeitschriften (Frau im Spiegel u. a.) – Schullesebücher – Geschichtsbücher – Tagesberichterstattung: Politische Beiträge/kulturelle Beiträge – Literarische Texte.

## Deutsch auf der neugestalteten gymnasialen Oberstufe

Ein erfahrener Praktiker legt mit dieser Buchreihe Unterrichtshilfen für Schüler und Lehrer der Grund- und Leistungskurse vor.

Robert Hippe

## Mündliche und schriftliche Kommunikation

2. Aufl., 104 Seiten **Bestell-Nr. 0563–0**

**Sprache** – Sprache und Verständigung
**Grundbegriffe der Kommunikation** – Die drei Dimensionen des Zeichens – Verschiedene Arten von Zeichen – Sprache und Norm
**Die Rede** – Formen der Rede – Rhetorische Figuren – Analyse vorgegebener Reden – Redeanleitungen, -analysen und -sammlungen – Der Weg zur eigenen Rede – Exkurs 1: Kodierungsebenen – Exkurs 2: Die Sprache der Werbung als appellative Rede
**Das Referat** – Verfahrensschritte – Beurteilungskriterien – Geeignete Stoffe zur Auswahl
**Die Diskussion** – Analyse einer vorgegebenen Diskussion – Hinweise auf Vorbereitung, Durchführung und Zielsetzung einer Diskussion – Der Diskussionsbeitrag im sogenannten „Fünfsatz" – Die Debatte – Bericht(erstattung), Kolloquium, Vorlesung
**Das Protokoll** – Die Arten des Protokolls – Kriterien für die Beurteilung von Stundenprotokollen – Analyse von Protokollen
**Die Inhaltsangabe** – Merksätze zur Abfassung – Verfahrensschritte – Analyse von Inhaltsangaben – Geeignete Stoffe zur Auswahl
**Die Erörterung** – Merksätze zur Abfassung – Analyse von Erörterungen – Geeignete Stoffe zur Auswahl.

Robert Hippe

## Umgang mit Literatur

2. Auflage, 116 Seiten **Bestell-Nr. 0564–9**

Definition von Literatur – Grundformen von Literatur – Merkmale der Lyrik – Merkmale der Epik – Merkmale der Dramatik – Formprobleme der Literatur – Aufbauprobleme in der Literatur – Arten der Interpretation – Was ist Interpretation – Literatur und Wirklichkeit u. v. a.

Robert Hippe

## Sprach- und Textbetrachtungen

132 Seiten **Bestell-Nr. 0569–X**

**Sprachbetrachtung**

**Historisch** – Theorien über die Entstehung der Sprache(n) – Die indogermanische (idg.) Sprachfamilie – Die geschichtliche Entwicklung des Hochdeutschen – Lehn- und Fremdwörter – Sprachrätsel und Sprachspiele – Auswahl-Bibliographie.

**Systematisch** – Grammatik – Die traditionelle Grammatik – Die generative Transformationsgrammatik – Die strukturelle Grammatik.

**Textbetrachtung**

Allgemeines – Definition von Text – Textsorten – Beispiele – Übungen – Auflösung der Rätsel.

Robert Hippe

## Textanalysen

mit Aufgaben und Übungen

2. Aufl., 120 Seiten **Bestell-Nr. 0586–X**

Einleitung: Über Text, Textbeschreibung und Textanalyse

**I. Fiktionale (literarische) Texte**

Lyrik

(Barock, Sturm und Drang, Klassik, Romantik, Realismus, Expressionismus, Hofmannsthal und Rilke, Lyrik nach 1945, Motivgleiche Gedichte). Jeweils an Beispielen erklärt.

Epik

(Roman, Novelle, Märchen, Fabel, Kurzgeschichte, Sonderform des Essays)

Dramatik

**II. Unterhaltungs- und Trivialliteratur**

**III. Nicht-fiktionale (nicht literarische) Texte**

Werbetexte – Gesetzestexte – Kochrezepte – Redetext (rhetorischer Text)

Robert Hippe

## Der deutsche Aufsatz auf der neugestalteten gymnasialen Oberstufe

Anleitungen – Ausarbeitungen – Gliederungen. Hinweise und Themenvorschläge, Methoden und Beispiele.

160 Seiten **Bestell-Nr. 0592–4**

Vom Besinnungs-Problemaufsatz über die Facharbeit zum literarischen Aufsatz beinhaltet der Band Themenkreise wie Textanalysen, Erörterung, Referat, Inhaltsangaben und Hinweise zur Arbeitstechnik. Viele Beispiele aus verschiedenen Themenkreisen runden das Buch ab.

**Für Lehrer und Schüler zur Unterrichtsvorbereitung ein nützliches Hilfsmittel.**

Robert Hippe

## Kurzgefaßte deutsche Grammatik und Zeichensetzung

7. Auflage, 72 Seiten **Bestell-Nr. 0515–0**

Ein Abriß der deutschen Grammatik systematisch und fundamental dargeboten; beginnend mit den Wortarten, Betrachtung der Satzteile und Nebensätze bis zu den Satzzeichen, Beispiele durchsetzen das Ganze, und Lösungen sollen Fehler auffinden helfen. Ein nützliches in Tausenden von Exemplaren bewährtes Übungs- und Nachhilfebuch.

Robert Hippe

## Interpretationen zu 62 ausgewählten motivgleichen Gedichten

mit vollständigen Gedichtstexten

5. Auflage, 102 Seiten **Bestell-Nr. 0587–7**

Der Verfasser hat die wiedergegebenen Interpretationen und Auslegungen in langen Gesprächen und Diskussionen mit Oberprimanern erarbeitet. Die hier angebotenen Deutungsversuche erheben keinen Anspruch auf die einzig möglichen oder richtigen, sondern sollen Ausgangspunkte für Weiterentwicklungen und Erarbeitungen sein.

Aus dem Inhalt: Themen wie Frühling – Herbst – Abend und Nacht – Brunnen – Liebe – Tod – Dichtung u. v. a.

Robert Hippe

## Interpretationen zu 50 modernen Gedichten

mit vollständigen Gedichtstexten

3. Auflage, 136 Seiten **Bestell-Nr. 0597–5**

Der vorliegende Band verspricht Interpretationshilfe und Deutungsversuche – in unterschiedlicher Dichte und Ausführlichkeit – für 50 moderne Gedichte. Materialien und Auswahlbibliographie geben den Interessenten Hilfen für den Deutsch- und Literaturunterricht. Für den Lehrer eine echte Bereicherung zur Vorbereitung des Unterrichts.

Aus dem Inhalt: Lasker-Schüler – Hesse – Carossa – Benn – Britting – Brecht – Eich – Kaschnitz – Huchel – Kästner – Bachmann – Piontek – Celan – Härtling – Reinig – Grass – Enzensberger u. v. a.

Robert Hippe

## Der Oberstufenaufsatz

7. Auflage, 128 Seiten **Bestell-Nr. 0583–5**

Merksätze für das Abfassen von Oberstufen-Aufsätzen.

Der Besinnungs- oder Problemaufsatz, Charakteristik, Stimmungsbild, Facharbeit, Überlegung zur Themenkritik. Dazu jeweils Lösungsschlüssel.

Versuch eines systematischen Aufrisses der Aufsatzarten und Varianten.

Anhand von Schüleraufsätzen werden deren Vorzüge und Schwächen aufgezeigt.

Robert Hippe

## Kurzgefaßte deutsche Rechtschreiblehre

64 Seiten **Bestell-Nr. 0545–2**

Im ersten Teil dieses Buches findet man die wichtigsten Regeln der deutschen Rechtschreibung.

Der zweite Teil besteht aus 36 Übungstexten zu diesen Regeln zum Erlernen, Einprägen und Wiederholen. Die Lösungen am Schluß des Bandes dienen zur Kontrolle.

Robert Hippe

## Der Unter- und der Mittelstufenaufsatz

6. Auflage, 84 Seiten **Bestell-Nr. 0519–3**

Anleitungen – Ausarbeitungen – Gliederungen – Themenvorschläge u. v. a.
jeweils mit Lösungsschlüssel

A. Unterstufe
Erlebnisschilderung oder -erzählung
Vorgangsschilderung oder -erzählung
Die Nacherzählung, die Erklärung oder Arbeitsanweisung, Vorgangsbericht oder Beschreibung, Inhaltsangabe

B. Mittelstufe
Die Schilderung, Stimmungsbild, Charakteristik, Bericht und Inhaltsangabe, sachliches Schreiben, Facharbeit, Erörterung u. a.

## Interpretationen motivgleicher Gedichte in Themengruppen

mit vollständigen Gedichtstexten

Band 1: Edgar Neis

### Der Mond in der deutschen Lyrik

80 Seiten **Bestell-Nr. 0620–3**

Arp – Bischoff – Borchert – Boretto – Britting – Brokkes – Bürger – Claudius – Däubler – Droste- Hülshoff – Geibel – Gleim – Goethe – Härtling – Heine – Holz – Klopstock – Krähenbühl – Krolow – Lange – Lehmann – Leonhard – Lichtenstein – zur Linde – Maurer – Morgenstein – Rasche – Rühmkorf – v. Stollberg – Trakl – v. d. Vring – Werfel – Wiens.

Band 2: Edgar Neis

### Politische-soziale Zeitgedichte

2. Auflage, 112 Seiten **Bestell-Nr. 0621–1**

Bachmann – Biermann – Brecht – Bürger – Celan – Dehmel – Domin – Enzensberger – Le Fort – Freiligrath – Gryphius – Hädecke – Hagelstange – Heine – Herwegh – Keller – Kerr – Logau – Marti – Platen – Sabias – Salis – Schenkendorf – Schiller – Schreiber – Schubart – Tucholsky – W. v. d. Vogelweide – Weitbrecht – Wildenbruch.

Band 3: Edgar Neis

### Der Krieg im deutschen Gedicht

2. Auflage, 112 Seiten **Bestell-Nr. 0622–X**

Bender – Benn – Biermann – Binding – Brambach – Brecht – Claudius – Dehmel – Eich – Flex – Le Fort – Fried – Gleim – Goethe – Hakel – Heise – Heym – Hölderlin – Höllerer – Huchel – Jahn – Jean Paul – Kaschnitz – Kästner – Körner – Leip – Lersch – Leonhard – Liliencron – Logau – Menzel – Mosen – Mühsam – Münchhausen – Neumann – Nick – W. Paul – Sachs – Schiller – Schnurre – Schuhmann – Stramm – Toller – Toussel – Trakl – Tumler – Vogel – Wiechert.

Band 4: Robert Hippe

### Die Liebe im deutschen Gedicht

2. Auflage, 80 Seiten **Bestell-Nr. 0623–8**

Benn – Brecht – Eichendorff – George – Gleim – Goethe – Günther – Hesse – Hofmannsthal – Jacobi – Kästner – Krolow – Lasker-Schüler – Lenau – Liliencron – C. F. Meyer – H. v. Mohrungen – Mörike – Münchhausen – Opitz – Reinig – Rilke – Storm – Stramm – W. v. d. Vogelweide – Weickherlin.

Band 5: Robert Hippe

### Der Tod im deutschen Gedicht

2. Auflage, 80 Seiten **Bestell-Nr. 0624–6**

Bächler – Benn – Brecht – Celan – Claudius – Droste-Hülshoff – Eich – Goethe – Gryphius – Hesse – Heym – Hofmannsthal – Hofmannswaldau – Höllerer – Kaltneker – Keller – Klopstock – C. F. Meyer – Mörike – Nick – Nietzsche – Novalis – Rilke – Schiller – Storm – Stramm – Trakl – Uhland.

Band 6: Robert Hippe

### Die Jahreszeiten im deutschen Gedicht

2. Auflage, 80 Seiten Bestell-Nr. 0625–4

Benn – Britting – Claudius – George – Gerhardt – Goes – Goethe – Hagedorn – Heine – Hebbel – Hesse – Hofmannsthal – Hölderlin – Hölty – Huchel – Lenau – Logau – C. F. Meyer – Mörike – Rilke – Stadler – Storm – Trakl – Uhland – W. v. d. Vogelweide.

Band 7: Robert Hippe

### Deutsche politische Gedichte

2. Auflage, 68 Seiten **Bestell-Nr. 0626–2**

Baumann – Biermann – Becher – Below – Brecht – Delius – Enzensberger – Fried – Fürnberg – Gomringer – Grass – Heine – Hoffmann v. Fallersleben – Holzapfel – Karsunke – Kunert – Luckhardt – Morawietz – Pottier – Radin – v. Saar – Scherchen – Schneckenburger – U. Schmidt – Schumann – Vesper – Walraff – Weinheber – Wessel – Zimmering.

Band 8: Edgar Neis

### Die Welt der Arbeit im deutschen Gedicht

100 Seiten **Bestell-Nr. 0627–0**

Barthel – Bartock – Billinger – Brambach – Bröger – Chamisso – Dehmel – Dortu – Engelke – Freiligrath – Grisar – Heine – Herwegh – Jünger – Krille – Lersch – Lessen – Naumann – Petzold – Pfau – Piontek – Rilke – Schreiber – Seidel – Weerth – Weinheber – Wieprecht – Winckler – Zech.

Band 9: Edgar Neis

### Deutsche Tiergedichte

136 Seiten **Bestell-Nr. 0628–9**

Barth – Bergengruen – Billinger – Boretto – Brecht – Britting – Busch – Claes – Dauthendey – Dehmel – Domin – Droste-Hülshoff – Eggebrecht – Eich – Freiligrath – Gellert – Gleim – Goethe – Grillparzer – Groth – Härtling – Hagedorn – Haushofer – Hausmann – Hebbel – Heine – Hesse – Huchel – F. G. Jünger – W. Lehmann – Liliencron – A. G. Kästner – Keller – Kolmar – Krolow – C. F. Meyer – Morgenstern – Pfeffel – Piontek – Rilke – Ringelnatz – Eugen Roth – N. Sachs – Schaefer – Trakl – Vring – Weinheber – Wiedner – Zachariae – Zuckmayer.

Band 10: Edgar Neis

**Städte und Landschaften im deutschen Gedicht**

168 Seiten **Bestell-Nr. 0629–7**

**Teil I:** Borchert – Sidow – Guesmer – Rilke – Grass – Le Fort – Karsunke – Aue – Zeller – Loerke – Fontane – Eich – Bleisch – Körner – Hauptmann – Bobrowski – Stadler – Goll – Reinfrank – Kunze – Zech – Becker – Droste-Hülshoff – Busta – Heine – Altenbernd – Wiedner – Stoltze – Kaschnitz – Hannsmann – Schnack – Hölderlin – Barthel – Mörike – Britting – George – Roth.

**Teil II:** Fontane – Heise – Kalkreuth – Zweig – Rilke – Rheiner – Goll – Salus – Brecht – Bachmann – Lehmann – Wagner – Benn – Schneider – v. Platen – Huchel – Hesse – Krappen – Kaschnitz – Celan – Britting – Kasack – Krauss – Boretto – Schaefer – Bachmann – v. d. Vring.

# Interpretationen zeitgenössischer Kurzgeschichten

Edgar Neis

5. Auflage, 80 Seiten **Bestell-Nr. 0600–9**

**Band 1:** Aichinger, Puppe – Bender, Schafsblut – Bergengruen, Fahrt des Herrn von Ringen – Böll, Ungezählte Geliebte – Brecht, Unwürdige Greisin – Britting, Märchen vom dicken Liebhaber – Ernst, Förster und Wilddieb – Le Fort, Turm der Beständigkeit – Hochhuth, Berliner Antigone – Hofmannsthal, Lucidor – Kafka, Ehepaar – Kaschnitz, Das dicke Kind / Schneeschmelze – Kühner, Es gibt doch noch Wunder – Malecha, Probe – Risse, Gottesurteil – O. Schaefer, Frühe Vision – W. Schäfer, Mozarts Begräbnis – Schnabel, Hundert Stunden vor Bangkok / Sie sehen den Marmor nicht.

Robert Hippe

5. Auflage, 80 Seiten **Bestell-Nr. 0601–7**

**Band 2:** Andres, Trockendock – Benn, Gehirne – Bergengruen, Arzt von Weißenhasel / Legende von den zwei Worten – Böll, Bahnhof von Zimpren / Besenbinder / Erinnerungen eines jungen Königs / So ein Rummel – Brecht, Augsburger Kreidekreis – Döblin, Ermordung einer Butterblume – Dürrenmatt, Tunnel – Eich, Stelzengänger – Franck, Das verstandene Gedicht – Gaiser, Ein Mensch, den ich erlegt habe – Hampel, Das mit dem Mais – Hildesheimer, Eine größere Anschaffung – Kafka, Kübelreiter / Sorge des Hausvaters – Kasack, Mechanischer Doppelgänger – Langgässer, Die getreue Antigone / Untergetaucht – Musil, Portugiesin – Risse, Verkehrsunfall – Schnurre, Ein Fall für Herrn Schmidt.

Karl Brinkmann

4. Auflage, 80 Seiten **Bestell-Nr. 0602–5**

**Band 3:** Aichinger, Plakat – Alverdes, Die dritte Kerze – Böll, Damals in Odessa / Mann mit den Messern / Lohengrins Tod / Wanderer kommst du nach Spa ... – Borchert, Die lange, lange Straße lang / Generation ohne Abschied / Lesebuchgeschichten – Eisenreich, Ein Augenblick der Liebe – Gaiser, Brand im Weinberg / Du sollst nicht stehlen – Langgässer, Die zweite Dido / Glück haben – Lenz, Jäger des Spottes – Schnurre, Die Tat – Spang, Seine große Chance – Spervogel, Hechtkönig – Wiechert, Hauptmann v. Kapernaum / Hirtenknabe.

Martin Pfeifer

4. Auflage, 84 Seiten **Bestell-Nr. 0603–3**

**Band 4:** Aichinger, Hauslehrer / Nichts und das Boot – Bender, Die Wölfe kommen zurück – Böll, Über die Brücke / Es wird etwas geschehen – Brecht, Mantel des Ketzers – Britting, Brudermord im Altwasser – Eich, Züge im Nebel – Ernst, Das zweite Gesicht – Fallada, Lieber Hoppepoppel – Franck, Taliter – Hesse, Beichtvater / Bettler – Johnson, Jonas zum Beispiel – Kusenberg, Eine ernste Geschichte – Langgässer, Saisonbeginn – Le Fort, Frau des Pilatus – Meckauer, Bergschmiede – Pohl, Yannis letzter Schwur – Rinser, David – Schäfer, Hirtenknabe – Schallück, Der Tod hat Verspätung – v. Scholz, Das Inwendige – Walser, Ein schöner Sieg – Weisenborn, Aussage.

Edgar Neis

3. Auflage, 56 Seiten **Bestell-Nr. 0604–1**

**Band 5:** Borges, Das geheime Wunder – Calderón, Invasion – Callaghan, ein sauberes Hemd – Campos, Solidarität – Carson, Ein Mädchen aus Barcelona – Hemingway, Die Killer – Huxley, Schminke – Joyce, Eveline – Katajew, Die Messer – Mansfield, Für sechs Pence Erziehung – Manzoni, Die Repräsentiertasse – Olescha, Aldebaran – Saroyan, Vom Onkel des Barbiers, dem von einem Zirkustiger der Kopf abgebissen wurde – Sartre, Die Mauer – Timmermans, Die Maske.

Karl Brinkmann

3. Auflage, 80 Seiten **Bestell-Nr. 0605–X**

**Band 6:** Andersch, Sehnsucht nach Sansibar – Böll, Wie in schlechten Romanen / Undines gewaltiger Vater – Gaiser, Das Wespennest / Fünfunddreißig Meter Tüll / Der Motorradunfall – Grass, Der Ritterkreuzträger – Hildesheimer, Nächtliche Anrufe – Holthaus, Geschichten aus der Zachurei / Allgemeines / Wo liegt Zachzarach / Das Wirtshaus Zum Vollautomatischen Bären – Lenz, Masurische Geschichte / Der Leseteufel / So schön war mein Markt / Der große Wildenberg – Kramp, Was der Mensch wert ist – Reding, Die Bulldozer kamen / Während des Films / Jerry lacht in Harlem / Fahrerflucht – Schnurre, Wovon der Mensch lebt – Walser, Die Artikel, die ich vertrete.

Rudolf Kanzler

64 Seiten **Bestell-Nr. 0606–8**

**Band 7:** Aichinger, Die Silbermünze – Altendorf, Der Knecht Persenning – Andersch, Ein Auftrag für Lord Glouster – Bauer, Hole deinen Bruder an den Tisch – Britting, Der Gang durchs Gewitter – Dörfler, Die Kriegsblinde – Hesse, Das Nachtpfauenauge – Hildesheimer, Der Urlaub – Kaschnitz, Gespenster – Lenz, Die Nacht im Hotel – Th. Mann, Das Eisenbahnunglück – Noack, Die Wand – Ohrtmann, Der Sched ist wieder da – Rinser, Der fremde Knabe – Schallück, Unser Eduard – Wiechert, mein erster Adler.

Edgar Neis

80 Seiten **Bestell-Nr. 0607–6**

**Band 8:** Andersch, Grausiges Erlebnis – Bachmann, Alles – Bender, In der Gondel / Fondue – Bichsel, Tochter – Bobrowski, Epitaph für Pinnau – Bolliger, Verwundbare Kindheit – Brecht, Wiedersehen – Eisenreich, Der Weg hinaus – Fritz, Schweigen vieler Jahre – Fühmann, Judenauto / Schöpfung – Gaiser, Gazelle grün – Heissenbüttel, Wassermaler – Kaschnitz, Das rote Netz – Kunert, Fahrt mit der S-Bahn – Nossack, Das Mal – Reinig, Drei Schiffe – A. Schmidt, Resümee – Walser, Tänzer / Knabe – Wohmann, Ich Sperber / Der Schwan / Knurrhahn-Stil.

Robert Hippe

72 Seiten **Bestell-Nr. 0608–4**

**Band 9:** Aichinger, Fenster-Theater – Bichsel, Holzwolle – Brecht, Vier Männer und ein Pokerspiel – Frank, Die Monduhr – Fuchs, Gedankenaustausch – Geißler, Kalte Zeiten III – Heckmann, Die Wohltaten des Löffels / Das Henkersmahl – Holthaus, Wahrhaftige Geschichte von der Spazierfahrt – Kaschnitz, Popp und Mingel / Christine – Klose, Am roten Forst – Kunert, Andromeda zur Unzeit – Lenz, Die große Konferenz – Magiera, In den Sand geschrieben – Marti, Neapel sehen – Mechtel, Ein kleiner Tag – Nossack, Helios GmbH – Novak, Schlittenfahren – Weissenborn, Die Stimme des Herrn Gasenzer / Die Sache mit Dad – Wohmann, Denk immer an heut' nachmittag – Weyrauch, Mit dem Kopf durch die Wand – Wohmann, Die Klavierstunde – Zeller, Der Turmbau.

Edgar Neis

80 Seiten **Bestell-Nr. 0609–2**

**Band 10:** Bernhard, Die Mütze – Bichsel, San Salvador / Ein Tisch – Bobrowski, Lipmanns Leib – Brecht, Das Experiment – Brückner, Lewan / Schwierigkeiten beim Ausfüllen eines Meldezettels / Ein Pferd ist ein Pferd – Dürrenmatt, A's Sturz – Gaiser, Fällung eines Teichs – Hildesheimer, Nachtigall – F. G. Jünger, Urlaub – Kaschnitz, Eisbären – Koeppen, Baseballspieler – Kunert, Zirkuswesen – Musil, Das Fliegenpapier – Novak, Abgefertigt – Reinig, Skorpion – A. Schmidt, Sommermeteor – Weyrauch, Beginn einer Rache.

Wolfgang Kopplin

## Kontrapunkte

160 Seiten **Bestell-Nr. 0547–9**

Kontroversinterpretationen zur modernen deutschsprachigen Kurzprosa.

Prosatexte, zwischen 1963 und 1975 entstanden, dienen dem Autor dazu, die dialektische Methode des Pro und Kontra als Interpretationsansatz anzuwenden. Dem Primärtext schließen sich jeweils die Kontroversinterpretationen an. Ein Buch, welches Anregungen zum Verstehen und zur Entschlüsselung von Texten gibt.

Inhalt: Texte von Artmann – Bichsel – Dellin – Gerz – Gregor – Kunert – Reinig – Schnurre u. a. werden in einer Pro- und Kontra-Interpretation vorgestellt.

Albert Lehmann

## Erörterungen

**Gliederungen und Materialen**
**Methoden und Beispiele**

2. verb. Auflage, 160 Seiten **Bestell-Nr. 0637–8**

Die vorliegende Sammlung von 52 Gliederungen, die durch Erläuterungen – vornehmlich Beispiele – zu den einzelnen Gliederungspunkten erweitert sind, sollen die Wiederholung des Jahresstoffes erleichtern.

**Stoffkreisthemen:** Natur – Tourismus – Technik – Freizeit – Arbeit/Beruf – Konflikte zwischen den Generationen – Die Stellung der Frau in der Gesellschaft – Entwicklungsländer – Sport – Massenmedien und viele Einzelthemen.

**Für Lehrer ein unentbehrliches Nachschlage- und Vorbereitungsbuch.**

Birgit Lermen/
Matthias Loewen

## Trickfilm als didaktische Aufgabe

**Band 1:** Sekundarstufe I
232 Seiten – Fotos, kart. **Bestell-Nr. 0618–1**

**Band 2:** Sekundarstufe II
216 Seiten – Fotos, kart. **Bestell-Nr. 0619–X**

Die Untersuchung über den Trickfilm als didaktische Aufgabe trägt der unterschiedlichen Ausgangslage in den beiden Stufen des Sekundarunterrichts Rechnung durch die Aufteilung in zwei Bände.

**Band 1** stellt sich gezielt auf die Bedürfnisse und Erwartungen der Sekundarstufe I ein. Aus der Eigenart des Mediums Trickfilm wird ein Analyse-Instrumentarium entwickelt, dessen Brauchbarkeit an 13 Filmen unterschiedlicher Herkunft erprobt wird. Auf der damit geschaffenen Grundlage wird ein didaktisch-methodisches Konzept erstellt.

**Band 2** orientiert sich an den Bedürfnissen der Sekundarstufe II. Eine semiotische Einführung erweitert und vertieft die in Band I erstellte Grundlage. Im Mittelpunkt stehen wieder die Einzelanalysen, deren Zahl des größeren Umfangs wegen auf zwölf reduziert ist.

Wie in Band I soll beides – Analysen und Einführung – als Basis dienen für didaktische Fragestellungen und Entscheidungen.

Die Auswahl der Filme wurde in beiden Bänden bestimmt durch:

a) das Ausleihangebot der Stadt- und Kreisbildstellen in der Bundesrepublik,
b) die ästhetische Qualität,
c) die thematische Relevanz,
d) die didaktische Potenz.

Martin H. Ludwig

## Das Referat

Kurze Anleitung zu einer Erarbeitung und Abfassung für Schüler und Studenten.

geh. **Bestell-Nr. 0646–7**

Planen und Sammeln – Bibliographieren – Schreiben und Zitieren – Lesen und Notieren – Auswerten und Gliedern – Der Text – Der Vortrag.

## Methoden und Beispiele der Kurzgeschichten-Interpretation

2. Auflage, 64 Seiten **Bestell-Nr. 0585–1**

Herausgegeben und erstellt von einem Arbeitskreis der Pädagog. Akademie Zams.

**Methoden:** Werkimmanente, existenzialistische, grammatische, stilistische, strukturelle, kommunikative, soziologische, geistesgeschichtliche, historisch/biographisch/symbolistische Methode.

**Beispiele:** Eisenreich – Cortázar – Dürrenmatt – Brecht – Horvath – Bichsel – Kaschnitz – Lenz – Weißenborn – Rinser – Borchert – Nöstlinger – Wölfel – Langgässer.

An Beispielen ausgewählter Kurzgeschichten werden die einzelnen Methoden der Interpretation demonstriert und erläutert. Information und Nachschlagewerk für den Unterricht in den Sekundarstufen.

Reiner Poppe

## Rechtschreibung

**Texte und Übungen für die Klassen 5 und 6**

196 Seiten **Bestell-Nr. 0595–9**

Zum Selbstunterricht mit Hinweisen zur Handhabung sowie didaktischen und methodischen Anleitungen für Unterrichtende.

Zu ausgewählten Rechtschreibschwierigkeiten wurden **Texte mit vielgestaltigen Übungen** in Einzelkapiteln zusammengefaßt. Jede Textgruppe ist mit einer knappen **Zusammenfassung** des voraufgegangenen Lernstoffes sowie **Erprobungsdiktaten** abgeschlossen. Testdiktate beschließen den Übungsteil. Es wurde besonders darauf geachtet, daß der Lernende Schwierigkeiten bewußt erfährt, **Lösungswege** und **Hilfen eigenständig** formuliert und **systematisch** üben kann.

Klaus Sczyrba

## Komm, wir schreiben!

**Rechtschreibübungsheft für das 2. und 3. Schuljahr**

Format: DIN A4 – 40 farbige Illustrationen

36 Seiten, kart. **Bestell-Nr. 0614–9**

Freude ist der Motor zum Erfolg. Nach diesem Grundsatz will der Autor den Kindern durch die lustbetonte, sehr abwechslungsreiche Art dieses Heftes den Weg zu Rechtschreibsicherung leicht machen.

In frohem Tun werden fast unauffällig fundamentale Kenntnisse der Rechtschreibung angeeignet, ohne daß die Kinder dabei den Eindruck des Übens haben.

Klaus Sczyrba

## Komm, wir schreiben!

**Rechtschreibübungsheft für das 3. und 4. Schuljahr**

Format: DIN A4 – 60 farbige Illustrationen

60 Seiten, kart. **Bestell-Nr. 0616–5**

Alle Übungen für die Kinder des 3. und 4. Schuljahres sind so angelegt, daß sie mit Freude durchgeführt werden. Sie enthalten kurzweilige Aufgaben, Reime und Rätsel. Die Richtigkeit der Lösungen kann leicht selbst überprüft werden.

Üben ist für Kinder oft freudlos und langweilig. Bei diesem Heft spüren sie aber nicht, daß „nur geübt" wird. In froher, zielstrebiger Arbeit wird fast unbewußt die Rechtschreibfertigkeit gesteigert.

Klaus Sczyrba

## Lebensnahe Diktate

für die Grundschule mit angegliederten Übungsmöglichkeiten für das **2. bis 4. Schuljahr**

152 Seiten **Bestell-Nr. 0610–6**

Dieses Übungsbuch ist aus der Erfahrung langjähriger Schularbeit entstanden und soll den Kindern vom 2. bis 4. Schuljahr helfen, ihre Rechtschreibleistungen zu verbessern.

Dazu werden 150 Diktate geboten, die in Ausmaß und Schwierigkeitsgrad dem Alter der Kinder entsprechen.

Zur vertiefenden Behandlung aller Rechtschreibbereiche sind jedem Diktat eine Reihe Übungsmöglichkeiten beigefügt.

Klaus Sczyrba

## Neue lebensnahe Diktate

mit zahlreichen Übungsmöglichkeiten für das **2. bis 10. Schuljahr**

312 Seiten **Bestell-Nr. 0611–4**

Wie in den früheren Ausgaben dieses Buches werden hier wieder über 200 Diktate geboten, die in Ausmaß und Schwierigkeitsgrad dem Alter des Kindes entsprechen.

Der Wortschatz, der in der Folge der Diktate und Übungen mit den erforderlichen Wiederholungen rechtschreibmäßig gesichert werden soll, erweitert sich allmählich.

Klaus Sczyrba

## Lebensnahe Diktate

mit zahlreichen Übungsmöglichkeiten für das **5. bis 7. Schuljahr,** und Anhang mit Lösungen

240 Seiten **Bestell-Nr. 0613–0**

In diesem Übungsbuch werden 150 Diktate geboten, die Kindern des 5. bis 7. Schuljahres helfen sollen, ihre Rechtschreibkenntnisse zu verbessern.

Zur vertiefenden Behandlung aller Rechtschreibbereiche ist jedem Diktat eine Reihe Übungsmöglichkeiten beigefügt, die Hilfen für die Klassenarbeit, aber auch für die häusliche Beschäftigung einzelner bieten sollen.

Klaus Sczyrba

## Lebensnahe Diktate

125 Diktattexte mit 600 Lösungsmöglichkeiten für das **8. bis 10. Schuljahr**

210 Seiten + Lösungsteil, kart. **Bestell-Nr. 0471–5**

Das Buch will mit seinen Diktaten und Übungen zum richtigen Gebrauch unserer Sprache beitragen. Die Diktate sind nicht nur nach Rechtschreibschwierigkeiten oder zur Anwendung einer Regel konstruiert, sondern sind auf die Bedürfnisse von Zeit und Umwelt abgestimmt.

Übungsmöglichkeiten mit Lösungen machen dieses Buch für häusliches Arbeiten und für den Unterrichtsgebrauch gleichermaßen unentbehrlich.

Klaus Sczyrba

## Lebensnahe Diktate

mit zahlreichen Übungsmöglichkeiten für das **5. bis 10. Schuljahr**

432 Seiten + Lösungsheft **Bestell-Nr. 0612–2**

Auch dieses Übungsbuch soll den Kindern vom 5. bis 10. Schuljahr helfen, ihre Rechtschreibleistung zu verbessern.

Die hier angebotenen 250 Diktate sind in Ausmaß und Schwierigkeitsgrad dem Alter entsprechend ausgewählt worden. Jedem Diktat ist eine Reihe Übungsmöglichkeiten beigefügt, ebenso wurde der entsprechende Wortschatz eingebracht.

Tabellen der Rechtschreibschwierigkeiten in den einzelnen Schuljahren runden dieses Übungsbuch ab.

Klaus Sczyrba

## Lebensnahe Grammatik für die Grundschule

für das 2. bis 4. Schuljahr

140 Seiten **Bestell-Nr. 0673–4**

Die alltäglichen Begebenheiten zweier Kinder sind lebendige Einstiege in alle Bereiche der Grundschulgrammatik. In übersichtlicher Weise werden alle notwendigen Kenntnisse zur Beherrschung unserer Sprache kindgemäß vermittelt, die in den angegliederten Übungen angewandt werden können. So ist dieses Büchlein sehr hilfreich für den Unterricht in der Schule und die häusliche Einzelarbeit.

Klaus Sczyrba

### Lebensnahe Sprachlehre in der Grundschule

50 Unterrichtsentwürfe für die Einführung aller wesentlichen Gebiete.

112 Seiten, Illustrationen, kart. **Bestell-Nr. 0615–7**

**Neubearbeitete 2. Auflage**

Diese Unterrichtsentwürfe haben sich als eine vielbegehrte Hilfe erwiesen und ermöglichen, daß der sonst so trockene Stoff der Sprachlehre lebensnah, auf lustbetonte Weise eingeführt wird.
Jeder Entwurf ist eine Unterrichtseinheit, die sich über einen längeren Zeitraum erstreckt. Sie wird in einem Dreischritt aufgezeigt, der von der Sprachbegegnung über die Sprachuntersuchung zur Sprachanwendung führt. Dabei wurde beachtet, daß die Kinder durch die verschiedensten Impulse verstärkt zu Spontanität und Aktivität angeregt werden.
Knappe stoffliche Vorbemerkungen und ein Freiraum für die eigene Planung umschließen jede Unterrichtseinheit.
Die „Lebensnahe Sprachlehre" ist somit durch die vielen praktischen Anregungen ein wertvolles, echtes Arbeitsbuch für den muttersprachlichen Unterricht in der Grundschule.

## Englisch

Peter Luther/Jürgen Meyer

### Englische Diktatstoffe
**Unter- und Mittelstufe**

64 Seiten, kart. **Bestell-Nr. 0647–5**

Beginnend mit einfachsten Texten und Erklärungen wird hier der Benutzer der Bücher mit der englischen Grammatik, Wortlehre und Rechtschreibung vertraut gemacht. Die Texte geben Hinweise auf die Vorbereitung zur Nacherzählung und sind gestaffelt nach Schwierigkeiten und Themengruppen. Worterklärungen und Übungen zur Selbstkontrolle runden den Band ab.

Jürgen Meyer/Gisela Schulz

### Englische Synonyme als Fehlerquellen
**Übungssätze mit Lösungen**

116 Seiten, kart. **Bestell-Nr. 0596–7**

Dieses Übungsbuch will helfen, die im Bereich der Synonymie immer wieder auftretenden Fehler zu vermeiden.
Die Aufstellung beruht auf Beobachtungen, die die Verfasser im Unterricht gemacht haben und erhebt keinen Anspruch auf Vollständigkeit. Die Übungssätze wurden so formuliert, daß die wichtigen Bedeutungsnuancen so klar wie möglich hervortreten. Die zur Kontrolle beigefügten Lösungen geben an, ob und wo Fehler gemacht worden sind.

Jürgen Meyer

### Deutsch-englische/englisch-deutsche Übersetzungsübungen

9. bis 13. Klasse
104 Seiten **Bestell-Nr. 0594–0**

Texte für Fortgeschrittene, die ihre Kenntnisse in Wortanwendung und Grammatik erweitern und überprüfen wollen.
Zu den zeitgemäßen deutschen Texten wurden die Vokabeln und deren Anwendungsmöglichkeiten gegeben und erklärt.
Am Schluß des Bandes die englischen Texte zur Kontrolle.
Breit einsetzbar in den Sekundarstufen, Grund- und Leistungskursen.

Jürgen Meyer

### Übungstexte zur englischen Grammatik

9. bis 13. Klasse
96 Seiten, kart. **Bestell-Nr. 0567–3**

Der Band enthält Übungsmaterial zu aktuellen Fragen, u. a. Sachtexte zu Personen, wissenschaftlichen Entdeckungen und zeitgeschichtlichen Ereignissen, die über das heutige Großbritannien und die USA informieren. Die Texte sind mit ausführlichen Hinweisen zu den Vokabeln sowie Übungen zur Syntax und zum Wortschatz versehen. Diskussionsvorschläge und ein sorgfältig aufbereiteter Schlüssel bieten zusätzliche Unterrichtshilfen. Das Buch ist sowohl für Gruppenarbeit als auch für das Selbststudium gut geeignet.

Edgar Neis

### Übungen zur englischen Herübersetzung

108 Seiten **Bestell-Nr. 0542–8**

Das Übungsbuch richtet sich an den Schüler, der ohne Hilfe eines anderen selbständig die Fertigkeit des Übersetzens aus dem Englischen erlernen will. 38 Texte aus Literatur und Sachschrifttum, jeweils mit Vokabelangaben versehen, kann der Übende ins Deutsche übertragen und anhand des Lösungsteils auf seine Richtigkeit hin überprüfen.
Die Texte eignen sich im Unterrrichtsgebrauch als Übungen zu Nacherzählung und Grammatik.

Edgar Neis

### Wie schreibe ich gute englische Nacherzählungen?

6. Auflage, 84 Seiten, kart. **Bestell-Nr. 0526–6**

Langjährige, im gymnasialen Englischunterricht auf der Mittel- und Oberstufe sowie bei zahlreichen Abiturprüfungen gewonnene Erfahrungen haben zur Herausgabe dieses Buches geführt. Texterfassung und -darstellung, Wortschatzerweiterung, Regeln der Stillehre, Erzählstil, idiomatische Redewendungen, Homophone, unregelmäßige Verben, Comment u. v. a.
Musterbeispiele als Vorlagen für Lernende.

Edgar Neis

## Englische Nacherzählungen der siebziger Jahre

72 Seiten, kart. **Bestell-Nr. 0527–4**

Im vorliegenden Band findet der Übende Texte, welche im heutigen Schulunterricht bevorzugt benutzt werden. Diese unterscheiden sich gegenüber früheren Nacherzählungstexten durch gesteigerte Aktualität und Zeitnähe. Als Diktatstoffe für die Mittelstufe einsetzbar.

Reiner Poppe

## Englische Nacherzählungen
### Unter- und Mittelstufe

96 Seiten, kart. **Bestell-Nr. 0566–5**

Der Band enthält 62 Texte unterschiedlicher Länge und Schwierigkeit. Den Texten zur engl. und amerik. Geschichte sowie zu aktuellen Gegebenheiten sind method. Anleitungen für die mögliche Behandlung vorangestellt. Es ist hier besonders an den Selbst- oder Nachhilfeunterricht gedacht. Besonderer Wert wurde auf die Hinführung zu pragmatischer Rekonstruktion („précis") der Texte gelegt. Vokabelhilfen und Kurzhinweise zu Leben/Werk herausragender, in den Texten vorkommender Persönlichkeiten runden den Band ab. Empfohlen für Orientierungsstufe und Sekundarstufe I.

# Französisch

Klaus Bahners

## Französischunterricht in der Sekundarstufe II

(Kollegstufe)

Texte – Analysen – Methoden

104 Seiten, kart. **Bestell-Nr. 0565–7**

Dieses Buch wendet sich an alle, die jetzt oder künftig auf der neugestalteten Oberstufe (Sekundarstufe II) Französischunterricht erteilen; vor allem an jüngere Kollegen und Referendare, aber auch an Studenten, die sich auf den Übergang vom wissenschaftlichen Studium zur pädagogischen Umsetzung vorbereiten wollen.
Schließlich gibt „Französischunterricht in der Sekundarstufe II" auch Schülern der reformierten Oberstufe wertvolle Hinweise für den selbständigen Zugang zur Interpretation französischer Texte.

Paul Kämpchen

## Französische Texte zur Vorbereitung auf die Reifeprüfung

80 Seiten, kart. **Bestell-Nr. 0522–3**

Übungen für die Grammatik, den Stil und eine der Prüfungsarten – die Nacherzählung – sollen hier dem Anwärter zur Prüfung nahegebracht werden. Kurze und lange Nacherzählungstexte mit Worterklärungen stehen hier als Übungstexte zur Verfügung.
Der Schüler oder Student kann anhand dieser Kurzgeschichten seine sprachliche Beweglichkeit unter Beweis stellen. Kleine und leichte Stücke, die sich nur für Anfänger und wenig Fortgeschrittene eignen, wurden weggelassen.

Alfred Möslein/
Monique Sickermann-Bernard

## Textes d'étude

64 Seiten, kart. Bestell-Nr. 0523–1

25 erzählende Texte aus der neueren französischen Literatur als Vorlagen für Nacherzählungen und Textaufgaben.
Durch unterschiedliche Längen und Schwierigkeitsgrade sowie durch breitgefächerte Thematik eignen sich diese Texte als Lektüre und Ausgangspunkt für Diskussionen im Unterricht. In den „Suggestions" findet man einige Anregungen für Übungen, die sich an die reine Textbehandlung anschließen können. Die Worterklärungen sollen das Verständnis der Texte erleichtern.

Werner Reinhard

## Französische Diktatstoffe Unter- und Mittelstufe

1./2. Unterrichtsjahr sowie 3./4. Unterrichtsjahr

2. Auflage, 96 Seiten, kart. **Bestell-Nr. 0532–0**

Die nach dem Schwierigkeitsgrad geordneten Texte sind überwiegend Erzählungen und Berichte von Begebenheiten des täglichen Lebens, wobei unbekannte Vokabeln beigegeben sind. Mit den Texten lernt der Schüler die gehobene Umgangssprache, d. h. Vokabular und Wendungen, die er später für eigene Textproduktionen verwenden kann. Den Texten vorangestellt sind Bemerkungen zur Rechtschreibung, die nützliche Rechtschreibregeln enthalten.

Werner Reinhard

## Übungstexte zur französischen Grammatik

9. bis 13. Klasse

128 Seiten, kart. **Bestell–Nr. 0543–6**

„Übungstexte zur französischen Grammatik" wendet sich an Lernende, die bereits einige grammatische Kenntnisse haben, sie jedoch festigen und vertiefen wollen. Es eignet sich aufgrund umfangreicher Vokabelangaben sowie des ausführlichen Lösungsteils zum Selbststudium, und vermag bei Schülern ab Klasse 9 Nachhilfeunterricht zu ersetzen.
Die textbezogenen Aufgaben berücksichtigen insgesamt die wichtigsten grammatischen Gebiete, ein Register ermöglicht auch systematisches Vorgehen.

Werner Reinhard

## Übungen zur französischen Herübersetzung

96 Seiten, kart. Bestell-Nr. 0537–1

40 franz. Texte aus Literatur und Sachschrifttum, jeweils mit Vokabelangaben versehen, kann der Lernende ins Deutsche übertragen und anschließend, anhand des Lösungsteiles, seine Fassungen auf ihre Richtigkeit hin überprüfen. Dem Verfasser kam es bei den deutschen Übersetzungen nicht auf prägnanten Stil an, es ging ihm vielmehr um die inhaltlich richtige und vom Schüler nachvollziehbare Übersetzung. So enthalten die Herübersetzungen jeweils auch Anmerkungen mit wörtlichen Entsprechungen, Varianten und Hinweisen zur Grammatik. Breit einsetzbar in den Sekundarstufen.

Werner Reinhard

**Kurze moderne Übungstexte zur französischen Präposition**

120 Seiten, kart. **Bestell-Nr. 0568–1**

In einem lexikalischen Teil gibt das Übungsbuch zunächst einen Überblick über die Anwendung der wichtigsten Präpositionen. Auch die Präpositionen als Bindeglied zwischen Verb und Objekt bzw. Infinitiv (vor allem à und de) werden berücksichtigt. Listen erleichtern dabei systematisches Lernen.
Im anschließenden Übungsteil kann der Benutzer seine Kenntnisse überprüfen. Vorherrschende Methode ist die Einsetzübung. Mit dem Lösungsteil eignet sich das Buch gut zum Selbststudium. Einsetzbar für den Unterricht in den Sekundarstufen.

Christine und Gert Sautermeister

**Der sichere Weg zur guten französischen Nacherzählung**

– Zur Methodik des Hörens und Schreibens im Französischunterricht –

118 Seiten, kart. **Bestell-Nr. 0534–7**

Der erste Teil des Buches will auf die Bedingungen richtigen Hörens aufmerksam machen und Wege zum besseren Hören skizzieren. Der zweite Teil gibt Anregungen, die Grundrisse des Textes, der Gelenkstellen, Höhepunkte, Pointen nochmals zu vergegenwärtigen.
Spezifische Formulierungsprobleme der Nacherzählung entfaltet der dritte Teil.

## Gemeinschaftskunde

Peter Beyersdorf

**Die Bundesrepublik Deutschland**

**Arbeitshefte zur Sozial- und Gesellschaftskunde**

Band 1:
**Strukturen und Institutionen**
mit Text des Grundgesetzes
124 Seiten **Bestell-Nr. 0507–X**

**Band 2:**
**Parteien und Verbände**
84 Seiten **Bestell-Nr. 0508–8**

**Band 3:**
**Außenpolitische Entwicklung**
72 Seiten **Bestell-Nr. 0509–6**

Diese Reihe wurde vor allem für den Bereich der politischen Pädagogik geplant: für Lehrer und Schüler also in erster Linie. Das gilt für Gymnasien und höhere Schulen insgesamt, für Berufsschulen und nicht zuletzt für den großen Bereich der Erwachsenenbildung in den Volkshochschulen.
Jedes Heft enthält neben dem Textteil einen Dokumentenanhang und ein Literaturverzeichnis; darin wird auf spezielle, einzelne Themen vertiefende Bücher hingewiesen.
Mit Hilfe dieser „Arbeitshefte" wird es dem Benutzer möglich, die grundsätzlichen politischen Zusammenhänge unseres Gemeinwesens und die Struktur der internationalen Politik zu erkennen. Dazu werden nicht nur Daten und Fakten angeboten, sondern zugleich auch deren Erklärung und Interpretation. Stand 1970!

## Geschichte

Robert Hippe

**Geschichts-Gerüst**

von den Anfängen bis zur Gegenwart
4 Teile in einem Band
228 Seiten **Bestell-Nr. 0551–7**

**Der Primaner, der das „Skelett" dieses „Gerüstes" beherrscht, sollte allen Prüfungsanforderungen gewachsen sein!**

Das vorliegende Werk will kein Ersatz für bereits bewährte Bücher ähnlicher Art sein, sondern einem **Auswahlprinzip** huldigen, das **speziell auf Gymnasien,** kurz **alle weiterführenden Schulen zugeschnitten** ist. Daher erklärt sich die drucktechnische Hervorhebung des besonders Wesentlichen (Fettdruck).

**Teil I:** Von der Antike bis zum Beginn der Völkerwanderung (ca. 3000 v. Chr. bis 375 n. Chr.)

**Teil 2:** Von der Völkerwanderung bis zum Ende des Mittelalters (375 –1268)

**Teil 3:** Vom Übergang zur Neuzeit bis zum Ende des 1. Weltkrieges (1268–1918)

**Teil 4:** Vom Beginn der Weimarer Republik bis zur Gegenwart (1918–1953)

## Latein

Reinhold Anton

**Die Stammformen und Bedeutungen der lateinischen unregelmäßigen Verben**

Anleitung zur Konjugation von etwa 1 600 einfachen und zusammengesetzten unregelmäßigen Verben.
5. verbesserte Auflage
40 Seiten, kart. **Bestell-Nr. 0500–2**

Oswald Woyte

**Latein-Gerüst**

Der gesamte Stoff bis zur Sekundarstufe II (Kollegstufe) in übersichtlicher Anordnung und leichtverständlicher Darstellung mit Übungstexten, Übungsaufgaben und Schlüssel.

Teil 1: **Formenlehre**
116 Seiten, kart. **Bestell-Nr. 0552–5**

Teil 2: **Übungsaufgaben und Schlüssel zur Formenlehre**
144 Seiten, kart. **Bestell-Nr. 0553–3**

Teil 3: **Satzlehre**
104 Seiten, kart. **Bestell-Nr. 0554–1**

Teil 4: **Übungsaufgaben und Schlüssel zur Satzlehre**
72 Seiten, kart. **Bestell-Nr. 0555–X**

jeweils 2. Auflage

Die vier Bände ersparen den Lernenden die Nachhilfestunden und bieten ein unentbehrliches Übungs- und Nachschlagewerk bis zur Reifeprüfung.

Der Autor hat aus einer Praxis als Oberstudiendirektor die Schwierigkeiten der lateinischen Sprache für den häuslichen Übungsbereich aufbereitet und leicht faßbar erläutert. Lernanweisungen sollen das Einprägen erleichtern.

Friedrich Nikol

## Latein 1

Übungen mit Lösungen für das erste Lateinjahr in zwei Bänden.

Band 1/**Erstes Halbjahr**
mit Lösungsteil
kart. **Bestell-Nr. 0634–3**

Band 1/**Zweites Halbjahr**
mit Lösungsteil
kart. **Bestell-Nr. 0635–1**

In beiden Teilbänden wird der gesamte Stoff des ersten Lateinjahres behandelt.

## Latein 2

(2. Lateinjahr)
kart. **Bestell-Nr. 0638–6**

Der lateinische Wortschatz ist in den Büchern genau angegeben und den verschiedenen lateinischen Unterrichtswerken angepaßt, die in den einzelnen Bundesländern zugelassen und eingeführt sind.
Bei gründlicher häuslicher Nachhilfe mit den Büchern wird der Übende immer mehr Freude an Latein bekommen, und bald wird sich auch der Erfolg bei den Leistungen in der Schule zeigen.

---

**Suchen Sie wortgetreue Übersetzungen und Präparationen zu Ihren Schullektüren römischer und griechischer Klassiker?**
Sie finden in der **Kleinen Übersetzungsbibliothek** in 500 Bänden im Kleinformat wörtliche deutsche Übersetzungen.
Fordern Sie das ausführliche Verzeichnis an.

---

# Mathematik

Bernd Hofmann

## Algebra 1

Mathematikhilfe für die 7./8. Jahrgangsstufe weiterführender Schulen
216 Seiten **Bestell-Nr. 0580–0**

Helmut Kürzdörfer

## Geometrie 1

Mathematikhilfe für die 7./8. Jahrgangsstufe weiterführender Schulen
232 Seiten **Bestell-Nr. 0581–9**

Diese Bücher sind im wesentlichen auf den Lehrstoff des 7. und 8. Schuljahres abgestimmt.
**Sie gliedern sich in Kontroll-, Übungs- und Lösungsteil.** Ausgerichtet sind sie als unterrichtsbegleitende Werke auf Schüler und die ihnen hilfreich zur Seite stehenden Eltern.
Nützlich sind sie aber auch wegen des großen und vielseitigen Angebots an Übungsaufgaben (mit vollständigen Lösungswegen) **für Lehrer.** Von ähnlichen Unterrichtshilfen heben sie sich durch die kurze, übersichtliche und verständliche Darstellung sowie durch gute Überprüfbarkeit der Kenntnisse ab. (Besprechung der Bibliothekszentrale, Reutlingen).

Lothar Deutschmann

## Mathematik

Wegweiser zur Abschlußprüfung
Mathematik I, II und III an Realschulen
Anhang: Reifeprüfungsaufgaben mit Lösungen 1980/1981/1982/1983
168 Seiten + 121 Abb.
kart. **Bestell-Nr. 0644–0**

Ein erfahrener Pädagoge erteilt Nachhilfeunterricht in Mathematik.

Friedrich Nikol/Lothar Deutschmann

## Algebra 2

Mathematikhilfe für die 9./10. Klasse
Übungaufgaben und Schulaufgaben mit Lösungswegen und Lösungen.
168 Seiten + 46 Abb.
kart. **Bestell-Nr. 0645–9**

Anhand von Klassenarbeiten und Probearbeiten wird versucht, den Schülern Nachhilfe zu erteilen.
Lösungswege und Lösungen erleichtern das Auffinden eigener Fehler.

Ruth Kirchmann

## Zielscheibe Mathematik

Wenn Schüler vor Mathematik zurückschrecken, liegt es häufig an den Lücken, die irgendwann entstanden sind und das Verständnis des ganzen folgenden Unterrichtsstoffes blockieren.
In diesen Nachhilfebüchern, die auch zum Nachlernen für zu Hause geeignet sind, finden sich Schüler schnell zurecht.

## Bruchrechnen

90 Seiten – viele Abbildungen
+ 8 Seiten Lösungsheft
**Bestell-Nr. 0648–3**

## Dezimalzahlen

78 Seiten – viele Abbildungen
+ 8 Seiten Lösungsheft
**Bestell-Nr. 0671–8**

## Prozentrechnung

100 Seiten – viele Abbildungen
+ 12 Seiten Lösungsheft
**Bestell-Nr. 0649–1**

## Die vier Grundrechenarten

90 Seiten – viele Abbildungen
+ 6 Seiten Lösungsheft
**Bestell-Nr. 0672–6**

Johannes Lorenz

## Mathematik-Gerüst–Unterbau

6. Auflage
84 Seiten, kart. **Bestell-Nr. 0558–4**

**Sammlung von Formeln und Sätzen mit zahlreichen Musteraufgaben und vielen Figuren.**

**Inhalt:** Zahlenrechnen – Algebra – Gleichungen – Logarithmen – Geometrie – Stereometrie – Trigonometrie.
Dieser Band richtet sich an den Lernenden, der in kurzer Form seine Kenntnisse wieder auffrischen möchte und anhand von Musteraufgaben Lösungswege rekonstruieren will.
**Bis Sekundarstufe I.**

Georg Ulrich/Paul Hofmann

**Geometrie zum Selbstunterricht**

Ein vollständiger Lehrgang der Geometrie zum Selbstunterricht und zur Wiederholung und Nachhilfe. Von der elementaren Geometrie über die Differential- und Integralrechnung bis zur Integralgleichung bieten die Bände den gesamten Stoff der Oberschulen bis zur Sekundarstufe II.
Übungsaufgaben mit Lösungen erleichtern die Verfolgung des Rechenweges und deren Einprägung und Verstehen.

1. Teil:
**Planimetrie**
172 Seiten, kart. **Bestell-Nr. 0576–2**

2. Teil:
**Trigonometrie**
136 Seiten, kart. **Bestell-Nr. 0540–1**

3. Teil:
**Stereometrie**
148 Seiten, kart. **Bestell-Nr. 0577–0**

4. Teil:
**Analytische Geometrie**
232 Seiten, kart. **Bestell-Nr. 0536-3**

## Philosophie

Robert Hippe

**Philosophie-Gerüst**

**Teil 1**
96 Seiten **Bestell-Nr. 560–6**
Der erste Band des „Philosophie-Gerüsts" will an die Geschichte der abendländischen Philosophie heranführen, dem Leser einen Überblick über die Jahrhunderte philosophischen Denkens geben.
Aus dem Inhalt: Was ist Philosophie? Die griechische Philosophie – Die hellenistisch-römische Philosophie – Die Philosophie des Christentums – Die Philosophie des Mittelalters, im Zeitalter der Renaissance und des Barocks – Die Philosophie von der Aufklärung bis zu Hegel – Die Philosophie der Gegenwart.
Anhang – Bibliographie u. a.

**Teil 2**
80 Seiten **Bestell-Nr. 561–4**
Im zweiten Band werden die Disziplinen der reinen und angewandten Philosophie behandelt, und dem Benutzer ein Überblick über den gewaltigen Umfang des Bereichs der Philosophie gegeben.
Aus dem Inhalt: **Die Disziplin der reinen Philosophie:** Logik und Dialektik – Psychologie – Erkenntnistheorie – Ontologie und Metaphysik – Ethik – Ästhetik.
**Die Disziplinen der angewandten Philosophie:** Naturphilosophie und Philosophie der Mathematik – Geschichtsphilosophie – Rechts- und Religionsphilosophie – Philosophische Anthropologie und Existenzphilosophie – Sprachphilosophie.
**Philosophie und Weltanschauung**
Bibliographischer Anhang u. a.

## Physik

Robert Gehr

**Einführung in die Atomphysik**

**Vorbereitungshilfen für das Physik-Abitur an mathematisch-naturwissenschaftlichen Gymnasien.**
152 Seiten, kart. **Bestell-Nr. 0511–8**
Inhalt: Das Atommodell der kinetischen Gastheorie – Die atomistische Struktur der Elektrizität – Energiequanten und Korpuskeln – Atommodelle – Kernphysik – Nachweismethoden für Strahlungen.
Das Ziel des Buches ist, den Physikstoff der Abschlußklassen im Hinblick auf die Reifeprüfung umfassend und gründlich darzustellen, andererseits aber auch – gemäß dem Bildungsauftrag einer höheren Schule – in das (physikalische) Weltbild der Gegenwart einzuführen.

Friedrich Nikol

**Physik I**

Fragen mit Antworten aus dem Lehrstoff der Sekundarstufe I mit Prüfungsfragen und Lösungen.
100 Seiten **ISBN 3-8044-0639-4**
Dieses Buch soll eine Lücke füllen auf dem Gebiet der Physikvorbereitung. Häufig auftauchende Fragen aus Mechanik, Wärmelehre, Optik, Magnetismus und Elektrizität im Physikunterricht werden leicht verständlich beantwortet.
Ein Band zur Vorbereitung auf Abschlußprüfungen.

Konrad Lorenz

**Physik-Gerüst**

neubearbeitet von Lothar Deutschmann
6. erweiterte Auflage
240 Seiten **Bestell-Nr. 0617–3**
**Die Grundlagen der Physik in übersichtlicher und leicht faßlicher Darstellung.**
Inhalt: Meßkunde – Allgemeine Eigenschaften der Körper – Mechanik fester Körper – Mechanik der Flüssigkeiten – Mechanik der Gase – Lehre vom Schall – Wärmelehre – Magnetismus – Elektrizität – Geometrische Optik – Wellenoptik u. a.

## Verschiedenes

Adolf Busch

**Glückwunschbuch**

15. Auflage
104 Seiten, illustr. **Bestell-Nr. 0510–X**
Glückwunschgedichte für alle Gelegenheiten nebst einem Anhang. Gedenk- und Glückwunschgedichte deutscher Dichter.
Geburtstags-, Namenstagswünsche – Weihnachtswünsche – Neujahrswünsche – Hochzeitswünsche –